뉴 컨피던스

HOW CONFIDENCE WORKS

뉴 컨피던스
세계적인 뇌과학자가 밝힌 성공의 비밀

이안 로버트슨Ian Robertson 지음
임현경 옮김

RHK
알에이치코리아

자신감은 미래를 창조한다

우리를 더 부유하고 건강하게, 더 영리하고 친절하고 행복하게, 더 독창적이고 의욕 넘치게 만드는 것이 있다고 해보자. 말도 안 되는 생각일 수도 있지만 사실 우리는 이미 그것을 갖고 있다.

그것은 바로 자신감이다. 그리고 자신감이 인간의 노력에 끼치는 영향은 음식이 우리 몸에 끼치는 영향과 같다. 우리 몸에 음식이 필요하듯 인간의 노력에는 자신감이 필요하다. 자신감이 없으면 우리는 시들거나 죽을 수밖에 없다. 자신감이 있으면 가능하다고 생각지도 못했던 높이까지 올라갈 힘을 얻지만, 자신감이 없으면 객관적인 성취에도 불구하고 그런 가능성은 꽃피지 못할 것이다.

테니스계의 전설 비너스 윌리엄스는 열네 살 때 ABC 뉴스와 인터뷰를 했다. 곧 있을 어려운 상대와의 어려운 경기에서 이길 자신이 얼마나 있냐는 질문에 그녀는 이렇게 대답했다. "아주 자신이 있습니다." 기자가 약간 놀란 듯 되물었다. "너무 쉽게 대답하네요. 그럴 만한 이유가 있을까요?" 미래의 챔피언은 담담하게 대답했다. "그럴 수 있다고 믿으니까요."[1]

약 25년 후인 2018년,《뉴욕 타임스》와의 인터뷰에서 그녀는 다시 이렇게 말했다. "제 자신을 믿었기 때문에 성공할 수 있었다고 생각합니다. 그리고 그 자신감은 배우고 발전시킬 수 있었어요. 사실 저는 매일 자신감을 연마합니다. 체육관에 가거나 코트에 나가 훈련하는 것처럼 말이에요."[2]

이 책에서 우리는 자신감을 배울 수 있는지, 아니면 타고 나야 하는지에 대해 과학과 신경과학을 통해 탐구할 것이다.

낙관주의와 희망, 자존감은 자신감과 쉽게 혼동되는 개념이지만 한 가지 아주 근본적인 측면에서 자신감과 다르다. 바로 자신감은 우리를 행동하게 만든다는 것이다. 모든 일이 잘 풀리길 바라지만 내가 그 결과에 영향을 끼칠 수 있는 것은 아니라고 생각할 수 있고, 현실적인 근거 없는 낙관주의도 있으며, 자존감 높고 자신에 대한 감정도 좋지만 목표를 이룰 수 있다는 자신감은 없는 사람도 있다.

미래는 불확실하다. 자신감은 성공에 베팅하면서 이 불확실에 맞서는 정신적 태도다. 자기 신뢰는 과거의 성공 경험을 토대로 한 베팅이기 때문에 승률이 높다. 그리고 자신감은 행동에 근거하기 때문에 미래를 창조한다. 그리고 비너스 윌리엄스의 말대로, 누구나 배울 수 있다.

자신감은 두 부분으로 구성되어 있다. 첫 번째는 해낼 수 있다는 자기 확신이다. 이는 '행동 가능'의 요소다. 두 번째는 그 행동으로 세상이 조금은 변할 거라는 믿음이다. 이는 '실현 가능' 요소다.

나는 운동을 더 할 수 있다고 믿는다(행동 가능). 하지만 운동으로 체중을 감량할 수 있다고는 확신하지 못한다(실현 불가능). 혹은 모든 사람이 화석 연료 사용을 줄이면 지구 온난화를 늦출 수 있다고 생각하지만(실현 가능), 나는 할 수 없다고 생각한다(행동 불가능). 자신감의 마법이 최대한 발휘되려면 내면의 '행동 가능' 영역과 외부의 '실현 가능' 영역이 확실하게 조합되어야 한다.

그러므로 자신감은 모든 일의 실현 가능성에 핵심적인 역할을 한다. 자신감은 미래를 향한 다리다. 아직 존재하지 않는 무엇을 그려보고 이를 이루기 위해 노력하는 인간만의 능력이다. 자신감은 인간의 수명을 늘려준 의학 발전부터 나사의 보이저 1호 발사까지 인류가 수천 년 동안 이룬 모든 발전의 추동력이었다.

1961년 5월 25일, 미국 대통령 존 F. 케네디는 의회에서 십 년 안에 달에 사람을 보내겠다고 선언했다. 그 목표의 달성 방법에 대해서는 아직 아무것도 몰랐다. 그의 선언 당시, 필요한 로켓, 기술과 노하우는 존재하지도 않았다. 하지만 당시 소련 우주 탐사의 극적 성공에 자극받은 그는 미래의 일을 상상하고 그 실현 가능성에 자신감을 표현했다. 그리고 1969년 7월 20일, 그의 말은 실제로 이루어졌다.

이는 대통령 한 사람의 자신감 덕분만은 아니었다. 케네디는 공동의 목표를 이룰 수 있다고 나라 전체에 믿음을 불어넣고 이를 표현했다. 그러니 이 책에서 말하는 자신감은 개인만의 문제는 아니다. 자신감 혹은 자기 신뢰 유무는 집단적일 수 있다. 우리는 신문과 뉴스에서 '소비자 신뢰', '시장 신뢰도', '기업 신뢰지수' 그리고 '국가적 자신감'이라는 단어를 종종 접한다. 그렇다면 개인의 자신감은 보다 광범위한 정치경제적 개념들과 어떻게 연결되어 있을까?

정치와 경제는 수백만 개개인의 자기 신뢰에 영향을 미칠 수 있고 그 반대도 마찬가지다. 예를 들어 경기 침체를 경험한 18세와 25세 사이 인구는 열심히 노력하면 성공할 수 있다는 믿음이 훨씬 약했다.[3]

이는 2020년 코로나19 팬데믹으로 경제가 휘청이는 동안 가감 없이 드러나고 있다. 16세와 25세 사이 인구 2천 명을 대상으로 한 영국의 조사에 따르면 그중 41퍼센트가 미래의 목표를 '이룰 수 없을' 것 같다고 대답했고, 38퍼센트는 '결코 성공할 수 없을 것' 같다고 대답했다.[4]

한 세대 인구 거의 절반의 급격한 자신감 하락은 영국은 물론 전 세계 곳곳에서 정치, 경제, 사회적 측면에 수십 년 동안 영향을 끼칠 것이다. 경기가 좋았던 시절에는 젊은 세대가 자신감을 갖고 목표를 이뤄 성공하기가 훨씬 쉬웠다.[5] 하지만 젊은 세대의 자신감 출혈을 겪은 나라는 국가 발전에 중추적 역할을 하는 개인들의 자신감이 부족해 경기 회복이 훨씬 더딜 것이다.

자신감은 장수와 행복, 건강에도 영향을 끼치기 때문에 중요하다. 예를 들어 한 연구에 따르면 심장병 치료를 받은 환자는 배우자가 환자 상태에 자신감을 갖고 있을 때 더 오래 살았다.[6] 그리고 자신감은 전염된다. 가족과 지역 사회, 국가 전체가 자신감의 확산과 감소에 따라 성공하거나 실패할 수 있다. 1980년대 미국 '러스트 벨트' 지역의 점진적 쇠락은 산업이 쇠퇴했기 때문이기도 하지만, 자신감 부족의 확산이 지역 주민의 사기를 떨어뜨리고 의욕적으로 문제를 해결하려는 사람들을 몰아냈기 때문이다. 개인의 자신감처럼 집단의 자신감 역시 학습이 가능하며 이에 대해서도 나중에 더 살펴볼 것이다.

연구에 따르면 자신감은 가족 구성원은 물론 스포츠 팀과 기업, 지역 사회, 국가 전체로도 확산될 수 있다. 자신감이 높아지거나 낮아질 때 우리 뇌와 신체의 다른 부분에 급격한 생리적 변화가 발견된다.[7] 예를 들어 무서워하던 대상을 대면할 수 있다는 자신감을 느끼면, 두려움은 여전하더라도 신체의 면역 체계가 활성화된다.[8] 자신감은 불안을 직시할 수 있는 가능성을 높여준다. 반

뉴 컨피던스

대의 경우도 마찬가지다. 두려운 대상에 맞설 능력이 없다고 생각할 때, 그 대면에 성공할 가능성은 실제로 더 낮아진다.

그렇다면 우리가 '자신감'이라고 부르는 그것은 도대체 무엇인가? 직접 느껴보면 알 수 있을 것 같겠지만 자신감의 실체를 제대로 파악하려면 최근에 드러난 놀라운 과학적 연구 결과를 깊이 파고들어야 할 것이다. 자신감은 우리 마음과 뇌에서, 그리고 우리 몸에서 어떻게 작용하는가? 자신감은 어디서 나오고 어떻게 퍼지는가? 자신감은 보편적인가? 아니면 자신이 속한 문화와 성별, 계급에 따라 다르게 작용하는가? 자신감이 과도할 수 있는가? 그렇다면 그 결과는 무엇인가? 마찬가지로 자신감이 부족하다면 이를 어떻게 높일 수 있는가? 그리고 무엇보다 중요한 것은 바로 다음이다. 개인으로, 가족과 지역 사회, 회사의 구성원으로, 한 나라의 국민으로, 자신감에 대해 새롭게 알게 된 사실을 모두에게 유익한 방향으로 과연 어떻게 활용할 수 있을 것인가?

차례

1장

자신감이란 무엇인가

What Is Confidence?

2018년 11월 19일 오후 4시 35분, 겨울의 창백한 태양이 도시의 거대한 지평선 아래로 떨어질 즈음, 호출 부호 N155AN, 전 세계에서 가장 빠르고 가장 먼 거리를 비행할 수 있는 닛산 전용기 걸프스트림의 바퀴가 도쿄 하네다 공항 활주로에 굉음을 내며 착지했다.

계단이 설치되는 동안 전용기의 유일한 탑승객은 태블릿에서 고개를 들어 타원형 창밖을 무심히 바라보았다. 그때 흰색 밴이 전용기 옆으로 다가왔고 그는 갑자기 불안에 휩싸였다. 어두운 정장을 입은 도쿄 지방 검찰청 직원들이 그를 체포하기 위해 계단을 오르고 있었다.

일본 자동차 회사의 첫 번째 외국인 수장이자 르노, 닛산, 미쓰비시라는 전례 없는 전 지구적 동맹의 설계자 카를로스 곤은 곧

경에 처해 있던 세 회사를 각각 극적으로 회생시켰다. 1999년, 그는 229억 달러의 부채가 있던 닛산의 최고운영책임자로 부임했고, 그로부터 8년 후이자 그가 최고경영자가 된 지 3년 만에 닛산은 70억 달러의 수익을 남겼다.

곤은 기업과 문화의 규칙을 해체하며 지구 정 반대편에 있는 세 개의 회사를 각각 구해 하나로 묶었다. 그리고 개인 이동 수단의 혁신을 지지하며 전 세계에서 가장 많이 팔리는 전기차 닛산 리프Nissan Leaf를 출시했다.

2004년, 거대 테크 기업인 인텔의 전설적인 최고경영자 앤디 그로브는 자동차 회사가 전기차를 제조할 일은 없을 거라고 곤에게 말했다.[1] 그리고 널리 영향을 끼친 2011년 다큐멘터리 〈전기자동차의 복수Revenge of the Electric Car〉에서 《월 스트리트 저널》의 댄 닐은 곤에게 이렇게 말했다. "당신은 전기차와 리프 사업에 뛰어들면서 당신 커리어와 닛산의 미래를 위태롭게 만들고 있습니다."[2]

하지만 곤은 자신의 뜻을 밀고 나갔다. 그는 다른 목소리, 즉 자기 목소리를 들었다. 더 구체적으로 말하자면, 자신감의 목소리를 들었다. 그의 논리는 다음과 같았을 것이다.

기업 분석에 따르면 탄소배출 없는 자동차는 분명 미래의 일부가 될 것이다. 시기와 양에 대해 논할 수는 있지만, 오늘날 자동차 산업의 미래에 탄소배출 없는 이동 수단의 자리가 없다고 확실하게 말할 수 있는 사람은 없다. 그러므로 결론은 하나다. 적절한 가격에 성능 좋은 자동차를 생산할 기술이 있다면 제품을 출시해야 한다. 앞으로 십 년 안에 전기차가 자동차 시장의 10퍼센트를 차지할 것이다.

곤은 자신의 생각과 동기에 대해 계속 곰곰이 생각했다.

필요한 기술이 준비되고 시장을 분석해 그 방향으로 움직여야 할 때가 되면 누군가는 이렇게 말해야 할 것이기 때문이다. "좋아. 이를 악물고 전진하자." 모든 기술에는 가장 먼저 움직이는 사람이 있다. 그것이 바로 우리며, 그 결정이 엄청난 수익을 가져올 것이므로 우리는 가장 먼저 움직이는 것이 자랑스럽다.[3]

닛산 리프는 2011년 올해의 차로 선정되었고, 2020년 십여 년 동안 세계에서 가장 많이 팔린 전기차가 되었다. 전기차가 자동차 시장의 10퍼센트를 차지할 거라는 곤의 대담한 예측은 한 나라에서는 달성되고도 넘었다. 2018년 노르웨이에서 생산된 자동차는 45퍼센트가 전기차였다.[4]

회사의 미래를 걸 수 있었던 곤의 자신감은 어디서 나왔을까? 그는 전 세계 전문가들의 경고에도 불구하고 2007년 연구 예산

50억 달러의 절반을 전기차 개발에 투자하기로 결정했다. 자신에 대한 이와 같은 믿음의 근거는 무엇이었을까?

체포 일주일 후, 카를로스 곤은 당혹스러운 표정으로 도쿄 구치소 4.8제곱미터(약 1.5평)의 방 문에 달린 작은 창살을 응시하고 있었다. 도쿄 구치소는 3천 명의 재소자를 수용하고 있었고 1995년 도쿄 지하철 사린 가스 테러를 주도해 교수형을 선고받은 쇼코 아사하라가 교수형을 당한 곳이기도 했다.

하루에 30분 운동 시간이 주어졌고, 매번 거의 똑같은 단조로운 식사가 세 번 제공되었다. 학교를 비롯한 일본의 많은 공공기관은 겨울에 난방이 되지 않는다. 도쿄 구치소도 예외는 아니었다. 곤은 추위에 떨었고 낮잠도 허용되지 않았다. 전 세계에서 가장 유명하고, 가장 성공한 경영자가 어쩌다 이 지경이 되었을까? 그리고 그 결과가 자신감의 긍정적인 측면은 물론 부정적인 측면에 대해 우리에게 말해주는 것은 과연 무엇일까?

2014년 8월 15일, ISIS의 검은 깃발이 불길한 사막 먼지를 일으키며 나타났을 때 나디아 무라드는 열아홉 살이었다. 그들은 토요타 랜드 크루저를 타고 이라크 북부의 '코초'라는 야지디족 마을로 쳐들어왔다.[5] 몇 시간 만에 그녀의 엄마와 여섯 오빠가 학살당했고 두 눈이 푹 꺼진 남자들이 그녀를 성노예로 끌고 갔다.

모술로 끌려간 무라드는 강간과 폭력을 당했다. 그녀는 더러운 손에서 손으로 석 달 동안 동물처럼 팔려 다니다가 깜빡하고 문을 잠그지 않았던 당시 주인을 피해 가까스로 탈출했다.

성폭력 희생자들에게 수치심을 강요하는 야지디 문화 때문에 무라드와 함께 잡혔던 친구들은 자유를 찾은 후에도 대부분 숨어 지냈지만 나디아 무라드는 아니었다. 그녀는 자기 내면 깊은 곳에서 끌어낸 굳은 결심과 자신감으로 고개를 꼿꼿이 들어 진실을 말했다. 눈에 보이지 않지만 강력한 그 힘으로 그녀는 야지디 여성들은 물론 신의 이름으로 자행되는 다른 성폭력 피해 여성들의 목소리가 되었다. 그녀는 성폭력 피해 여성들을 쳐내기만 했던 뼛속 깊이 보수적인 문화 속에서도 앞장서서 혁신적인 변화를 이끌었다. 그 결과 무라드 덕분에 훨씬 많은 성폭력 피해 여성들이 다시 사회의 일원이 되었다.

2012년 10월 25일, 집에 도착해 문을 연 데니스 무퀘게는 딸의 머리에 겨눠진 권총을 보았다. 그 순간 그의 경비원이 눈앞에서 죽어 넘어졌다(아프리카 중산층 가정에는 보통 경비원이 있었다). 무퀘게를 노렸던 총알은 바닥에 엎드린 그의 귓가를 스쳐 지나갔다.

무퀘게는 잔혹했던 콩코 내전 중 성폭력으로 부상당한 수많은 여성을 치료하는 데 전념해 온 의사였다. 다행히 그날의 공격으로 그의 가족이 다친 것은 아니었지만, 무퀘게는 더 이상 이를 묵과할 수 없었고 병든 조국을 떠나 안전한 벨기에로 망명했다. 폭력에서 살아남은 십만여 명의 부상당한 여성을 함께 치료해온 판지 병원 직원들은 자신들을 아끼던 그의 망명에 커다란 충격을 받았다.

하지만 석 달 후 그는 다시 돌아왔다. 트라우마와 부상에 시달리는 환자들에게 최고의 치료를 제공하겠다는 자신의 비전을 포기하지 못한 것이다. 판지 병원으로 돌아오는 그를 환영하는 인파가 카부무 공항 밖 도로에 30킬로미터가 넘게 늘어서 있었다. 병원 환자들과 그를 따르던 사람들이 파인애플과 양파를 팔아 그의 귀국 비행기표를 함께 마련한 것이다.

나디아 무라드와 데니스 무퀘게는 전쟁의 도구가 된 성폭력을 방지하기 위한 용기와 헌신을 인정받아 2018년 노벨 평화상을 공동 수상했다. 용기는 두려움을 극복하고 행동에 나선다는 뜻이며 눈앞의 위험에 꼼짝할 수 없는 바로 그 순간에 발휘되는 것이다. 하지만 냉철하게 생각해 보면 며칠이나 몇 달, 몇 년에 걸친 한결같은 용기에는 노벨 평화상 상장에도 적혀 있던 또 다른 요소가 필요하다. 바로 자신감이다. 그들은 극복할 수 없어 보이는 눈앞의 역경에도 불구하고 목표를 이룰 수 있다고 믿었다.

카를로스 곤이 어떻게 되었는지는 이 책의 마지막 장에서 다시 언급하겠지만, 자신감에 고무받은 행동이 늘 노벨상으로 이어지거나 국제적인 사업을 의미 있게 만드는 것은 아니다.

캐시 엥겔베르트는 임신 5개월 때 고소득 직장인 뉴욕 국제 회계 법인 딜로이트에 사직서를 제출했다. 그리고 몇 년 후《포브스》와의 인터뷰에서 그 당시 자신감이 부족했다고 털어놓았다.[6] 그녀는 그보다 덜 힘든 자리를 막 수락하려던 차에 두 명의 간부와 이야기를 나누게 되었는데, 그들은 남성이 여성의 잠재력 발휘를 위해 중요한 역할을 해야 한다며 충분히 가능성이 있는데 왜 일을 그만두려 하는지 물었다.

2015년 3월, 엥겔베르트는 딜로이트의 첫 번째 여성 최고경영자로 선출되었고 이는 미국 4대 회계 법인 중 처음 있는 일이었다. 최고경영자가 된 그녀는 논란 많던 가족 휴가 제도를 추진해 출산이나 간병을 위한 16주 유급 휴가를 보장했다. 미국 회사로서는 엄청난 발전이었다. 그녀를 인터뷰한《포브스》기자는 이를 '한 방의 용기'가 필요한 일이라고 언급했다.

같은 해, 대서양 반대편에서 또 다른 여성이 유리 천장을 깨고 최고경영자 자리에 올랐다. 캐시 엥겔베르트가 딜로이트에서 최고의 자리에 오른 지 몇 달 만에, 사샤 로마노비치가 런던 금융 중심가의 거대 회계 법인 그랜트 손튼의 최고 자리에 올랐다.

입양되어 런던 남부에서 자란 로마노비치는 카를로스 곤과 캐시 엥겔베르트처럼 업계 최초의 일들을 자신 있게 해나갔다. 첫째, 금융가의 다른 경영진을 당황시키면서 자기 월급 상한선을 직원 평균 급여의 20배로 정했다. 그리고 파트너들뿐만 아니라 모든 직원과 수익을 나누는 제도를 도입했다. 가장 논란이 되었던 것은 '목적 있는 수익'에 집중하는 전략이었는데, 이는 도덕성이 부족한 고객은 거절한다는 뜻이었다.

그러던 어느 날, 동료 몇 명이 그녀를 비판하는 메모를 남겼다. 그녀의 기밀 연례 평가를 공개하며 그녀가 '사회주의적 아젠다'를 추구한다고 주장한 것이다(파트너들의 평균 연봉은 그녀가 최고의 자리에 있을 때 36만 5천 파운드로 떨어졌다). 그녀는 《파이낸셜 타임즈》의 기자에게 자신의 정책으로 인한 단기적 수익 감소를 싫어하는 파트너들이 있다고 말했다.[7] 하지만 그녀는 가치와 목적이 합당하면 장기적으로 수익이 증가할 것이고 그렇지 않더라도 곧 회복할 것이라고 믿었다.

2018년 10월 15일, 로마노비치는 최고경영자 자리에서 물러나면서 자신에 대한 믿음을 노래한 마야 안젤루의 시 〈스틸 아이 라이즈Still I Rise〉 낭송 영상을 트윗에 올렸다.

그렇다면 곤과 무라드, 무퀘게, 엥겔베르트 그리고 로마노비치를 행동하게 만든, 우리가 자신감이라고 부르는 그 신비한 힘은 도대체 무엇인가? 타고나는 것인가? 아니면 배울 수 있는가? 그 힘의 기원은 무엇인가 그리고 어떻게 작용하는가?

그 다섯 명은 불확실한 미래로 놓인 다리를 건너 시간 여행을 했다. 아직 존재하지 않는 무언가를 상상했다는 뜻이다. 곤은 전기차를, 엥겔베르트는 가족을 돌볼 수 있는 회사를, 로마노비치는 더 평등한 회계 법인을 그리고 무쿼게는 치유의 병원을 상상했다. 무라드는 전통 사회의 기준을 변화시켜 학대당한 젊은 여성들이 다시 사회의 일원으로 받아들여지게 만들고 싶었다.

누구나 매일 그 시간 여행의 다리를 만들어 건넌다. 위에서 언급했던 사람들만큼 영웅적이지 않고 평범할 뿐이지만, 그것이 바로 자신감의 다리다. 체중을 줄이겠다는 아주 평범한 결심에 대해 생각해 보자. 점심을 평소보다 더 건강하게, 예를 들면 샐러드를 먹는 것부터 시작할 수 있다는 자신감이 있는가? 자신감의 첫 번째 요소는 '적게 먹으면 체중이 줄 것이다'와 같은 믿음이다. 인지심리학에서는 이를 '결과 기대'라고 한다. 그리고 이는 A가 일어나면 B가 따라 일어날 거라는 외부 세계에 대한 믿음이다. '담배를 끊으면 더 오래 살 수 있을 거야'와 같은, 자신의 마음이 아닌 바깥세상에 대한 믿음이다.

하지만 외부 세계에 대한 믿음이 누구나 같은 것은 아니다. 과체중 사람들 중 '먹는 양은 상관없어. 어차피 살은 찔 거야'라고 말하는 사람도 있을 것이다. '아버지도 여든까지 담배를 피우셨는데 정정하셨으니 나는 금연한다고 좋은 일도 없을 거야'라는 말 역시 외부 세계에 대한 잘못된 가정의 하나일 것이다.

자신감의 두 번째 요소는 결과 여부가 아니라 자신이 이를 '실행'할 수 있다는 믿음이다. 먹는 양을 줄이면 체중도 내려간다는 사실을 수용했다고 해보자. 좋다. 하지만 의심이 들기 시작한다. '정말 계속 샐러드만 먹을 수 있을까?' 그리고 점심 먹기 전의 허기와 먹고 난 후의 허전함을 마음속으로 계속 떠올리게 될 것이다. 마음속에 그려지는 미래의 자기 모습이 썩 마음에 들지 않는다. 냉장고를 뚫어져라 쳐다보며, '말도 안 돼! 샐러드는 아니야!' 라고 생각하는 모습을 상상한다.

그렇다면 올바른 선택이 그에 따른 결과를 가져온다고 믿어도 소용없다는 뜻이다. 내가 할 수 없다고 생각하면 할 수 없는 것이다. 이와 같은 예측을 인지심리학에서는 '효능 기대'라고 한다. 당신이 '할 수 있다'고 믿지 않거나 그 결과가 '정말로 일어날' 거라고 믿지 않으면 자신감은 태어나기도 전에 죽어버린다.

그렇다면 그 '결과 기대'를 '실현 가능' 믿음이라 하고 '효능 기대'를 '실행 가능' 믿음이라 해보자. 여기서 실행 불가능/실현 불가능, 실행 가능/실현 불가능, 실행 불가능/실현 가능, 실행 가능/실현 가능이라는 자신감의 네 가지 범주가 만들어진다. 각각의 경우 생각과 감정, 뇌의 활동 패턴이 전부 다르다.

실행 불가능 vs 실현 불가능

첫 번째 마음 상태는 마비의 골짜기로 우리를 빠

뜨린다. 피검사에서 당뇨 위험 수치가 나와 운동을 해야 한다고 해보자. 운동하는 모습을 떠올리다가 이내 불편하고 힘들거라는 생각에 이런 결론을 내린다. '아니야. 나는 할 수 없어.' 그리고 엄마의 당뇨 이력을 떠올리며 이렇게 생각한다. '운동한다고 뭐가 달라지겠어? 어차피 걸릴 거야.' 의사의 말은 지워지고 '실현 불가능'이라는 결론에 도달한다.

마음은 돌아서고 몸은 체념한 상태다. '할 수 있는 일이 없기' 때문에 불안하거나 우울하지도 않다. 2015년 옥스퍼드 대학교의 한 연구에 따르면, 그런 상황에서는 '전측 대상회'라는 대뇌 피질의 일부에서 급격한 의욕 상실과 무관심이 관찰된다.[8] 마비의 골짜기를 건너갈 다리가 없다.

실행 불가능 vs 실현 가능

우선 의사의 말은 믿는다. '그래. 의사 선생님 말씀이 맞아.' 하지만 마음이 자기 의심으로 바쁠 뿐이다. 과거에 운동을 하다가 땀에 흠뻑 젖는 게 싫어 그만둔 경험들이 떠오른다. 운동복을 입고 달리러 나갈 준비를 했다가 마지막 순간에 소파에 주저앉아 버렸던 순간들이 죄다 떠오른다. 그리고 시무룩하게 결론을 내린다. '나는 못해.'

내가 할 수 있는 일은 없다는 운명론적 관점의 위안도 느끼지 못한다. 의사의 말은 믿기 때문에 불안해질 일만 남는다. 운동의 효과를 알면서도 하지 않을 것이기 때문에 수치심과 우울함을 느낀다. 할 수 없다는 생각에 기분이 가라앉고 자신도 싫어진다. 2002년 스탠퍼드 대학교의 한 연구에 따르면, 이와 같은 상태에서 전두엽의 자기 평가 시스템은 자신에 대한 의심과 실패에 대한 생각으로 복잡하다.[9] 다리가 중간에 끊겨 골짜기를 건널 수 없다.

실행 가능 vs 실현 불가능

운동은 물론 의사가 추천하는 것은 무엇이든 할 준비가 되어 있다. 그래도 당신은 당뇨병에 걸릴 수 있으며 상태가 악화될 수도 있다. 불공평한 일이다. 의사의 조언을 따를 수는 있지만 엄청난 효과가 있을 거라고 믿지는 않는다. 학교에서도 그랬다. 열심히 공부하면 시험을 잘 보고 좋은 곳에 취직할 거라고 선생님들은 말했다. 그 말을 믿고 그대로 했지만 그럴듯한 직장에 들어가는 건 힘들기만 했다. 결국 전문가라는 사람들의 말에 대한 신뢰가 거의 남아 있지 않은 상태다.

마찬가지로 다리가 중간이 끊긴 상황에서 당신은 괴롭고 화가 나고 불안하다.[10] 행동할 준비는 되어 있지만 뇌의 보상 네트워크

에서 고통을 감지한다고 2015년 뉴욕 대학교 연구 팀은 밝혔
다.[11] 운동이 필요하다는 의사의 조언은 따를 수 있지만 운동이
당뇨에 큰 도움은 되지 않을 것이다.

실행 가능 vs 실현 가능

의사를 만나고 집으로 돌아온 당신은 운동복으
로 갈아입고 바로 운동을 시작한다. 당연히 할 수 있는 일이다.
믿을 만한 의학 관련 사이트에서 당뇨 관리에 운동이 얼마나 중
요한지도 확인한다. '그래, 효과가 있겠어.' 마음이 움직였고 몸
역시 준비가 되어 있으며 성공의 기대 또한 존재하는 이와 같은
상태에서 뇌는 도파민을 왕성하게 내뿜으며 보상을 기대한다고
2015년 미시간 대학교 연구 팀이 밝혔다.[12] 기분이 좋아지면서
의사가 전한 나쁜 소식을 듣고 난 후의 불안도 사라진다. 튼튼한
이중 다리로 쉽게 골짜기를 건넌다.

단순하게 설명했지만 삶은 당연히 그보다 더 복잡하다. '실현
가능'의 영역이 안개에 가려져 있는 상태에서 골짜기를 건너야
할 때 특히 더 그렇다. 운동선수든 기업가든 상대의 사랑을 얻고
자 하는 사람이든 할 수 있는 모든 일을 '실행'해도 '실현'의 보장

이 없을 수 있다. 사업은 대부분 실패하고, 메달을 따는 선수는 극소수일 뿐이며, 처음부터 진정한 사랑을 찾기는커녕 결코 찾지 못할 수도 있다.

카를로스 곤은 대부분의 시간 동안 '실행 가능/실현 가능'의 자신감 상태에 있었을 것이다. 그는 두 대기업 르노와 닛산의 합병을 자신했다(실행 가능). 나아가 합병이 두 회사 모두에게 재정적 이득이 될 거라고 예측했다(실현 가능). 그는 또 대중을 위한 전기차 개발이 가능하다고 생각했고(실행 가능), 상업적 성공도 예상했다(실현 가능).

캐시 엥겔베르트와 사샤 로마노비치 모두 자신이 최고경영자가 될 수 있으며(실행 가능), 회사에 긍정적 변화를 가져올 수 있다고 믿었다(실현 가능). 엥겔베르트는 선배 두 명과 대화를 나누며 이를 깨달았다. 나디아 무라드는 자기 목소리를 낼 수 있다는 자신감이 있었고(실행 가능), 그것이 자신은 물론 비슷한 처지의 다른 여성들에게 도움이 될 거라고 확신했다(실현 가능). 데니스 무퀘게는 부상당한 여성들을 위한 병원을 세울 수 있다고 믿었고(실행 가능), 그 병원이 많은 이들에게 도움이 될 거라고 생각했다(실현 가능).

하지만 삶은 대부분 이처럼 깔끔하고 분명하게 정리되지 않는다. 곤은 합병이 세 회사 모두에게 이익이 될 거라고 확신할 수 없었다. 전기차의 상업적 성공도 장담할 수 없긴 마찬가지였다.

로마노비치와 엥겔베르트 역시 지금까지와는 다른 경영 방식이 얼마나 효과가 있을지 알 수 없었다. 두 사람 모두 수익 발생을 확신하지 못했던 동료들 때문에 최고경영자의 자리에서 결국 물러나야 했다. 무퀘게는 전쟁으로 황폐해진 콩고에서 병원을 제대로 운영할 수 있을지 확신할 수 없었다. 무라드의 행동 역시 효과가 없을지도 몰랐고 심지어 그녀가 돕고자 하는 다른 여성들에게 더 해가 될지도 몰랐다.

자기가 서 있는 곳의 판을 뒤집은 이 다섯 명은 스스로 중요한 사람이라고 생각했기 때문에, 말하자면 자존감이 높았기 때문에 자신감이 넘쳤던 것은 아니었다. 자존감은 '나는 자신에 대해 전반적으로 만족한다' 혹은 '나는 자존감이 높다'와 같은 문장에 동의할 경우 높다고 평가된다.[13] 더 많이 동의할수록 직업에 대해, 파트너에 대해 더 만족하고[14] 행복해한다고 할 수 있으며 그 밖의 다른 이점도 많다.[15]

자존감이 과거에 대한 회상이라면 자신감은 당신을 미래로 쏘아보낸다. 일, 재정 상태, 인간관계, 스포츠, 교육 등 모든 분야에서 말이다. 자존감은 할 수 없는 일이다. 자존감은 지금 이 순간 자신을 얼마나 가치 있게 여기느냐를 말해줄 뿐, 나중에 무엇을 얼마나 잘 해낼지에 대한 예측은 아니다. 그 예측이 바로 자신감이다. 10대 2천 명 이상을 대상으로 한 2014년 베르겐 대학교의 연구에 따르면, 자신감이 자존감보다 아이의 학업 능력을 훨씬

잘 예측했다.[16]

자신감은 회사의 조직 개편에 얼마나 잘 대처할지뿐만 아니라[17] 구직 면접과 일자리를 제안받는 횟수 또한 예측한다.[18] 끝이 아니다. 운동 능력은 물론[19] 자동차 사고로 인한 골절 후 얼마나 빨리 업무에 복귀할 수 있을지도 예측 가능하다.[20]

자존감과 자신감은 서로 다르지만 깊이 관련되어 있다. 하지만 자신감은 자존감을 높여주지만 자존감이 반드시 자신감을 높여주는 것은 아니다. 바젤 대학교 연구 팀은 14세와 30세 사이 미국 성인을 대상으로 한 14년 동안의 연구에서 이를 밝혀냈다. 자신감과 깊은 관련이 있는 숙달감은 시간이 흐른 후의 자존감을 거의 확실하게 예측했다. 하지만 자존감은 시간이 흐른 후의 자신감을 예측하지 못했다.[21] 다시 말하면, 자신을 좋아하면 기분은 좋아질 수 있다. 하지만 일을 해내려면 자신감이 필요하다.

자신감의 위대한 원천 하나는 곤과 엥겔베르트, 로마노비치, 무퀘게, 무라드가 분명히 보여주었듯이 장애물을 극복하는 데서 나오는 숙달감이다. 그리고 여기서 중요한 것은 그와 같은 방식으로 길러질 수 있기 때문에 자신감은 배울 수 있다는 것이다. 이에 대해서는 나중에 더 자세히 살펴보자.

자존감을 보호하는 데 쓰는 정신적 에너지는 사실 자신감을 높이는 데 필요한 실질적인 행동을 기피하게 만들기도 한다. 예를 들어보자. 2009년 노스웨스턴 대학교 연구 팀은 실험 참가 학생들에게 자신에 대한 글을 작성하게 했는데, 첫 번째 그룹에게는 '열쇠', '집'과 같은 중립적인 단어를 사용하라고 했고, 두 번째 그룹에게는 '불성실한', '비열한', '탐욕스러운' 등과 같은 부정적인 단어, 세 번째 그룹에게는 '배려하는', '관대한', '공정한', '친절한' 등과 같은 도덕적으로 긍정적인 단어를 사용해 글을 작성하게 했다.

글을 작성하고 난 다음 학생들은 실험에 참가하면 보통 각자 선택한 자선 단체에 적은 돈을 기부한다는 안내를 받았다. 중립적인 단어를 사용했던 학생들은 평균 2.71달러를 기부했다. 부정적인 단어를 사용했던 학생들의 평균 기부 금액은 5.30달러였다. 그렇다면 친절하고 관대한 내용의 글을 쓰면서 도덕적 자존감이 고양된 학생들은 어땠을까? 그들의 기부 금액은 1달러가 간신히 넘는 1.07달러였다.[22]

이와 같은 현상을 '도덕 면허'라고 한다. 자신은 도덕적인 사람이라는 생각이 '행동'에 덜 신경 써도 된다는 구실로 작용할 수 있다는 뜻이다. 보통 무의식적으로 자존감을 북돋는 방법이다. 자신감이 외부 세계에 초점을 맞춘다면, 자존감은 좋은 행동을 한다는 생각만으로도 마음이 편해지면서 보호받는다.

나중에 가치 있는 행동을 할 것이기 때문에 지금은 덜 행동해도 된다고 마음을 놓게 되는 것이다. 다시 말하면, 우리가 좋은 의도로 쌓는 자존감에 대한 도덕 점수가 실제 행동을 방해한다.

그렇다면 자존감은 실제로 행동하는 대신 자화자찬하기만 하는데, 에너지를 쓰면서 자신감과 정반대의 효과를 나타내기도 한다. 곤과 엥겔베르트, 로마노비치, 무퀘게, 무라드가 자존감을 세우기 위해 더 노력했다면 이 세상에 그들이 이룬 성취도 없었을 것이다.

다음 장에서는 자신감이 우리 마음의 모든 감정과 사고, 우리 뇌의 모든 뉴런, 우리의 모든 의욕과 일생생활의 거의 모든 행동에 영향을 끼치기 때문에 효과가 있다는 사실을 보여줄 것이다. 인간의 마음은 예측 기계라서 미래에 어떤 일이 벌어질지에 대한 기대에 따라 행동을 조절하기 때문이다.

자신감은 또한 인간이 살아남고 번영하기 위해 발전시킨 독창적인 예측 도구이기도 하다. 골프에서 퍼트를 하든, 사람들 앞에서 연설을 하든, 연인과 헤어지고 나서 다시 생활을 챙기든, 자신감은 성공을 예측한다. 그리고 무엇보다 자신감은 배울 수 있다. 그러니 지금부터 자신감이 우리 마음과 뇌에서 어떻게 작용하는지 탐구해보자.

2장

자신감은
어떻게 작용하는가

How Confidence
Works

2007년 7월, 스코틀랜드 동부 해안 카누스티의 낮게 깔린 차가운 구름 아래서 아일랜드 골프 선수 파드리그 해링턴이 골프계에서 가장 명망 있는 시합 중 하나인 브리티시 오픈에서 승리했다. 골프 역사상 가장 주목할 만한 마무리 중 하나였던 그의 승리는 자신감이 어떻게 작용하는지 아주 확실하게 보여주는 예다.

브리티시 오픈 승리자에게 주어지는 그 유명한 클라렛 저그 트로피는 마지막 한 홀을 남겨 놓고 공을 칠 때 이미 그의 손에 들어온 것 같았다. 최대의 라이벌 세르히오 가르시아를 1타 차로 앞서고 있었다. 뛰어난 집중력으로 최고의 기량을 발휘했던 그는 나중에 이렇게 말했다. "6언더 파였고 더 잘할 수도 있었습니다. 잘못될 일은 전혀 없었죠. 저는 그 순간 그야말로 가장 자신감 넘치는 사람이었습니다."

하지만 이상한 일이 일어났다.

나는 티 박스에 서서 가운데로 똑바로 칠 준비를 했다. … 하루 종일 한 번도 엇나간 적 없었다. 기분도 그보다 더 좋을 수 없었다. … 그리고 자세를 잡는데 찌르르한 의심 한 자락이 피어올랐다.

바로 그 순간, 날카로운 의심의 바늘이 그의 자신감 주변을 맴돌았다. 그리고 그의 공은 골프장을 구불구불 가로지르는 악명 높은 배리 번의 진흙탕 개울 바로 앞에 떨어졌다. 해링턴은 페널티 샷을 치기 위해 다리를 건너면서 세르지오 가르시아의 앞을 지나갔다.

세르지오가 나를 보고 웃었다. 나는 실망한 표정보다 확신에 찬 표정을 보여주고 싶었다. 나의 페널티 샷이 그에게는 뜻밖의 행운이었을 것이고, 그는 내가 곤경에 빠져 기분이 안 좋을 거라고 생각했을 것이다. 하지만 그렇지 않았다. … 나는 그때까지도 여전히 긍정적이었다.

해링턴은 18번 홀이자 마지막 티 앞에 똑바로 섰다. 클라렛 저그는 아직도 그의 앞에서 빛나고 있었다. 하지만 재앙이었다. 공이 또 배리 번에 빠졌다. 의심의 바늘이 마침내 자신감의 얇은 막을 뚫었다.

이런 반응은 처음이었다…. 나는 이제 경기에서 졌다. … 처음으
로 경기를 그만두고 싶었다. 포기하고 싶었다. 당황스러웠고 말문
이 막혔다. … 나의 경기였는데. 내가 앞서고 있었고 승리가 눈앞
에 있었는데. … 그런데 내가 망쳐버렸다.

그의 자신감이 사라졌다. 또 한 번의 패널티 샷을 치기 위해
45미터를 어떻게 걸어갔는지 기억도 나지 않았다. 다행히 그의
캐디 로난 플로드가 옆에 있었다. 플로드는 해링턴과 함께 걸으
며 그가 전 세계에서 가장 뛰어난 치퍼이자 퍼터라고 계속 말해
주었다(그가 토너먼트에서 사용해야 할 두 가지 타법이었다). "한 번에
한 샷씩, 당신이 바로 세계 최고의 치퍼이자 퍼터예요. 한 번에
한 샷씩, 당신이 바로 세계 최고의 치퍼이자 퍼터예요." 플로드는
계속 그 말을 반복했다.

그가 그렇게 말해주었다. … 쉬지 않고 말했다. … 그가 클럽을 가
져갔다. … 내가 자기를 칠지도 모른다고 생각했을 테니. … 나는
정신을 놓았다. … 하지만 그는 멈추지 않았다. … 한 번에 한 샷
씩. 그냥 하는 말일 뿐일지라도….

해링턴은 자신감을 완전히 상실하고 괴로워했지만 플로드는 지치지 않고 그 말을 계속하면서 그가 다른 생각을 하지 못하게 만들었다. 경기를 되찾기 위해 마지막에서 두 번째 샷을 치려고 공 앞에 섰을 때 해링턴의 마음은 이미 변해 있었다. 그는 운명을 가를 그 공 앞에 자리를 잡고 섰다.

나는 몹시 흥분한 상태로 자리를 잡고 서서 낮고 멋지게 공을 날렸다. … 그렇게 집중해서 쳐 본 칩 샷은 처음이었다. 기분이 좋을 때 멋진 샷을 치기는 정말 쉽다. … 기분이 나쁠 때는 정말 하기 어려운 일이다. 그때 나는 최악의 기분이어도 이상할 것 없는 상황이었다.

해낼 수 있다는 플로드의 지속적이고 기계적인 확신의 반복이 그의 자신감을 되찾아 주었다.

이런 상황에서 집중력을 회복해 공을 치는 것 … 모든 공은 로난에게 있다. … 그가 없었다면 해내지 못했을 것이다. … 실수는 이미 잊었다. … 오픈 챔피언십 경기 중이라는 생각조차 들지 않았다. … 그저 관중석에 있는 2만여 명의 사람들이 환호할 멋진 샷을 칠 기회라고만 생각했다.[1]

그 두 번의 샷이 가르시아와의 플레이오프에서 승리를 가져다주었다. 그는 스포츠에서 자신감의 성쇠가 어떤 결과를 가져오는지 눈앞에서 목격하고 환호하는 관중들 앞에 클라렛 저그를 자랑스럽게 들어올렸다.

하지만 내가 더블린에서 만난 해링턴 측근의 말에 따르면 이야기의 끝은 그게 아니었다. 그린 위에서 관중의 축하 환호를 받은 후 해링턴과 플로드는 각종 행사와 언론 인터뷰 때문에 몇 시간 동안 떨어져 있었다. 그리고 그날 밤 호텔로 돌아가는 리무진에서 다시 만났다. 해링턴은 플로드에게 이렇게 말했다. "로난, 난 경기를 망칠 줄 알았어. 전 세계 모든 사람이 그랬겠지. 로난 플로드만 빼고 말이야." 그러자 로난이 웃음을 터트렸다. "뭐가 웃겨?" 해링턴이 당황스러운 표정으로 물었다. 그가 대답했다. "나도 당신이 경기를 망칠 거라고 생각했어. 기회가 없다고 생각했지!"

말하는 대도 이루어진다

파드리그 해링턴이 자세를 잡을 때 느꼈던 '의심의 바늘'은 정확히 어디서 나타난 것일까?

하던 일을 잠시 멈추고 당신 마음속에 돌아다니는 생각들을 붙잡아보자. 나는 이렇게 해보았다.

의자에 닿아 있는 허벅지의 감각 ⋯ 내가 치는 키보드 소리 ⋯ 저녁은 무엇을 먹을까 ⋯ 창밖으로 방금 갈매기가 지나갔군 ⋯ 내가 써야 하는 게 정말 이것인가 ⋯ 나무 창틀 ⋯ 화면 꺼진 아이폰, 메시지 없음 ⋯ 열린 노트북 ⋯ 항공사에 전화를 해야 하고 ⋯ 점심 먹은 게 더부룩하고 ⋯ 다리가 저리는데 좀 움직여야 할까 ⋯ 나뭇잎에 바람이 스치네 ⋯ 아무래도 이따 운동을 좀 해야 ⋯ 주말을 해변에서 보냈던 기억이 나는군 ⋯ 바다에서 수영할 때 엄청 추웠지 ⋯ 그런데 이 책을 정말 끝낼 수 있을까 ⋯ 갈매기가 한 마리 더 ⋯ 멋지게 쭉 뻗은 저 수평선, 얼룩한 바다, 회색 구름, 형편없는 여름 ⋯ 주말에는 좀 따뜻하려나.

내가 붙잡을 수 있는 것은 생각의 일부일 뿐이며, 단어와 연결되지 못한 수많은 이미지와 감각은 금방 사라져 버린다. 다시 한번 해보자. 마음에 떠오르는 모든 생각을 붙잡을 수 있는지 말이다.

심지어 이는 전부 의식적인 생각일 뿐이다. 우리 마음속에는 우리가 인식조차 못하는 훨씬 많은 일들이 일어나고 있다. 소리나 냄새 같은 외부 세계의 감각이 그것들을 촉발시킨다. 쉬지 않고 두서없이 떠오르는 기억과 상상도 마찬가지다. 예를 들면 목이 마르다는 사실을 의식적으로 깨닫지 못한 채 계속 빈 컵을 들어 물을 마시려고 할 수도 있다. 혹은 긴장이 되는 이유를 찾지 못하다가 어제 동료에게 들었던 냉소적인 말 한마디가 마음속 깊은 곳에서 소용돌이치고 있다는 사실을 깨닫기도 한다.

수천 가지 생각과 이미지가 우리 마음을 지나간다면, 해링턴의 '의심의 바늘'이 어디서 왔냐는 질문 자체는 잘못된 것이다. 세계적인 스포츠 경기에서 아슬아슬하게 선두를 유지하고 있다면, 어떻게 실패할지도 모른다는 생각 자체가 들지 않을 수 있단 말인가?

그때의 감정에 대해 해링턴이 했던 말을 더 살펴보자. '자세를 잡는데 찌르르한 의심 한 자락이 피어올랐다. … 그리고 사람들은 몰랐겠지만 그 의심이 엄청난 반응으로 고스란히 드러났을 수도 있다.'

어쩌면 '결국 엉망이 될 거야' 같은 작은 생각 하나가 정말로 반응을 촉발시킬 수 있다. 거의 손에 쥔 우승 트로피를 눈앞에서 놓쳐버릴 수도 있다는 생각이 든다. 그 생각에 해링턴의 뇌는 갑자기 불안에 휩싸인다. 뇌는 기대했던 우승을 놓치는 것을 처벌과 비슷하게 받아들이고 그 처벌의 가능성은 우리를 두렵게 만든다.[2] 뇌에서 그런 일이 벌어지고 있으니 그가 배리 번으로 공을 날려버린 것도 어쩌면 당연한 일이었다. 한 번도 아니고 두 번씩이나 말이다. 그래서 우리는 다시 묻는다. 해링턴이, 혹은 온갖 생각으로 복잡한 우리 인간이 그와 같은 의심의 바늘에 찔리지 않을 수 있는 방법은 과연 무엇일까?

우리 마음은 꼬리에 꼬리를 무는 생각으로 바쁘다. 그렇기 때문에 성공에 대해 생각하면 실패에 대한 생각도 따라올 수밖에 없다. 성공과 실패는 샴쌍둥이 같은 존재라서 언어에, 수세기 동안 전해지는 신화와 옛이야기에 단단히 하나로 묶여 있기 때문에 하나를 생각하면 반드시 다른 하나도 따라올 수밖에 없다.

그렇다면 왜 모든 사람이 자기 의심으로, 그만두고 싶다는 충동과 포기해버린 프로젝트 등으로 휘청이지 않는 것일까? 물론 많은 사람들이 휘청인다. 생각과 감정을 조절하는 데 도움이 되는 것은 습관과 루틴, 익숙한 사람들과 장소다. 그런 방식들이 해야 할 일을 해내게 만들고 자기 의심과 동요에 휩쓸리지 않게 해준다. 끊임없이 들고 나는 생각과 이미지의 파도를 좁은 수로에 가둬놓는 것이 바로 그와 같은 외적 지지대다.

하지만 우리는 그 지지대가 무너지고 나서야 그 존재를 의식하는 편이다. 직장에서 해고당하거나 연인과 헤어지고 나서처럼 말이다. 그리고 전 세계적으로 유명한 스포츠 경기에서 선두를 달리고 있는 상태는 마음을 다스리고 의심의 바늘이 끼어들지 못하게 해주는 습관이라는 지지대 자체가 없는 상황이다. 경쟁은 너무 치열하고 집중을 유지하기는 어려워서 그 높은 자리를 오래 지키는 챔피언은 얼마 되지 않는다(타이거 우즈가 이에 해당하지 않는 유명한 예가 될 것이다). 그렇다면 해링턴은 어떻게 그 상황을 견뎠을까? 특히 두 번이나 공을 수로로 보낸 굴욕적인 상황에도

불구하고 말이다. 그 놀라운 경기 도중 그가 했던 생각으로 다시
돌아가보자.

··· 그리고 공 앞에 도착했을 때 나는 그의 말을 믿고 있었다. 나는
신이 난 채 공 앞에 섰다. ··· 그렇게 집중해서 쳐 본 칩 샷은 처음
이었다. ··· 모든 공은 로난에게 있다. ··· 그가 없었다면 해내지 못
했을 것이다. ··· 그 전에 했던 실수는 이미 잊었다. ··· 그 순간 오
픈 챔피언십 경기 중이라는 생각조차 들지 않았다.

해링턴은 실패에 대한 생각을 어떻게 막아낼 수 있었을까? 바
로 집중이다. 그는 오직 다음 두 샷에만 집중했다. 경기 중이라는
사실을 새까맣게 잊을 정도로 말이다. 그의 뇌는 바로 눈앞에 놓
인 당면 과제 해결에만 그의 생각과 이미지를 사용하라고 주문했
다. 그가 지금까지 수없이 쳐왔던 그 두 번의 샷만 잘 치기를 말
이다. 클라렛 저그를 손에 쥐겠다는 생각은 사라졌고 그 생각과
함께 실패의 이미지도 같이 사라졌다.

집중이 특정한 순간에 어떤 생각을 할지 통제하는 문처럼 그
순간 그 샷을 위한 길을 열어주었다. 그리고 마음속에 있는 생각
이 곧 우리 감정을 형성한다.

해링턴의 감정이 어떻게 폭발했다가 가라앉았는지 한번 살펴
보자. 그의 감정은 그가 의식에 어떤 생각을 들였느냐에 따라 전

적으로 달라졌다. 그는 한순간 클라렛 저그를 움켜쥐는 생각을 했다가 바로 다음 순간 달아나고 싶다고 생각했다. 17번 홀과 18번 홀 사이에 변한 것은 하나도 없었다. 변한 것은 오직 그의 생각뿐이었다.

두 홀 모두에서 그의 공은 크게 빗나갔다. 하지만 처음에는 안정감 있고 단호했으나 두 번째 공 이후에는 감정에 휩싸였다. 변한 것은 오직 그의 생각뿐이었다. 그의 집중 대상이 17번 홀의 긍정적인 생각과 18번 홀의 부정적인 생각을 좌우했다.

그와 그의 캐디는 샷을 두 번 실패한 후 경기는 끝났다고 생각했다. 하지만 로난 플로드는 집중과 관심에 대해, 결국 자신감에 대해 한두 가지는 분명 알고 있었다. 플로드가 스스로 믿지도 않는 말을 했다는 사실은 전혀 중요하지 않다. 그는 자신에 대한 통제력을 잃어버린 해링턴의 집중 대상을 통제했다. 그는 양 떼를 문으로 한 마리씩 몰아넣는 농부였고, 이 상황에서 그가 몰아넣는 양은 바로 해링턴의 생각이었다. 오직 치핑과 퍼팅 그리고 그와 관련된 엄선된 이미지와 기억 몇 개만 그 문을 통과했다. 바로 과거의 성공에 대한 기억들이다. 치핑과 퍼팅이 바로 그의 강점이었고 플로드는 해링턴이 언급했던 바로 그 정신적 상태를 창조했다.

여기서 자신감의 역할은 무엇이었을까? 자신감이 제 역할을 할 수 있도록 집중이 길을 열어주었다. 그는 특정한 목표, 즉 공을 잘 치는 것에만 집중했고 그에 대한 성공 경험은 많았다. 그 기억들 덕분에 해링턴은 적절한 '실행 가능' 믿음을 회복할 수 있었다. 플로드는 최면 상태와 비슷할 정도로 해링턴이 그 목표에만 집중하게 만들었다. 그의 생각을 통제해 해링턴에게 자신감을 심어주었다. 눈앞의 공을 쳐서 홀에 넣을 수 있다는 그 믿음을 말이다.

플로드는 그저 빈말을 내뱉었는지 모르지만 효과는 있었다. 말은 관심 대상과 그에 따른 감정을 통제하는 강력한 도구다. 그리고 관심 대상과 감정을 통제할 수 있다면, 그 통제권 안에 있기 때문에 이룰 수 있는 목표에 집중할 수 있다. 클라렛 저그를 손에 넣은 것은 해링턴의 힘이 아니었다. 수많은 다른 요소가 작용했다. 하지만 18번 홀에서의 그 치핑과 퍼팅만은 그가 통제할 수 있었다. 그는 목표를 정하고 이에 집중함으로써 목표를 이룰 수 있다는 자신감을 얻었다.

앞으로 이 책에서 무언가를 해낼 수 있다는 믿음, 즉 자신감이 어떻게 우리에게 정신적, 신체적, 감정적 힘을 부여하는지 그리고 해링턴처럼 어떻게 이를 배워 활용할 수 있는지 설명할 것이다. 하지만 해링턴과 플로드에게서도 배웠듯이 핵심은 정확한 목표에 집중하는 것이고, 언제 이를 이룰 수 있는지 없는지 아는 것이다. 자신감은 목표가 명확하지 않거나 목표에 정확히 집중하지 않을 때 종종 부족해진다.

젊은 골프 선수가 큰 대회에서 승리하는 것을 목표로 삼는다면 사기가 저하되어 일찍 포기하게 될 가능성이 아주 높다. 너무 멀고 높은 목표이자 스스로 통제할 수 없는 목표이기 때문에 이룰 수 있는 확률이 몹시 낮다. 특별한 목적 없이 그저 즐기기 위해 경기에 참가한다면 그것도 좋지만 큰 발전은 없을지도 모른다. 목표를 이루기 가장 좋은 '스위트 스폿'은 약간 힘들지만 성취 가능한 목표일 때 생긴다. 그때 자신감이 그 원인이자 결과로 힘을 발휘하는 상태가 된다. 공을 잘 칠 수 있다는 믿음이 그 가능성을 높여주고 결국 해냄으로써 자신감은 더 높아진다.

하지만 또 다른 요소가 있다.

경기 자체에 대해 까맣게 잊어버릴 정도로 18번 홀 두 번의 샷에 집중한 해링턴은 놀라운 통제력을 발휘했다. 끔찍한 실수를 두 번이나 한 후의 감정적 동요로 괴로운 상태에서 3만 명이 지켜보는 경기를 계속해야 하는 압박감은 어마어마할 것이다. 온갖 생각과 감정이 몰아치는 그와 같은 상태에서 정신을 집중하는 것은 몹시 어려운 일이다.

그 통제력의 확보가 심리적 조절 장치가 되어 해링턴의 자신감을 높여주었을 것이다. 자신의 생각 그리고 그와 관련된 감정을 통제할 수 있다는 자신감이 있으면 어떤 상황에서도 더 능력을 발휘할 수 있다.

집중력과 자신감은 강력한 한 팀이며 이에 접근하기 가장 쉬운 도구 중 하나는 바로 '언어'다. 캐디 플로드는 믿음 없는 말을 한 것뿐인지도 모르지만, 말은 우리의 집중력과 자신감을 움직이는 강력한 힘이다.

해링턴은 18번 홀의 그 중요한 공을 칠 때 '신이 났다'고 말했다. 뛰는 심장과 땀에 젖은 손바닥, 살살 아파오는 배를 묘사하는 그럴듯한 표현이다. 하지만 불과 몇 분 전 실수를 했을 때도 그가 비슷한 증상을 겪었다는 사실을 기억하자. 그때의 감정을 묘사하기 위해 그가 사용했던 단어는 불안과 수치심이 뒤섞인 '당혹스러움'이었다. '경기를 포기'하고 싶을 만큼 말이다.

그렇다면 무엇이 먼저일까? 말일까, 감정일까? 정확한 답을 얻을 수 있는 유일한 방법은 실험을 해보는 것이며, 그것이 바로 피츠버그 대학교 연구 팀이 한 일이었다. 연구 팀은 실험 참가자들을 사람들 앞에 세워 놓고 암산을 시켰다. 암산을 하기 전 참가자들을 두 그룹으로 나누어 그들의 실제 감정과 상관없이 첫 번째 그룹은 '나는 불안하다'고 말하게 했고, 두 번째 그룹은 '나는 신이 난다'고 말하게 했다. '신이 난다'고 말했던 참가자들은 심장이 뛰고 배가 아픈 증상을 불안으로 해석했던 참가자들보다 암산을 더 잘했다.[3] 단어 하나의 차이가 능력의 차이로 이어졌고, 이에 대해서는 5장에서 더 자세히 설명하겠지만, 여기서 짚고 넘어갈 것은 긍정적인 단어를 크게 말하기만 해도 목표에 대한 집중력이 강해져 목표를 더 잘 이룰 수 있게 된다는 것이다.

해링턴과 플로드가 그 중요한 샷을 위해 45미터를 걸어가며 나눈 대화는 언어의 유사 최면 특성을 잘 보여준다. 최면은 집중 대상을 통제하는 고대의 방식이다. 그렇기 때문에 최면을 거는 것처럼 '그 말을 하기만 해도' 자신감이 증가하고 그에 따라 발휘할 수 있는 능력도 커진다.

2010년 영국의 두 대학 스포츠 심리학 연구자들은 최면으로 자신감을 높인 후 공을 차는 능력을 비교해 이를 확인했다.[4] 축구 경기 영상을 보기만 했던 선수들보다 최면 훈련을 받은 선수들이 원하는 대로 공을 찰 수 있다는 자신감이 훨씬 컸다. 그리고 최면 훈련 후 4주가 지나서도 원하는 방향으로 공을 차는 횟수가 더 많았다.

그렇다면 자신감은 우리 마음에서 어떻게 작용하는가? 정확한 대상에 집중할 수 있도록 돕고, 그래서 이를 더 잘 해내고, 결국 더 자신감이 생기고, 점점 더 능력을 발휘할 수 있게 된다. 우리가 자신에게 하는 말이 목표와 자신감을 하나로 묶는다. 그 말을 온전히 믿지 않는다고 해도 말이다. 강연을 하기 위해 연단에 서면 두 다리가 덜덜 떨리겠지만 '나는 신이 난다'고 말하기만 해도 객관적으로 강연을 더 잘하게 될 것이고, 이를 통해 쌓인 자신감을 다른 상황에서도 발휘할 수 있게 된다.

그렇다면 자신감은 스스로에게 하는 말이라고 할 수 있다. 그리고 우리는 자신에게 하는 말을 선택할 수 있기 때문에 이는 우리가 어느 정도는 자신감을 통제할 수 있다는 뜻이다.

자신감은 왜곡 렌즈다

2016년 6월 23일 목요일, 근소한 차이로 영국의 브렉시트가 가결되었다. 유럽 연합 탈퇴가 영국에 엄청난 경제적 피해를 초래할 수 있다는 영국 은행 총재와 다른 전문가들의 심각한 경고에도 불구하고 말이다.[5] 특히 경제적 빈곤층의 상황이 나빠질 거라는 예측이 있었으나 바로 그들이 유럽 연합 탈퇴에 적극 찬성했다.

국민 투표 이후 몇 년 동안 유권자들은 저명한 경제학자들의 비관적인 경제 전망을 지겹도록 들어야 했지만, 브렉시트에 전적으로 찬성하는 정치인들의 경제 천국에 대한 낙관적인 전망에도 끝없이 휩쓸렸다.

교육 수준이 낮고 더 빈곤한 사람들이 브렉시트에 강하게 찬성했다. 교육 수준이 높고 부유할수록 글로벌 경제 혜택을 많이 받고 있었기 때문에 탈퇴 반대에 표를 던지는 경향이 있었다. 하지만 수백 년 영국 역사상 가장 심각한 정치적 위기라고 할 수 있는 브렉시트 국민 투표를 초래한 또 다른 요소가 있었다. 그 요소는 바로 나이였다.

18세와 24세 사이 인구는 27퍼센트가 브렉시트에 찬성한 반면, 65세 이상 인구는 60퍼센트가 브렉시트에 찬성했다.[6] 2년 후, 두 번째 국민 투표가 있다면 어떤 표를 던질 것인지에 대한 설문에 65세 이상의 찬성 비율은 66퍼센트로 오른 반면, 18세와 24세 사이의 찬성 비율은 18퍼센트로 떨어졌다.[7]

모든 사람이 브렉시트가 경제에 미칠 효과에 관한 정보의 홍수에 노출되었다. 노년층과 청년층이 각각 다른 곳에서 정보를 얻었을지 모르지만, 비교적 공정한 영국 공영 방송은 시청자들이 반대 의견에 관한 정보에도 비슷한 정도로 노출될 수 있도록 보장했다. 하지만 그 모든 예측이 청년층과 노년층의 마음에 정반대의 영향을 끼쳤다. 왜 그랬을까? 이상하게도 이는 자신감이 어떻게 작용하는지와 관계가 있었고, 브렉시트에 대한 몹시 흥미로운 생각 역시 드러내 주었다.

학기 말 성적을 기다리고 있다고 해보자. 원하는 점수는 B지만 메일을 열어보니 C였다. 당신은 미래의 학업 성취에 대한 자신감에 타격을 입었다. 반대로 B를 원했지만 성적은 A였을 경우 자신감이 치솟을 것이고 당신은 학업 성취에 대한 자기 평가를 업데이트할 것이다.

그것이 바로 자신감이 작용하는 방식이다. 기대를 넘어섰던 결과나 성공과 함께 조금씩 차오르고, 희망이 좌절될 때마다 조금씩 가라앉는다. 그렇다면 자신감은 살면서 얻은 것과 잃은 것이 차곡차곡 쌓여온 최종 결과물일 뿐인가?

하지만 우리 뇌는 그런 식으로 움직이지 않는다. 뇌는 부정적인 점수보다 긍정적인 점수에 훨씬 큰 의미를 부여하는데, 이는 곧 대부분의 사람이 자신과 자기 미래를 장밋빛으로 바라본다는 뜻이다. 이를 '비대칭 정보 갱신'이라고 한다.[8] 그것이 바로 대부분의 사람이 다른 사람보다 자기가 낫다고 믿는 이유이자 '우월 착각'이라는 현상이다.

예를 들어보자. 대부분의 사람이 자신을 평균 이상의 운전자라고 생각한다.[9] 통계적으로 불가능한 일이다. 외과 의사나 다른 많은 전문가들은 자기 기술을 과대평가한다. 여성 운전자나 여성 외과 의사들은 자기 능력을 남성보다 더 정확하게 평가하기는 하지만 말이다. 이 점에 대해서는 나중에 더 논할 것이다.

대부분의 사람은 비현실적인 낙관론에 빠지는 경향이 있다. 럿거스 대학교의 한 연구에 따르면 사람들은 자신이 다른 사람보다 폐암 진단을 받을 확률이 32퍼센트 더 낮다고 생각한다.[10] 또한 이혼할 확률은 49퍼센트 더 낮다고 생각한다. 평범한 학생은 자신이 다른 '평범한' 학생보다 상을 받을 확률이 13퍼센트 더 높다고 생각한다. 무작위로 카드를 한 장 뽑는 경우에서도 사람들은 자신이 좋은 카드를 뽑을 확률이 남보다 훨씬 높다고 생각한다. 이것이 바로 엄청난 규모의 도박 산업이 성행할 수 있게 만드

는 왜곡 렌즈의 예다.[11]

자신감을 형성하는 데 좋은 소식이 나쁜 소식보다 더 큰 영향을 끼치는 것이 어떻게 가능할까? 예를 들어 자기가 암 진단을 받을 확률이 생각보다 낮다는 좋은 소식은 뇌의 좌측 앞쪽과 전두엽 중앙 부분에 입력된다. 반대로 암에 걸릴 확률이 생각보다 높다는 나쁜 소식은 뇌의 반대쪽, 우측 하전두회에 입력된다.[12]

보통 사람의 뇌는 대체로 나쁜 소식보다 좋은 소식에 더 민감하게 반응한다. 긍정적인 소식에 더 치중할수록 뇌의 좌측 앞쪽 부분이 편도체나 뇌도와 같은 감정 센터와 더 강하게 연결된다. 다시 말하면 낙관주의자들은 좋은 소식과 뇌의 감정 센터를 연결하는 '케이블'이 더 두껍다는 뜻이다. 그리고 놀랍게도 긍정적인 사고는 과거 또한 장밋빛 유리를 통해 바라보게 만들어 기억도 더 긍정적으로 형성한다.[13]

예외는 있다. 컵에 물이 반밖에 없다고 생각하는, 낙관적으로 생각하는 것이 어려운 사람의 뇌는 좋은 소식에 치우치는 경향이 훨씬 덜하다.[14] 가벼운 우울감이 있는 사람들에게도 마찬가지다.[15]

분명히 말하자면 우리가 나쁜 소식을 전부 무시하는 것은 아니지만(나쁜 소식은 미래에 대한 우리 관점을 형성한다), 대부분의 뇌는 좋은 소식에 더 방점을 둔다. 하지만 브렉시트에 대한 세대 차이를 설명하는 데 도움이 되는, 좋은 소식과 나쁜 소식의 한 가지 중대한 차이가 있다.

사람들이 좋은 소식에 반응하는 방식은 평생 잘 변하지 않는다. 하지만 나쁜 소식에 대한 이야기는 몹시 다르다. 우리 뇌는 부정적인 소식에 40세 정도의 나이대가 가장 크게 반응한다. 어린 시절에는 반응이 별로 없다가 점차 증가해 중년이 되면 최고조에 달한다. 하지만 60대와 70대를 거치며 꾸준히 줄어들어 80대가 되면 어린 시절보다 훨씬 덜 반응하게 된다.[16]

나쁜 소식에 대한 이와 같은 반응 감소가 경제학자들과 은행가들의 브렉시트에 대한 심각한 경고, 말하자면 '공포 프로젝트'를 65세 이상이 받아들이지 않은 이유다. 그들의 뇌는 젊은 뇌에 비해 나쁜 소식에 큰 반응이 없었고, 그래서 브렉시트 결과에 관한 잘못된 낙관주의의 거품 안에 남게 된 것이다. 그러니 18세와 24세 사이의 뇌가 브렉시트에 강하게 반대한 것과 달리 그들이 브렉시트에 찬성한 것도 놀랄 일은 아니다.

자신감은 그렇지 않다는 증거에도 불구하고 낙관적인 태도를 유지하게 하는 왜곡 렌즈다. 그냥 하는 말이 아니라 그 약간의 착각이 없었다면 우리는 달에 가거나 인터넷을 발명하거나 천연두를 박멸하지 못했을 것이다. 그 착각이 자신감의 또 한 가지 중요한 작용을 보여준다.

자신감은 항우울제다

1933년, 미국은 끝나지 않는 대공황의 깊은 수렁에 빠져 있었다. 그때 월트 디즈니의 만화 캐릭터 행운의 토끼 오스왈드가 〈자신감〉이라는 단편 애니메이션으로 인기를 얻었다.[17] 농부 오스왈드는 알을 낳는 행복한 닭들을 관리하고 있었는데, 악취가 나는 황무지에서 고깔을 쓴 새카만 '죽음'이 농장으로 와 동물들에게 우울한 그림자를 드리운다. 오스왈드는 워싱턴으로 가서 루스벨트 대통령을 만나 다시 농장 동물을 돌볼 수 있는 '자신감' 주사를 맞는다. 그리고 동물들은 알을 낳지 않으려는 무기력과 슬픔에서 기적적으로 빠져나온다.

75년 후인 2008년, 미국과 전 세계는 대침체라는 또 다른 경제 위기로 휘청였다. 수백만이 파산했고 일자리를 잃고 거리에 나앉았다. 그와 같은 불행을 겪은 사람들은 우울과 불안 같은 정신 건강 상태가 크게 악화되었고 이는 대침체가 끝난 후에도 몇 년 동안 지속되었다.[18] 오스왈드 농장의 운 좋은 닭들과 달리 그들을 우울에서 꺼내줄 대통령의 자신감 주사 같은 것은 없었다. 대침체로 인해 유럽과 북아메리카에서 2008년과 2010년 사이 스스로 목숨을 끊은 사람의 숫자는 만여 명 정도 증가했다.[19]

오스왈드의 만화는 자신감과 우울, 불안의 복잡한 관계가 오래전부터 널리 알려져 있었음을 보여준다. 가라앉은 기분과 불안 같은 감정의 의료화 증가는 위협적인 상황이 우리를 슬프고 불안하게 만든다는 이 다소 상식적인 사실을 모호하게 만들어온 경향이 있다. 그와 같은 반응은 뇌에 오류가 생겨 야기된 질병이 아니라 대부분의 경우 몹시 정상적이다. 자신감의 가장 큰 역할 중 하나가 바로 우리 마음속에서의 항우울제 작용이다.

자신감은 또한 매우 효과적인 항불안제이기도 하다. 왜 그런지 살펴보자. 인간의 뇌는 끊임없이, 대부분 무의식적으로 이 세상에서 무슨 일이 일어날지 예측하는 기계와 같다. 그리고 그 예측이 잘못되면 곧장 의식적인 상태로 전환된다. 반대편 차선의 차가 갑자기 방향을 바꿔 내 앞으로 돌진하거나 친구가 암 말기라는 사실을 털어놓는 경우처럼 말이다.

성공을 기대할 때 우리 뇌는 중앙 깊은 곳의 보상 체계에서 강력한 활동파를 내뿜는다. 신경 전달 물질 도파민이 그 과정에서 가장 중요한 화학 메신저다. 보상 체계의 활동은 항불안과 항우울 효과로 이어져 자연스럽게 의욕을 높여준다. 그리고 방금 확인했듯이, 뇌는 불쾌하고 실망스러운 예측 오류보다 기분 좋은 예측 오류에서 더 많은 것을 배우는 편이다.

이 긍정적인 반동은 대부분 기대했던 것보다 아주 약간 더 능력을 발휘했거나 어려움을 이겨내고 결국 좋은 결과를 얻었을 때 일어난다. 뇌의 보상 체계는 '예측 오류'에 의해 작동한다. 사전 기대와 실제 상황 사이의 그 간극에서 말이다. 그러므로 쉽게 할 수 있는 일은 더 이상 자극이 되지 않는다. 하지만 어려움을 이겨 내고 성공하면 뇌는 기대 이상의 성공에 기분 좋은 맥박과 긍정적인 감정으로 반응한다. 이것이 바로 자신감의 주요 원천 중 하나인 '숙달감'이다.

경기 침체로 직장과 돈, 집을 잃었다면 그로 인한 부정적 예측 오류가 뇌의 보상 체계 활동을 억제한다. 이는 도파민의 활동을 감소시켜 기분을 가라앉히고 불안하게 만든다.[20] 그와 같은 극적인 사건을 겪지 않더라도 경기 침체는 미래의 경제 상태에 대한 희망을 감소시켜 기분을 우울하게 만들고 스트레스 지수를 높인다. 그리고 가장 중요하게는 당신의 자신감을 앗아간다.[21]

앞에서 살펴보았듯이 대부분의 사람은 실질적 통계 수치가 보여주는 것보다 더 자신감을 느낀다. 만성 우울이나 비관에 빠져 있는 것이 아니라면 말이다. 하지만 사실 직시보다 그와 같은 자기기만 전략이 인류 역사에 큰 기여를 했다. 그 이유는 무엇일까? 그 자신감이 우울을 물리치고 불안을 억제하고 기분을 좋게 해주기 때문이다. 그리고 기분이 좋을 때 우리는 마음에 희망을 품고 한 걸음 나와 종종 멋진 결과를 만들어 내기도 한다.

이는 재정적으로도 마찬가지다. 주식 시장은 스포츠 국가 대표 팀의 성적에 따라 오르내린다. 예를 들면 영국 축구 대표 팀의 성적은 런던국제증권거래소 지수에 그대로 드러난다. 선수들의 기량이 좋으면 투자자들의 기분도 좋아져 주가가 회복되고, 이는

자신감과 행복이 친자매와 같다는 사실을 그대로 보여준다.[22]

그것이 바로 자신감의 세 번째 작용이다. 자신감은 자연스럽고 효과 좋은 기분 촉진제이자 불안 감소제다. 그렇다면 좋은 기분과 불안 감소의 가장 중요한 결과는 무엇일까? 그 질문에 대한 답이 바로 자신감의 네 번째 작용을 정확히 보여준다. 바로 행동하기다.

자신감은 행동하게 만든다

조는 비즈니스 컨설턴트다. 성공해 많은 돈을 벌지만 대부분의 런던 직장인들처럼 오랜 시간 일한다. 영리하고 분석적이며 규칙적인 생활을 하고 동료들과의 관계도 좋다. 한 가지 문제만 빼면 가장 빨리 회사의 파트너가 될 수 있을 것이다. 그 문제는 바로 각종 회의만 앞두면 불안해진다는 것이다. 새로운 고객처럼 잘 모르는 사람과 만나야 할 때 특히 그랬다. 동료들과의 정기 회의에서도 얼굴과 목이 빨개지는 게 스스로도 느껴질 정도였다.

뛰어난 능력에도 불구하고 조의 커리어는 위태로워졌다. 조금씩 회의에 빠지기 시작했기 때문이다. 일부러 회의에 늦거나 다른 약속이 있다며 일찍 자리를 떴다. 처음에는 불안한 마음이 들어도 고객 앞에서 복잡한 문제를 멋지게 해결하며 불안을 날려 보내기도 했다. 하지만 불안이 점점 커지면서 자신감이 줄어들었다. 한번은 아주 중요한 고객과의 자리에서 갑자기 무슨 말을 하고 있는지 깡그리 잊어버리기도 했다. 그래서 그날은 너무 괴로워 일을 그만두고 집으로 가야 했다.

결국 그녀보다 능력이 부족한 동료들이 일을 맡기 시작했는데, 고객과 관계를 맺거나 의견을 제시하는 능력은 동료들이 훨씬 나았다. 그녀는 런던 북부에 있는 스튜디오 아파트에서 주말에 혼자 느꼈던 고독을 직장에서도 느끼기 시작했다. 영국 북부 시골에서 런던으로 이사 온 후 딱히 활발한 사회생활을 해온 것은 아니었지만 회의와 사교 모임에서 한 발씩 물러나면서 그조차도 점점 줄어들기 시작했다.

결국 조의 기분은 급격히 나빠졌고 종종 우울감도 느꼈다. 언제나 조금씩 불안했고 사람들을 만나야 한다고 생각하면 특히 그랬다. 직장에서의 자신감 역시 줄어들었다. 잘 해내던 복잡한 업무에 더 이상 도전하지 않기 시작했다. 떠오르는 샛별이라던 평가도 점차 부정적으로 바뀌기 시작했다.

서식스 공작 해리 왕자 역시 조와 비슷한 문제로 힘들어했다. 《데일리 비스트》에 따르면 그는 모친 다이애나 왕비의 사망 이후 사람들이 많은 곳에서 끔찍한 공황 발작을 겪기 시작했다고 한 텔레비전 인터뷰에서 말했다. "심장이 '세탁기가 돌아갈 때처럼 쿵쿵'거리고 땀이 나기 시작했다. 달아나고 싶은 충동을 느꼈지만 그럴 수는 없었기에 이를 숨기려고 노력할 수밖에 없었다."[23]

배우 휴 그랜트 역시 불안으로 고생했다고 《엔터테인먼트 위클리》에서 말했다. "갑자기 찾아온 공황 발작 때문에 감독이 '액션'이라고 외칠 때마다 얼어버리거나 종종 대사를 새까맣게 잊어 몇 년 동안 배우 활동을 쉬어야 했다."[24]

갑자기 얼어버린 그랜트의 모습에서 우리는 불안의 근본적인 특성을 볼 수 있다. 불안은 '새로운 일을 하지 못하게 만든다.' 두렵다는 말은 위협을 느낀다는 말이며, 안전하지 못하다고 느낄 때 현실적인 유일한 대안은 투쟁 도피 반응이다. 불안한 이유를 모른다면, 혹은 위협이 자기 안에서 나오는 것 같다면, 싸울 대상은 없다. 그러므로 도망가는 것이 유일한 선택이자 안전하고 익숙한 도피처가 된다. 이것이 바로 그랜트가 오랫동안 영화계를 떠나 있었던 한 가지 이유일 것이다.

해리 왕자는 도망가고 싶었지만 자신의 지위 때문에 그럴 수 없었을 것이다. 숨 막힐 것 같은 공황으로 힘든 상황에도 불구하고 사람들 앞에 서고 자신의 임무를 다해야 하는 군인이자 왕자였으니 말이다.

조에게는 선택권이 더 많았다. 불안과 우울로 힘들었지만 그녀는 회의 없이도 여전히 할 수 있는 일이 있었고, 억지로 사회적 관계를 맺으라고 강요하는 친구들도 없었다. 그녀는 불안 행동의 논리를 따라 점차 일을 줄여갈 수 있었다.

세 사람의 공통점은 물러나고 싶다는 충동을 느꼈다는 것이다. 일을 그만두고 은둔하고 싶었다. 그런 행동이 바로 자신감이 없을 때 일어나는 일이다. 익숙한 것을 넘어서는 새로운 도전과 정반대의 방향으로 말이다.

자신감은 기분을 좋게 하고 불안을 잠재운다. 불확실한 미래에서 성공적인 결과를 예측하기 때문이다. 불안과 우울은 그 반대의 역할을 한다. 부정적인 결과를 예측하고 그래서 자신감을 앗아간다. 이 쌍방향 움직임의 결과가 자신감의 네 번째 작용에 대한 실마리를 제공한다. 즉 자신감은 우리를 행동하게 만든다.

시나리오 작가 마셜 브릭맨이 인용한 우디 앨런의 말이 이를 압축해서 드러낸다. '나는 한 가지를 배웠다. 우디 앨런이 말했듯이 "성공의 80퍼센트는 일단 나타나는 데 있다." 가끔은 침대에 숨어 있는 것이 훨씬 쉽다. 나는 둘 다 해보았다.'[25]

우디 앨런의 말은 정확했다. 일단 나타나는 것이 바로 앞으로 나아가는 것이다. 이를 반복하면 기분이 좋아지고 자신감이 높아지는 결과를 얻게 된다.

조와 같이 불안을 많이 느끼는 사람은 보통 살면서 훨씬 적은 일을 하게 된다.[26] 그들은 행동을 덜 하기 때문에 어려움을 극복하면서 기분이 좋아지고 불안이 없어지고 자신감이 높아지는 경험을 할 기회도 더 적다. 또한 더 흥미로운 새 직장을 찾거나 마음에 드는 동반자를 만나는 등의 성공 경험도 더 적다.

자신감은 우리를 행동하게 만들기 때문에 삶의 거의 모든 측면에 심오한 영향을 끼친다. 행동이 늘 결과로 이어지는지는 중요하지 않다. 다른 방향으로 움직여보는 것 자체가 종종 멋진 결과로 이어지기도 한다. 쉽게 그만두지만 않는다면 말이다.

심리학자들은 조가 느낀 것 같은 공포증을 서로 연관된 두 가지 방식으로 보통 치료한다. 첫 번째 방법은 다른 사람을 만날 때 어떤 생각과 두려움이 자극되는지 정확히 찾고, 그 사고 패턴을 점진적으로 바꿀 수 있도록 도와주는 것이다. 두 번째는 그녀가 지금 회피하고 있는 것을 실천 가능한 단계들을 밟아가며 천천히 해낼 수 있도록 도와주면서 성취감을 경험해 자신감을 쌓을 수 있게 해주는 것이다.

다행히 조는 그와 같은 인지 행동 요법에 정통한 훌륭한 임상 심리학자를 만날 수 있었고 다시 일을 시작해 성공할 수 있었다. 해리 왕자와 휴 그랜트 역시 자신이 맡은 일을 그럭저럭 계속할 수 있었다. 그들은 조처럼 회피하는 것도 쉽지 않았기 때문이다. 자신감을 배우는 것과 덜 불안해하는 법을 배우는 것은 보통 깊은 관련이 있다.

누구나 해야 할 일 앞에서 도망치고 싶을 때가 있을 것이다. 자신감은 회피하고 싶은 것을 향해 전진할 수 있도록 도와주는 아주 중요한 요소며, 자기 신뢰 역시 하기 싫었던 일을 할 때 얻는 그 숙달감의 큰 덕을 본다. 연구자들은 조가 느낀 것 같은 공포증을 치료할 때 두려워하는 일을 할 수 있다는 자신감이 그 두려움의 극복 여부를 예측한다고 밝혔다.[27] 이는 삶의 다른 영역에서도 마찬가지다. 자신 있는 사람들은 성장하고 발전할 수 있는 목표를 선택하고[28] 그 결과 감정적인 회복 탄력성도 얻게 된다.[29]

지금까지 우리는 자신감을 뒷받침하는 복잡한 심리적 장치들과 삶 전반에서 자신감이 어떻게 성공으로 이어지는지 살펴보았다. 하지만 높은 자신감의 이면에는 우리를 실패로 이끄는 깊은 함정 또한 존재한다.

3장

자신감은
어떻게 하락하는가

How Confidence
Declines

당신이나 배우자, 혹은 부모님의 기억력이 떨어지고 있다고 하자. 의사는 집중력, 사고력, 기억력을 측정하기 위한 간단한 테스트를 권할 것이다. 영국이라면 나와 함께 일했던 케임브리지 동료가 개발한 애든브룩스 인지 검사라는 선별 검사지를 사용할 것이다. 짧은 단어 목록 기억하기, 숫자 100부터 7씩 거꾸로 빼기, 특정한 시간을 가리키는 시계 문자판 만들기 등이 포함된 검사다. 다른 지역에서도 비슷한 검사지를 사용할 것이다.

검사가 끝나고 점수를 계산한다. 100점에서 82점 이하의 점수가 나오면, 치매 전문 병원에서 제대로 검사받을 경우 치매 진단 확률이 84퍼센트라는 뜻이다.

엑서터 대학교 연구 팀은 검사에 대해 서로 다른 정보를 제공할 때 결과가 어떻게 달라지는지 확인해보고 싶었다.[1] 연구 팀은

60대 중반의 실험 참가자들을 무작위로 네 그룹으로 나누었다.

60대 참가자의 절반은 40세와 70세 사이가 연구 대상이며 자신은 나이가 많은 그룹에 속한다는 말을 들었고, 나머지 절반은 60세와 90세 사이가 연구 대상이기 때문에 자신은 나이가 적은 그룹에 속한다는 말을 들었다.

그러고 나서 연구 팀은 뇌의 노화에 관한 잡지 기사를 나이가 많다고 생각하는 그룹 절반과 나이가 적다고 생각하는 그룹 절반에게 나눠주었다. 노화는 기억과 건망증에 특정한 문제를 유발할 수 있어서 노트나 메모가 필요할 수도 있다는 기사였다. 나머지 절반은 노화가 집중력, 의사 결정, 계획 세우기, 문제 해결 능력 등 전반적인 인지 능력 감소를 유발한다는 내용을 읽었다.

요약하자면, 첫 번째 그룹은 자신이 젊은 그룹에 속하며 노화가 기억력에 영향을 끼치지만 도구를 사용하면 이를 만회할 수 있다고 생각했다. 두 번째 그룹 역시 젊은 편에 속한다고 생각했지만 노화가 전반적인 인지 능력 저하를 가져온다고 믿었다. 세 번째 그룹은 자신이 나이 많은 그룹에 속하며 노화가 기억력 문제를 유발하지만 메모나 노트 필기로 충분히 대처할 수 있다고 생각했다. 네 번째 그룹은 자신이 늙은 편에 속하며 노화가 전반적인 인지 능력 감소를 초래한다고 생각했다.

네 번째 그룹의 나이가 다른 그룹과 같다는 사실을 기억하자. 유일한 차이는 자신이 상대적으로 젊다고, 혹은 늙었다고 생각하는지, 그리고 어떤 기사를 읽었는지 뿐이었다.

네 그룹으로 나뉜 68명의 참가자가 케임브리지의 기억력 관련 테스트를 받았고 점수가 나왔다.

건강한 60대 사람에게 기대할 수 있듯이 82점 이하 치매 가능성 점수를 받은 사람은 소수였다. 하지만 한 그룹만은 예외였다. 여전히 건강하지만 자신이 늙은 편에 속한다고 생각했고 동시에 전반적인 인지 능력 감소에 관한 기사를 읽은 사람은 완전히 다른 패턴을 보여주었다. 70퍼센트가 82점 이하를 받은 것이다. 실제 상황이었다면 충분히 치매 의심 환자로 분류될 수 있는 결과였다.

그룹은 참가자들의 실제 치매 가능성 정도와 상관없이 주사위 던지기처럼 무작위로 나눈 것이었다. 유일한 차이가 있다면 나이가 많거나 적다고 느낀 것 그리고 노화에 따른 인지 능력 감소에 대한 생각뿐이었다.

영화나 소설, 노래에서 '늙음'이라는 단어에는 보통 부정적 함의가 담겨 있다. 늙기 전에 죽고 싶다는 60년대 밴드 '더 후The Who'의 노래도 있다. 늙었다는 말에는 객관적 사실 묘사만 담겨 있는 것이 아니다. 신체적, 정신적 능력에 대한 부정적 기대와 연상이 의식적 측면 아래에서 정신적 부담으로 작용한다. 나이가 기억력에 영향을 끼칠 뿐만 아니라 전반적인 능력 상실을 초래한다고 믿으면 그 효과는 두 배가 된다.

앞에서 살펴보았듯이 자신감은 할 수 있다는 믿음이다. 그리고 우리 마음에서 자기충족적 예언으로 작용한다. 하지만 '늙었다'는 정신적 부담은 할 수 있다는 믿음을 약화시켜 자신감을 방해한다. 그래서 나이가 많다고 생각한 사람은 인지 능력에 대한 자신감이 떨어졌고 그 결과 점수도 낮아졌다.

나이 이외의 부담 역시 존재한다. 인종, 성별, 종교, 사회계층과 계급이 사람들의 능력 발휘를 방해할 수 있다. 편견 가득한 문화가 사람들에게 붙이는 이와 같은 꼬리표, 즉 고정관념은 타인의 편견 속에만 존재하는 것이 아니다. 그 꼬리표는 이를 달고 있는 사람의 뇌로 파고들어 그들의 자신감을 앗아가고 그들이 그 고정관념에 맞게 행동하도록 만든다. 예를 들면 아프리카계 미국인 학생은 다른 인종 집단에 비해 SAT나 GRE와 같은 인지 능력에 대한 표준화 시험에서 실력을 발휘하지 못하는 경향이 있다.

스탠퍼드 대학교의 클로드 스틸이 1995년에 실시한 유명한 실험에 대해 살펴보자. 아프리카계 미국인 학생들이 GRE에서 가장 난이도 높은 문제 중 선별한 33개의 언어 능력 시험을 보았다. 무작위로 나뉜 두 그룹의 학생은 실험에 대한 각기 다른 설명을 들었다. 절반은 그 실험이 '읽기와 언어 추론 능력 문제 해결에 필요한 다양한 개인적 요소'에 관한 실험이며 나중에 각자의 강점과 약점에 대한 피드백이 제공될 거라는 설명을 들었다. 나머지 절반은 그 실험이 '언어 능력 시험 문제 해결에 필요한 심리적 요소'에 관한 실험이며 그들이 미래에 직면하게 될지도 모르는 문제에 대한 피드백이 제공될 거라는 설명을 들었다.

아프리카계 미국인 학생들은 자신의 학업 능력과 아이큐에 대한 일반적인 믿음에 대해 잘 인식하고 있었다. 나이 많은 사람이 자신의 기억력과 인지적 민첩성에 대한 편견을 잘 인식하고 있는 것처럼 말이다. 이와 같은 믿음은 사람들의 마음속에 웅크리고 있다가 특정한 상황에서 깨어날 수 있다. 예를 들면 다른 사람이 편견을 갖고 있는 바로 그 능력을 확인받아야 하는 상황이다. 일단 그 편견을 인식하면 불안과 자기 의심이 싹튼다. 불안과 자기 의심은 인지 능력을 방해해 실제 수행 능력을 손상시켜 실제로 그 편견에 부합하게 만든다.

아프리카계 미국인 학생들은 지적 능력을 평가한다는 시험에서 33문제 중 약 8문제를 맞췄다. 그에 비해 백인 학생들은 약 12문제를 맞췄다. 많은 이들이 이와 같은 결과를 인종 집단의 지능에 선천적 차이, 말하자면 유전적 차이가 존재한다는 증거로 삼는다. 하지만 그와 같은 믿음은 틀렸다.

그 실험에 대해 다른 설명을 들었던 아프리카계 미국인 학생들이 발휘한 실력을 보면 이를 알 수 있다. 즉 사람들의 문제 해결 방식에 대한 실험이라는 설명을 들었던 아프리카계 미국인 학생들은 백인 학생들과 마찬가지로 12문제를 맞췄다. 아이큐가 측정되고 있다는 생각만으로도 인지 능력은 3분의 1로 감소할 수 있다. 이는 정신적 부담이며 그 무게가 자신감을 감소시킨다. 자기 의심이 싹텄고 그 결과 실력을 발휘하지 못했다.[2] 편견이 강화된 것이다.

이와 같은 결과는 성별에도 적용된다. 여성들은 보통 시공간적 업무 능력이 떨어진다고 여겨진다. 이 능력을 테스트하기 위한 가장 기본적인 방법은 방향이 다른 3차원 도형 두 개 중 하나를 다른 도형과 같은 방향이 되도록 머릿속에서 회전해 두 개의 구조가 같은지 다른지 판단하는 검사다.

그리고 당연히, 평균적으로, 남성이 여성보다 더 능력을 발휘했다. 하지만 여성이 이와 같은 테스트에서 남성보다 더 낫다는 기사를 읽혀 여성 참가자를 미리 '준비시키면' 성별에 민감하다고 알려진 이 검사에서도 여성은 비슷한 능력을 발휘한다.[3]

뉴햄프셔 다트머스 대학교 연구 팀은 이와 같은 편견이 뇌의 기능을 어떻게 변화시키는지 뇌 영상법을 사용해 밝혀냈다.[4] 여성이 이와 같은 심적 회전 과제 능력이 부족하다고 믿게 되면 뇌의 감정 처리 부분이 활성화되어 명확한 사고를 방해한다. 여성이 보통 남성보다 더 능력을 발휘한다고 믿으면 뇌의 시공간적 영역이 활성화되어 편견의 방해 없이 남성과 비슷한 수준으로 문제를 해결할 수 있게 된다.

나이와 인종, 성별에 관한 편견만 성공에 영향을 끼치는 것은 아니다. 대부분의 사람에게는 타인이 붙인 꼬리표가 달려 있으며 우리는 그것을 심적으로 흡수한다. 그중에는 신체적 매력이 있다는 생각처럼 긍정적인 편견도 있다.[5] 키가 크다는 인식 또한 자신감을 높여주고 결국 성공 가능성을 높여주는 편견이다.[6]

낮은 자신감은 징벌을 기대한다

긴장되는 일을 해야 하는 상황을 떠올려보자. 예를 들어 직장 상사에게 여행을 위한 6주 무급 휴가를 보내달라고 부탁하고 싶다.

머릿속으로 상황을 그려보고 떠오르는 생각을 붙잡아보자. 설명 혹은 간청의 말, 업무 방식에 대한 제안, 미래에 대한 약속 등이 떠오를 것이다. 놀라서 눈썹을 찌푸리는 상사의 표정 그리고 고개의 끄덕임 혹은 가로저음? 해야 할 말이나 행동이 머릿속에서 소용돌이친다. 얼굴이 달아오른다. 큰일이다. 오래 연습했던 첫 문장부터 버벅거린다.

자신감이 사라지고 시작도 하기 전부터 패배한 느낌이다. 반대로 높은 자신감은 거리에 떨어진 낙엽을 한번에 쓸어가는 바람처럼 실패에 관한 생각을 쓸어버리는 능력이 있다. 어떤 단어를 사용할지, 어떻게 말할지에 대한 의심의 마른 나뭇잎은 사라지고 없다. 못마땅하고 실망스러운 상사의 표정도 사라지고 없다. 좋은 결과를 가져오기 위해 필요한 일련의 행동만 눈앞에 정리되어 남는다. 그것이 바로 자신감이 하는 일이다. 행동을 연습할 때 우리 뇌는 근육이나 입술의 마지막 움직임을 제외한 모든 행동을 차근차근 밟아간다.

뇌의 모든 부분이 그럴듯한 가정 안에서 당신이 실제로 말하거나 행동하고 있는 것처럼 달린다. 그것이 바로 자신감의 최고 운영책임자인 상상력이 작동하는 방식이다. 상상력은 그 일에 필요한 모든 행동 회로 스위치를 켠다. 마지막 하나만 남기고. 바로 출력이다.

이는 곧 당신 마음이 다른 생각과 행동, 혹시 말을 더듬지 않을까, 상사가 얼굴을 찡그리지 않을까, 얼굴이 달아오르지 않을까 등으로 복잡하지 않다는 뜻이다. 무대 위 커튼 뒤의 훌륭한 배우처럼 충분히 준비했고 연습했다. 그와 같은 말끔한 마음 상태는 적당한 어조로 상사의 마음을 움직일 수 있는 가능성을 훨씬 높여준다. 당신의 밝고 자신감 넘치는 얼굴은 상사에게 당신이 꼭 필요한 사람이라는 확신을 심어준다. 그리고 자신감은 성공을 예측하게 만들기 때문에 당신 뇌는 징벌 기대가 아니라 보상 추구의 상태가 된다.

2019년 퀸즐랜드 대학교 연구 팀은 사람들의 정보 처리 능력에 관한 실험을 했다. 실험 참가자들은 각자 7.5달러를 받고 속도와 정확성에 대한 목표를 받았다. 그리고 실험 시간의 절반 동안 목표를 달성하면 2.5달러를 받았다. 나머지 시간 동안에는 목표를 달성하지 못할 때 2.5달러의 벌금을 냈다. 참가자들은 실패에 벌금을 내야 할 때보다 성공에 보상을 받을 때 더 빠르고 정확하게 반응했다.[7] 자신감은 뇌의 보상 기대 회로를 활성화시켜 정보 처리 과정을 개선한다. 그 정보 처리 과정에는 상사의 표정을 얼마나 잘 읽는지, 그 표정에 얼마나 효과적으로 대응하는지 역시 포함된다.

퀸즐랜드 대학교 연구 팀의 실험에서처럼, 낮은 자신감은 보상보다 징벌을 기대하게 만들어 정반대의 효과를 초래한다. 이는 정보 처리 속도를 늦추고 목표 설정을 방해하는 다른 요소에 신경 쓰게 만든다. 상사 앞에서 말을 더듬거나 얼버무리고 어색하게 눈을 피하게 된다.

자신감이 없으면 뇌는 동시에 발생해 서로 경쟁하는 행동들에 의해 혼란스러워진다. 상사의 방 문 앞에 가지도 못하거나 갔다가 다시 발길을 돌리는 것도 전혀 놀랍지 않다. 용기를 끌어모아 들어가도 어깨가 굽고 표정은 굳어 있으며 말은 종종 끊길 것이다. 뇌에서 서로 상반되는 메시지와 프로그램이 동시에 돌아가고 있는데 어떻게 그러지 않을 수 있겠는가. 자신감은 이와 같은 부조화 속에서 교향곡을 이끌어낸다. 곧 살펴보겠지만 자기 신뢰는 전염성이 있으며 자신 있는 발언이 순조롭게 동의를 이끌어낼 가능성이 훨씬 크다.

자신감 휴리스틱도 오류를 범한다

　　대부분의 사람이 세일즈맨의 말을 전부 믿지 않으려고 조심한다. 지금부터 살펴보겠지만 자신감과 세일즈맨은 어느 정도 하는 일이 비슷한데, 그렇다면 자신감의 주장 역시 경계해야 하는 것일까?[*]

　　다음과 같은 상황을 상상해보자. 나는 대서양을 횡단하는 긴 비행을 마치고 해 질 녘 비행기에서 내려 미국의 습기에 눈을 깜빡였다. 시차 적응이 안 된 상태로 공항 밖으로 나와 리무진과 택시, 셔틀버스로 복잡한 길가에 섰다. 노란색 셔틀버스가 끽 멈췄다. 사람들이 짐과 함께 쏟아져 나왔다. 나는 근처의 한 여성에게 물었다.

　　"렌터카 사무실로 가는 셔틀버스가 맞나요?"

　　그녀가 얼굴을 찡그리며 대답했다. "그런 것 같은데요."

　　나는 주저했다. 버스는 문을 닫고 요란하게 떠나버렸다. 이번에는 파란색 버스가 왔다. 버스가 멈추고 또 한 무리의 승객이 내렸다. 나는 오른쪽에 있는 남성에게 물었다.

　　"렌터카 사무실로 가는 버스가 맞나요?"

● 나는 여기서 세일즈퍼슨보다 세일즈맨이라는 용어를 사용하는데 이는 나중에 살펴보겠지만 자신감의 이 측면은 여성보다 특히 남성에게 더 유리하기 때문이다.

그가 확신한다는 듯 고개를 끄덕였다. "네, 이 버스가 맞아요."

나는 고마운 마음으로 그를 따라 버스로 향했고 우리는 황혼으로 달리기 시작했다. 하지만 어둠 속에서 내가 도착한 곳은 사람도 없는 머나먼 장기 주차장이었다. 다시 터미널로 돌아와 노란색 버스를 타는데 한 시간이 더 걸렸다. 그렇다. 노란 버스가 맞았다.

그렇다면 나는 왜 처음 물었던 여성의 말을 듣지 않았을까? 그녀의 대답에 자신감이 없었기 때문이다. 반대로 그 남자는 강한 확신을 내뿜었고 그 결과 나는 공항에서 가장 황량하고 오싹한 곳에 버려졌다.

캐디 로난 플로드가 파드리그 해링턴에게 승리할 수 있다고 말했을 때 그의 자신 있는 말에 진심이 담겼는지는 중요하지 않았다. 확신에 가득 찬 플로드의 말은 흔들렸던 해링턴의 뇌가 눈앞의 공을 평소처럼 치는 데 필요한 집중력을 발휘하게 만드는 데 충분했다.

세상은 복잡하고 빨리 움직인다. 이에 대처하기 위해 우리 마음은 복잡한 과제를 단순하게 판단해 의사 결정할 수 있는 정신적 지름길인 '휴리스틱'을 발전시켜 왔다. 우리가 겪는 모든 상황에서, 특히 스트레스를 받거나 피로한 상태에서 고된 사고 과정을 단순화해 자신을 구하는 경험적 방법이다. 그와 같은 지름길 중 하나가 바로 '자신감 휴리스틱'인데 그것이 바로 내가 공항에서 셔틀버스를 잘못 타게 된 원인이었다. 나는 그 남자의 자신감이 그의 지식에 대한 합당한 지표라고 순간적인 판단을 내렸다. 여성의 말을 듣지 않은 이유 역시 그녀의 확신 없는 대답 때문이었다.

공항에서 내가 내린 판단은 틀렸지만 '자신감 휴리스틱'은 일반적으로 다양한 정보 중 취사선택해야 할 때 썩 나쁘지 않은 규칙이다. '자신감이 곧 지식'이라는 휴리스틱은 널리 받아들여지고 있으며 자신 있게 말하는 사람에게 더 설득력이 실리는 주목할 만한 효과도 있다. 다시 말하면 자신감은 당신을 인플루언서로, 세일즈맨으로 만든다.[8]

설득력 있는 사람은 사회적 명성을 얻고 이는 다시 그를 더 자신 있는 사람으로 만들어준다. 자신감 휴리스틱이 틀릴 수 있다는 사실은 중요하지 않다. 삶은 보통 잘못된 조언으로 인한 실패가 이를 바로잡을 시간 없이 확실해질 때 골치 아프고 복잡해진다. 자기 생각을 자신 있게 표현할 수 있는 사람이 더 설득력을 얻고 영향력 있는 사람이 원하는 것을 더 많이 손에 넣는다. 결국 그들의 잘못된 판단으로 수백, 수천, 심지어 수만 명의 사람이 그 결과를 감내해야 한다.

생각을 덜어내야 한다

2016년 브렉시트 국민 투표는 영국의 유럽 연합 탈퇴라는 복잡한 문제에 대해 양단 간의 결정을 내리는 과정이었다. 많은 사람이 투표를 발의한 당시 보수당 수상 데이비드 캐머런을 비난했다. 그때까지 보수당 내부에서만 논의되던 문제로 국론을 분열하는 혼란을 야기했다는 이유였다.

계속된 설문 조사에 따르면 영국의 유럽 연합 탈퇴 여부는 국민 대다수가 우려하거나 가장 크게 걱정하던 문제는 아니었다. 하지만 국민 투표 캠페인을 둘러싼 악의적인 정치적 혼란 덕분에 (이에 대해서는 11장에서 더 논할 것이다) 브렉시트는 갑자기 나라를 둘로 가르는 가장 중요한 정치 이슈로 급부상했다.

캐머런은 2019년에 자서전을 출간하면서 자신의 후임 중 한 명인 보리스 존슨을 가차 없이 비난했지만 국민 투표 자체에 대해서는 후회하지 않고 '꼭 필요했으며', '어쩔 수 없는' 일이었다는 주장을 고수했다. 국민 투표가 영국에 혼란을 초래한 것은 안타까운 일이지만 그럼에도 불구하고 그와 같은 결정을 내릴 수밖에 없었다고 말이다.[9]

나는 영국 정부의 자문 위원으로 일했던 내 동료에게 캐머런의 입장에 대한 나의 놀라움을 언급한 적이 있다. 하지만 그의 대답에 처음에는 깜짝 놀랐고 그다음에는 골똘히 생각하게 되었다.

그는 이렇게 말했다. "그렇지. 정치에서는 그 정도 자신감이 없으면 절대 움직일 수 없지. 그렇지 않으면 반대 의견에 완전히 짓밟힐 테니까. 물론 그 정도 자신감을 갖는 게 쉬운 일은 아니지만."

그 말에 몇 년 전 데이비드 캐머런의 전임자 중 한 명인 토니 블레어의 수석 고문과 나누었던 대화가 떠올랐다. 그는 자기가 모셨던 총리에 대해 충성스러울 정도로 방어적이었고 2003년 이라크 침공이라는 끔찍했던 결정에 대한 비난도 거부했다. 그리고 그의 국내외적인 정치 성과를 치하했다. 하지만 잠시 긴장을 늦추더니 이렇게 혼잣말을 했다. '걱정되는 건 그의 지치지 않는 확신이지.'

그때 나는 그 확신이 블레어가 권력에 중독된 징후라고 생각했다. 그로부터 몇 년 후 데이비드 캐머런에 관한 대화에서 그 두 정치가가 보여준 확신이 자신감의 한 형태라는 사실을 깨달았다. 그리고 거기에서 '생각 자신감'이라는 개념을 발견했다.

당신은 내향적인가 아니면 외향적인가? 이렇게도 물어보자. 당신은 자신에 관한 그 믿음을 얼마나 '강하게' 붙들고 있는가? 그 질문을 마음에 담고, 이번에는 당신 생각 안의 자신감을 평가해보자. 대학으로 돌아가 새로운 전공이나 분야에 대해 배울 수 있다는 자신감이 있는가? 무엇을 공부하고 싶은지에 대한 확신은 있는가? 선택에 자신이 없다면 행동으로 이어질 가능성은 낮을 것이다. 당신 생각 안의 자신감은 그 생각을 구체적인 행동과 단단히 엮어준다고 마드리드 대학교 연구 팀이 2010년 밝혔다.[10] 영국 인구의 절반은 국민 투표를 실시하겠다는 데이비드 캐머런의 생각에 자신감이 조금만 덜했길 바랐을 것이다.

내 증조부는 스코틀랜드 서해안에 있는 뷰트섬의 방앗간 주인이었다. 그리난 번이라는 작은 개울물의 힘으로 돌아가는 제임스 로버트슨의 물레방아는 그 자체로 평화로운 한 장면이었다. 하지만 지속적인 수익 창출은 불가능했기 때문에 그는 목수 일과 장의사 일로 추가 수익을 내야 했다. 그러던 어느 날, 근처의 로스시 시내 중심부에 있는, 그 섬의 가장 큰 방앗간이 임대 매물로 나왔다. 처리량도 많고 수익성도 좋은 그 방앗간을 경영할 적임자는 누가 생각해도 나의 증조부였다.

임대를 위한 입찰은 땅주인 뷰트 경의 부동산 사무실에서 금요일 오후 다섯 시에 마감이었다(그곳은 지금도 몹시 봉건적인 섬이다). 제임스 로버트슨은 과감히 도전해볼 것인지 일주일 내내 고심했다. 금요일이 왔고 그는 불안해하며 자기 방앗간을 이리저리 서성였다. 하기로 했다가 발생할 수 있는 나쁜 일을 생각하고(사실 기의 없는 것이나 마찬가지였다) 또 금방 마음을 바꿨다. 그는 의심하고 또 의심했다. 마침내 오후 네 시가 되었고 그는 방앗간을 임대하기로 결정하고 로스시 시내까지 5킬로미터를 걸어갔다.

그리고 사무실 문이 닫히기 직전에 겨우 도착했다.

"제가 임대하겠습니다." 그가 뷰트 경의 대리인에게 선언했다.

"너무 늦게 오셨습니다. 제임스 씨." 그가 대답했다. "이미 다른 분께 임대되었습니다. 관심 없으신 줄 알았습니다."

미루기의 저주에 대한 출처 불명의 가족 이야기가 그렇게 탄생했다.

미루기는 자기 마음을 모를 때 생긴다. 자기 생각에 자신감이 부족하다는 말의 일상적인 표현이다. 할 수 있다는 자신감을 갖기 위해서는 먼저 행동 이전의 '생각'에서부터 자신감을 가져야 한다. 결단력 있는 사람은 커다란 동요 없이 일련의 행동을 선택한다. 물론 그들도 확실한 결정을 내리기까지 마음속에서 이런저런 고민을 한다. 하지만 중요한 것은 결국 결단을 내린다는 것이다. 내 증조부처럼 우유부단한 사람은 그 마지막 결단을 내리지 못하고 여러 대안만 이리저리 재본다. 결과는 늦어질 뿐이고 최악의 경우 이러지도 저러지도 못하게 묶여버린다. 미루는 사람은 일을 해내지 못하는 경향이 있고 그래서 목표를 성취하면서 얻는 성공 경험도 훨씬 적다.

자신감의 자매품은 행동이며, 자신감 부족과 그에 따른 행동 부족은 실패로 이어진다. 그리고 우리는 몸으로 행동한다. 그렇다면 몸에 자신감 혹은 자신감 부족이 끼치는 영향은 무엇일까?

자신감은 고통에 대한 백신이다

어느 날, 근처 체육관에서 무료 건강 관리 상담을 받아보라는 홍보물이 왔다. 나잇살을 의식한 지 한참 되었기 때문에 그 제안을 받아들여 체육관을 찾았다. 젊은 여성이 다양한 기구를 함께 사용해보며 각기 적절한 수준으로 나만을 위한 훈련 프로그램을 만들어 주겠다고 했다.

그녀는 가장 먼저 나를 러닝머신으로 안내하고 올라가서 걷는 속도를 설정해 보라고 했다.

"그 속도는 느낌이 어떠세요?" 그녀가 물었다.

"아주 느리네요." 내가 차분하게 대답했다.

그녀가 속도를 높였다. "지금은요?"

"여전히 할만 합니다."

그녀가 더 속도를 높였다. "이 정도는 어때요?"

이마에 땀방울이 맺혔다. "조금 더 빨리 걸을 수 있을 것 같아요."

그녀가 마지막으로 속도를 더 높였다. "처음이니까 이 정도가 적당할 거예요."

나는 내 신체 역량을 제대로 보여줄 수 없음에 한탄하는 듯 어깨를 으쓱했다.

그리고 그녀는 중량이 달린 바를 끌어내리는 기구 위에 나를

앉히고 중량을 조절했다.

"어떤지 한번 볼까요?"

바를 당겨 내리자 무거운 추들이 덜렁거렸다.

"아무 느낌 없는데요." 내가 이를 악물며 말했다.

그녀는 하나씩 중량을 높였다. 나는 그녀의 표정을 살짝 엿봤다. 해독하기 힘든 표정이어서 신체 나이가 실제 나이의 절반 정도 되는 사람에 대한 차분한 존경의 표정으로 그냥 받아들였다. 그리고 또 다른 기구로 이동해 나의 놀라운 신체 능력에 맞는 무게와 속도와 저항을 측정했다. 세션이 끝나고 그녀는 나만의 맞춤 프로그램을 적어주었고 나는 으스대며 체육관을 나서려고 했지만 종아리 근육이 놀랐는지 그럴 수는 없었다.

다음 주, 나는 다시 체육관을 찾았다. 파일 박스에서 나의 프로그램 노트를 꺼내 첫 번째 기구를 향해 다가갔다. 그리고 지난번에 마지못해 동의했던, 다소 부족한 느낌의 중량을 선택하고 바를 당겼다. 그런데 바가 꼼짝도 하지 않았다.

'그러면 그렇지.' 나는 생각했다. '회원권을 끊고 나면 모든 기구가 엉망이 되어 있지.' 기구를 확인했지만 이상은 없어 보였고 그래서 나는 다시 마음을 다잡고 바를 내렸다. 관자놀이 정맥이 튀어나올 것 같은 느낌으로 신음 소리를 내며 힘을 주었다. 그래도 꼼짝하지 않았다. 나는 5킬로그램짜리 추를 하나 내렸다. 그래도 마찬가지였다. 10킬로그램을 줄였다. 여전히 옴짝달싹하지 않았다. 전부 30킬로그램을 제거하고 훨씬 가벼워진 후에야 겨우 당길 수 있었다.

나는 러닝 머신으로 가면서 기구 상태에 대해 매니저에게 한마디 해야겠다고 속으로 생각했다. 그리고 러닝 머신에 올라 역시 지난번에 정한 속도에 맞췄다. 빠른 속도에 놀란 몸이 튕겨 나가 체육관 바닥에 뒹굴었다. 눈을 떠 보니 내 프로그램을 만들어준 젊은 여성이 나를 내려다보고 있었다.

"괜찮으세요?"

"네, 괜찮습니다." 내가 대답했다. 바닥에 널브러져 있는 사람의 대답치고는 다소 퉁명스러웠다.

"속도가 너무 빠를 것 같긴 했는데…." 그녀가 말했다. "계속 고집하셔서요."

나는 몸을 일으켜 세웠다.

"중량이…."

"그것도 너무 무거우실 것 같았어요." 그녀가 웃으며 대답했다. 너무 활짝 웃는 모습이 다소 전문가답지 않은 것 같았다.

나는 이제 다시 사용하지 못할 회원권의 매몰 비용에 대해 곰곰이 생각하며 살금살금 움직였다.

첫 방문에서 그 강사의 존재가 이상하게 나의 힘을 북돋았다. 나는 그녀 앞에서 혼자일 때 절대로 들어올릴 수 없는 무게를 들어올릴 수 있었다. 이것이 우리에게 자신감에 대해 말해줄 수 있는 것은 무엇일까?

널리 알려진 어느 책에 따르면 미 해군 특수부대에는 40퍼센
트의 규칙이 있다고 한다.[11] 격렬한 신체 활동을 하면서 더 이상
지속할 수 없다고 느낄 때 신체 능력은 오직 40퍼센트만 사용되
고 있다는 주장이다. 출처가 확실한 이야기는 아니다. 나는 특수
부대 사령관 몇 명에게 이를 확인해 보았는데 전부 그렇게 가르
치지는 않는다고 말했다. 하지만 자신감이 높아지면 힘과 끈기
역시 세진다는 훌륭한 과학적 증거는 많다.[12]

2007년, 에모리 대학교 연구 팀은 신체 능력에 대한 학생들의
자신감을 조절해 이를 스프링 악력계로 측정했다. 악력계를 더
오래 쥐고 있을수록 손에 힘이 들어가 더 어려워진다.[13] 연구 팀
은 학생들을 무작위로 나눠 한 그룹에게는 다른 학생보다 더 강
하다고, 또 한 그룹에게는 다른 학생보다 더 약하다고 말해 자신
감을 조종했다. 실제로 두 그룹의 힘 차이는 없었다.

결과는 놀라웠다. 더 강하다는 말을 들어 자신감이 생긴 그룹
은 그렇지 않은 그룹보다 30퍼센트 더 오래 악력계를 쥐고 있었
다. 또한 손의 피로감이나 불편함도 덜 느꼈다.

프랑스 그르노블 알프 대학교 연구 팀은 52세와 91세 사이의
사람들을 대상으로 같은 실험을 진행했다.[14] 하지만 먼저 참가자
들에게 자신이 얼마나 늙었다고 느끼는지 물었다. 많은 사람이

실제보다 더 젊다고 느끼는데 실험에 참가한 프랑스 사람들도 마찬가지였다. 그들은 실제 나이보다 보통 8퍼센트 정도 더 젊다고 느꼈다. 60세의 사람은 56세 정도라고 느꼈고 90세의 사람은 83세 정도라고 느꼈다.

그리고 모든 참가자의 악력을 측정했는데 이는 그 자체로 나이 많은 사람의 전반적인 활력 지표가 되기도 한다. 평균 악력은 약 25.5킬로그램이었다. 그리고 연구 팀은 절반의 참가자에게 그들의 악력이 같은 나이대의 사람들 중 상위 20퍼센트라고 말해주었다. 나머지 절반에게는 아무 말도 하지 않은 채 두 그룹 모두 두 번째 악력을 측정했다.

아무 말도 듣지 못한 사람들의 악력은 손의 피로감 때문에 첫 번째 측정 때보다 1킬로그램 줄었다. 그렇다면 상위 20퍼센트라는 말을 들었던 사람들은? 그들의 악력은 1킬로그램이 더 늘었다. 그들은 자신감을 세워주는 가짜 피드백 덕분에 자신이 더 강하다고 느꼈다. 놀랍게도 그들은 더 젊다고도 느꼈다. 자신감이 높아진 60세의 사람은 53세처럼 느낀다고 대답했고 90세의 사람은 10년은 젊어진 것 같다고 대답했다. 피드백이 없었던 그룹의 사람들은 전과 같은 나이로 느낀다고 대답했다.

40퍼센트의 규칙이 과학적 사실은 아닐지도 모르지만, 우리의 기대가 신체적 힘을 좌우한다는 것은 틀림없는 사실이다. 자신이 상위 20퍼센트라고 믿으면 자신감이 생기고 더 강해진다. 체육관에서 잠깐이나마 증가했던 나의 힘 역시 어쩌면 젊음에 대한 망상과 젊은 강사에게 좋은 인상을 남기고 싶은 바람 덕분에 가능했던 그와 비슷한 예일 것이다.

자신감은 신체의 지구력도 높여준다. 확실한 지구력 테스트 중 하나는 지쳐 더 이상 페달을 밟을 수 없을 때까지 실내 자전거를 타는 것이다. 젊고 튼튼한 성인 남녀는 평균 10분 정도 페달을 밟았다. 그리고 연구 팀은 그중 절반을 따로 불러 자신감을 높여주는 자기 암시 문구를 가르쳐 주었다. 예를 들면 '잘하고 있어', '기분이 좋아' 혹은 '해낼 수 있어'와 같은 말들이었다. 그들은 며칠 후 두 번째 테스트 전에 스스로 그 말을 해야 했다.

플로드의 '말만으로도' 파드리그 해링턴에게 효과가 있었던 것처럼 자신감을 북돋는 말을 반복하기만 해도 자기 암시 그룹의 지구력은 10분 30초에서부터 13분까지 약 18퍼센트 증가했다. 그들은 또 다른 그룹보다 덜 긴장했다. 자기 암시가 없었던 그룹의 지구력은 조금도 변하지 않았다.[15] 고통과 불편함 때문에 부딪히는 '그 벽' 앞에서 자신감은 우리의 몸과 뇌가 느끼는 감정을 재조정한다.

위스콘신 대학교 연구 팀은 기능성 자기공명영상 장치 안에 누워 있는 참가자들의 팔뚝에 아프지만 해는 없는 열을 가했다. 처음에는 조이스틱을 주면서 고통을 멈추고 싶을 때 사용하라고 했다. 얼마 후 조이스틱을 수거했고 고통을 통제할 수 있는 가능성도 사라졌다. 하지만 조이스틱은 실제로 아무 역할도 하지 않았다. 조이스틱으로 고통을 멈출 수 있다는 말은 거짓이었다. 참가자들은 가짜 조이스틱을 쥐고 있든 아니든 고통의 지속 여부에 어떤 통제력도 발휘할 수 없었다.

팔뚝의 뜨겁고 아픈 느낌은 고통을 연구하는 학자들에게 몹시 익숙한 뇌의 활동 패턴을 만들었다. 뇌의 세 군데 주요 영역이 고통에 대한 반응으로 활성화되었다. 전측 대상회, 뇌도, 이차체감각피질이다. 하지만 그 연구의 놀라운 점은 바로 이것이다. 한 사람의 팔에 같은 열기를 가했을 때 가짜 조이스틱을 쥐었을 경우에는 고통을 통제할 수 있다는 자신감이 뇌의 세 구역 모두에서 고통 반응을 약화시켰다. 객관적인 자극은 변함없었음에도 불구하고 이를 통제할 수 있다는 단순한 믿음만으로 고통이 줄어든 것이다.[16]

통제할 수 없다는 느낌은 만성 고통에도 영향을 끼친다. 아픈 사람은 무력감을 느낄수록 고통을 더 크게 느끼고 장애 정도나 괴로움도 증가한다.[17] 객관적인 뇌 활동 측정에서도 통제력이 없다고 느낄수록 고통은 증가했다. 두려움만큼 자신감을 약화시키는 것은 없다. 고통을 두려워하면 불안함은 커지고 통제감은 줄어들어 고통이 배가된다. 무력감은 자신감의 출혈을 초래하고 통제할 수 있다는 믿음의 상실을 야기한다. 자신감을 느끼기만 해도 뇌에서 고통의 공급 자체가 감소한다.

고통과 불편함이 빠질 수 없는 분야는 스포츠며, 그래서 자신감이 운동 역량을 높여주고 지속시켜 준다는 사실은 놀랍지 않다. 자신감은 포기하고 싶게 만드는 고통에 대한 백신이다.

노화를 통제한다

기세 좋게 걷는 70대 노인은 느긋하게 걷는 노인보다 더 젊고 건강하고 기운이 넘쳐 보인다. 여기에는 과학적 증거가 있다. 느리게 걷는 사람 특히 남성은, 빠르게 걷는 사람과 비교해 앞으로 몇 년 사이에 사망할 확률이 거의 두 배에 가깝다.[18]

게다가 걷는 속도가 2년에 걸쳐 크게 낮아지는 사람은 몇 년 안에 사망할 확률이 거의 두 배가 된다. 이와 같은 연구에서 인과 관계를 파헤치는 것은 쉽지 않다.[19] 사람들은 건강이 나빠지면 더 천천히 걷기도 하지만 또 세상과의 관계나 의욕 저하가 걷는 속도를 늦추거나 질병과 사망 위험을 높이는 원인이 될 수도 있다. 이와 같은 발견을 자세히 분석하는 한 가지 방법은 아주 많은 사람의 건강 악화와 같은 요소를 통계적으로 추적하는 것이다.

더블린의 트리니티 칼리지 연구 팀이 바로 그 실험을 했다. 평균 60대 초반의 사람 4천 명 이상을 대상으로 걷는 속도를 측정하고 그것이 이후 2년 동안 어떻게 변했는지 추적했다. 데어드레

로버트슨 연구 팀은 실험을 시작할 때 사람들이 노화에 관해 얼마나 자신감이 있는지 확인했고 그들의 태도에 따라 결과가 달라진다는 사실을 발견했다. 예를 들면 '나는 나이가 들어도 독립성을 유지하기 위해 할 수 있는 일이 많다' 같은 문장에 '그렇다'고 대답한 사람도 있었고, '노화가 내 사회적 삶에 끼치는 영향은 내가 통제할 수 없다' 같은 문장에 '그렇다'고 대답한 사람도 있었다.

노화에 자신이 별로 없었던 사람의 걷는 속도는 그렇지 않은 사람에 비해 13퍼센트 느려졌다.[20] 걷는 속도는 미래의 건강을 예측했고, 연구 팀은 노화에 대한 자신감과 걷는 속도 사이의 관계로 다른 가능한 요소들을 제외할 수 있었다.

실험 참가자들의 노화에 대한 자신감과 인지 능력 변화 사이에서도 비슷한 연결 고리가 발견되었다. 자신감이 없는 사람은 그렇지 않은 사람보다 이후 2년 동안 인지 능력이 급격히 감소했다. 그들은 또한 일상생활에서의 기억력도 가파르게 감소한 것 같다고 진술했다.[21]

기억력에 대한 주관적인 판단은 치매 연구자들에게 몹시 흥미로운 주제다. 여기서는 자신에 대한 믿음이 중요하다. 거의 모든 사람이 나이가 들면서 기억력의 변화를 감지하지만 특별히 급격한 변화를 느끼는 사람은 치매 초기 증상을 보일 수도 있다. 하지만 펜실베이니아에서 65세 이상 약 2천 명을 대상으로 5년 동안 진행한 연구에 따르면 자신감과 기억력 사이에는 흥미로운 관계가 있었다. 연구 팀은 기억력에 대한 주관적인 믿음이 기억력의 객관적인 변화 이전에 드러난다는 사실을 발견했다.[22]

자신감은 뇌와 신체에 새겨져 어쩌면 수명을 늘려줄 수 있다. 미국 간호사 7만 명을 대상으로 한 연구에 따르면 삶의 초기에 가장 낙관적이었던 여성이 가장 비관적이던 여성보다 평균 15년을 더 살았다.[23] 낙관주의는 자신감과 다르다. 낙관주의는 자신감 다리의 '실행 가능'보다는 '실현 가능' 영역이지만 가까운 사촌이다. 낙관주의자는 '나는 불확실한 시기에도 최고를 기대한다'라는 문장이나 '나한테는 전반적으로 나쁜 일보다 좋은 일이 더 많이 일어날 거라고 생각한다'와 같은 문장에 동의했다. 반대로 다음과 같은 문장에는 동의하지 않았다. '나한테 안 좋은 일이 일어날 수도 있고 반드시 일어날 것이다. 일이 내 뜻대로 풀리는 경우는 거의 없다.'

낙관주의자들은 비관주의자들보다 85세까지 사는 경우가 훨씬 많았다.

역사적으로 과학자들과 철학자들은 인간이 언어 능력, 도구 사용 능력, 문제 해결 능력, 공감 능력이나 집단적 협업 능력 등에 있어서 다른 종과 다르다고 생각해왔다. 하지만 앞서 언급한 모든, 혹은 일부 능력이 다양한 동물에게도 있음을 발견한 최근 연구들에 따르면 이와 같은 절대적 구분은 점차 사라지고 있다.

하지만 다른 종에서 볼 수 없는, 인간만 갖고 있는 한 가지 절대적인 능력이 있다. 바로 아직 존재하지 않는 것을 상상하고 이를 현실로 만들기 위해 오랜 기간 동안 노력할 수 있는 능력이다. 존 F. 케네디의 달 착륙 의지가 바로 가장 확실한 예지만, 인간의 모든 기술과 예술, 과학과 사회 구조가 바로 이 능력 덕분이었다.

지금은 존재하지 않는 무언가를 상상하고 그것이 어떻게 보일까 머릿속으로 그려보는 능력은 오직 인간에게만 있다. 그 상상 속 미래를 한 단계씩 창조해 나가는 능력도 마찬가지다. 하지만 그 상상을 구체화하기 위해 꼭 필요한 한 가지 연료가 있으니 그것이 바로 자신감이다.

우리는 지금까지 자신감이 우리 마음과 뇌, 신체에서 그 상상과 현재 상태 사이의 간극을 메우기 위해 어떻게 작용하는지, 혹은 작용하지 못하는지 살펴보았다. 자신감은 단순한 방식부터(그렇다고 말하는 것) 근본적인 방식까지(생각 자신감) 다양한 방식으로 작용한다. 앞에서 자신감을 위해 꼭 필요한 장밋빛 안경에 대해 언급했다. 우리는 두려운 가능성에 저항하고 새로운 가능성을 창조하기 위해 그 안경을 쓰고 아침마다 침대에서 몸을 일으킨다. 비관주의는 고통을 두 번 느끼게 만들면서 우리 손발을 묶는다. 첫 번째 고통은 형편없는 결과를 기대하는 것이고, 두 번째는 그 결과를 직접 경험하는 것이다. 자신감은 그와 반대로 두 배의 보상을 준다. 한 번은 성공을 기대할 때 그리고 또 한 번은 실제로 성공을 이룰 때다. 그것이 바로 자신감이 자기충족적 예언인 이유다.

자신감은 또 항우울제 효과를 발휘해 약학적 도움이 되기도 한다. 자신감은 우리를 행동하게 만드는 능력이 있고, 자신감이 없다면 마주하지 못했을 새로운 기회를 열여주기도 한다. 그리고 자신감은 원하는 결과를 마음속에 그려볼 수 있도록 도와주면서 실제로 그 일이 일어날 가능성도 높인다. 자신감은 우리 신체를 더 튼튼하게 만들고 이를 위한 노력의 고통도 덜어준다. 하지만 무엇보다도 자신감은 우리 안의 세일즈맨을 깨우고, 올바른 가치 관을 갖고 있다면, 이 세상을 위해 중요한 일을 함께하도록 사람 들을 모을 수 있다.

그렇다면 그 자신감은 과연 어디서 오는 것일까?

4장

무엇이 우리를
자신 있게 만드는가

What Makes Us
Confident?

2018년 7월 13일, 어둠이 내리기 시작하는 여름밤, 런던 서쪽에서 기진맥진한 두 남자가 서로의 팔에 안겼다. 테니스 역사상 두 번째로 길었던 경기가 막 끝난 순간이었다. 미국의 존 이스너가 측선으로 공을 날려 보내면서 남아프리카 공화국의 케빈 앤더슨에게 승리를 넘겨주기까지, 경기는 6시간 36분 동안 지속되었다. 앤더슨은 마지막 세트를 26 대 24로 이겨 윔블던 결승에 진출했다.

힘들게 마지막 세트를 진행하던 이스너는 몇 시간 전 첫 번째 세트가 끝날 때, 통계적으로 자기 운명이 이미 결정되었다는 사실은 몰랐을 것이다. 첫 번째 세트는 앤더슨이 8 대 6으로 겨우 승리했다. 퀸즐랜드 공과 대학교 연구 팀에 따르면, 첫 번째 세트에서 간발의 차로 승리한 선수가 그 경기에서 결국 승리할 가능

성이 훨씬 높았다.[1]

'뜨거운 손 효과'는 슛을 한 번 성공하면 또 다른 슛으로 이어지고 이어져 결국 승리한다는 농구 용어다. 다시 말하면 성공이 성공을 낳는다는 말이다. 스포츠계의 신화로 오래 치부되어 왔던 그 '뜨거운 손' 효과가 농구에서뿐만 아니라 테니스 같은 다른 스포츠에서도 실제로 일어난다는 것이 연구에 의해 드러난 것이다.[2] 테니스에서 첫 번째 세트를 간발의 차로 이겼다면 두 선수의 능력은 비슷했을 가능성이 크다. 그래서 그 첫 번째 세트에서의 승리가 자신감을 높여주고 경기 전체에서 승리할 가능성을 높여주기 때문에 몹시 중요하다.

2015년, 웁살라 대학교 연구 팀은 프로 골프에서도 그와 비슷한 일이 일어난다는 사실을 발견했다. 실력이 비슷한 선수들이 토너먼트 중반쯤 '컷'에 걸려 통과하기도 하고 탈락하기도 한다. 간신히 통과한 선수는 간발의 차로 아깝게 통과하지 못한 선수와 달리 이후에 이어지는 토너먼트에서 실력이 꾸준히 개선되었다. 경기의 상금이 더 많을수록 '뜨거운 손 효과', 즉 승자 효과는 더 컸다.[3]

하지만 이와 같은 현상이 프로 스포츠 선수들에게서만 나타나는 것은 아니다. 10월 1일에 열 살이 되는 아이가 있다고 해보자. 그리고 나이별로 나뉘는 축구 팀은 9월 30일의 나이로 입단 여부가 결정된다. 그 아이는 입단 바로 다음 날 열한 살이 되면서 열

살 아이들로 이루어진 팀에서 가장 나이 많은 아이가 된다. 그런 아이가 미래에 프로 축구 선수가 되거나 국가 대표 팀에 속하게 될 가능성이 훨씬 높다. 많은 나이가 더 많은 성공 경험으로 이어지고, 상대적으로 어린 팀원보다 더 나은 신체 능력이 '재능 있음'으로 인식되기도 한다.[4] 프로 하키 팀에서도 비슷한 효과를 목격할 수 있다.[5]

자신감은 그저 성공이 성공을 낳고 실패가 실패를 낳는 '뜨거운 손 효과'를 발휘하며 우리 삶을 만들어가는 데 그치지 않는 것인지도 모른다. 성공이 삶에서 더 많은 것을 성취할 수 있도록 도와주는 연료라면, 자신감은 그 연료의 효율을 높여주는 첨가물과 같다고 할 수 있지 않을까? 고급 휘발유가 엔진 성능을 높여주는 것처럼 말이다. 그 질문에 대답하기 위해 나는 학생들의 자기 능력 평가와 그 장기적 결과에 대한 밀라노 대학교 경제학자 안토니오 필리핀의 연구를 참조했다.[6]

전 세계 모든 학교에서 학생들을 평가한다. 학생의 학업 성취도에 대한 피드백은 학생들의 머릿속에서 친구들과 비교한 자신의 학업적 위치를 점진적으로 형성해 나간다. 하지만 피드백은 대부분 정확하지 않고 변수도 많다. 통계학자들은 이를 '불량' 데이터라고 할 것이다. 그러므로 학생 개개인이 자기 능력에 대해 어떻게 생각하는지는 비교적 자유로운 편이며 이는 교사가 책상에서 매기는 점수와 정확히 일치하지는 않는다.

그런 여지가 있음에도 불구하고 경제학자들은 과제와 시험 결과가 장기간 누적되면 그 외적 피드백이 점차 학생의 자기 평가를 형성해 나간다고 말한다. 결국 '실제로' 측정된 학업 성취도에 걸맞게 그들의 관점이 잡혀가는 것이다. 하지만 필리핀은 자료를 살펴보고 실제로 그런 일이 일어나지 않는다는 사실에 놀랐다.

한 학생이 입학 초기 몇 년 동안 자기 능력을 과대평가하면, 다시 말해 실제 점수보다 자기 능력에 더 자신감을 갖고 있으면 학교를 다니는 동안은 물론 그 후까지 놀라운 일이 연달아 일어난다. 더 자신 있는 학생은, 말하자면 실제 학업 능력에 비해 자신감이 더 큰 학생은 특정한 선택을 할 것이다. 예를 들면 더 열심히 공부하고 더 어려운 수업에 도전할 것이며 이는, 필리핀이 인용한 냉철한 경제학자의 말을 빌리자면, 결국 학업 성취와 지식, 기술이라는 인적 자본으로 연결된다.

반대로 자기 능력을 과소평가하는 학생은 정반대의 효과를 보게 될 것이다. 노력을 덜 하고 어려운 수업도 회피하다가 결국 자신 있는 학생에게 점차 뒤쳐진다. 자기 신뢰는 시간이 흐를수록 능력을 급성장시킨다. 단리 이자와 복리 이자를 생각해 보면 이해하기 쉬울 것이다. 자신감은 평생에 걸쳐 복리 이자처럼 점진적으로 배가 되는 초강력 연료 첨가제다.

필리핀의 자신감 모델은, '타고난' 능력은 같지만 자신감 정도는 달랐던 여섯 살 일란성 쌍둥이의 성취에 시간이 지날수록 격

뉴 컨피던스

차가 생긴다는 사실을 보여주었다. 타고난 능력은 비슷했지만 수십 년 후 쌍둥이의 능력 차이는 어마어마했다.

그렇다면 능력이 비슷한 여섯 살 쌍둥이의 그 자신감 차이는 과연 어디서 왔을지 필리핀은 궁금했다. 가장 중요한 요소는 사회계층이었다. 사회경제적 사다리의 위쪽 가정에서 태어난 아이는 아래쪽 가정에서 태어난 아이보다 실제 능력에 상관없이 자기 능력에 대한 자신감이 컸다.[7]

하지만 곧 살펴보겠지만 자신감은 고정된 것이 아니다. 자신감은 이를 약화시키는 사회경제적 취약성과 같은 외적 요소에도 불구하고 학습이 가능했다.

여기서 삶의 '뜨거운 손 효과'가 큰 힘을 발휘한다. 어쩌면 가장 큰 힘일지도 모른다. 이스너와 앤더슨의 테니스 시합에서와 달리 필리핀의 '뜨거운 손 효과'를 추동하는 가장 큰 힘은, 호르몬의 영향을 받은 공격과 수비가 아니라 믿음과 기대였다. 그렇다면 어떤 믿음과 기대가 자신감을 만드는가? 여섯 살 어린이는 이런 식으로 말하지 않겠지만, 그 믿음과 기대는 내가 앞에서 언급했던 개념과 결국 연결된다. 바로 '실행 가능'과 '실현 가능'의 사고다.

자신감은 할 수 있다는 믿음이며 이를 통해 좋은 일이 생길 것이라는 믿음이다. 그리고 사회계층의 사다리를 높이 올라갈수록 더 풍부하게 공급되는 돈과 지위, 권력은 자신감을 높여준다.

방금 살펴보았듯이 이는 복리 이자처럼 더 큰 성공의 토대가 된다. 필리핀이 언급한 현상은 성경에도 나와 있다. '무릇 있는 자는 받아 넉넉하게 되되(마태복음 13장 12절).' 이를 마태 효과라고 한다.

하지만 사회경제적 지위는 그만큼 중요한 또 다른 것을 제공한다. 바로 행복이다. 행복한 사람이 대체로 자신감이 더 높다. 1985년, 스탠퍼드 대학교 연구 팀은 인위적으로 기분을 좋게 하면 자신감이 높아진다는 사실을 밝혔다.[8] 그리고 아이오와 대학교 연구 팀은 좋은 기분이 결정을 내릴 때도 자신감을 높여준다는 사실을 밝혔다.[9] 심지어 더 위험한 결정이라도 말이다.

이 모든 현상 때문에 삶은 불공평해 보이기도 한다. 성공과 부는 자신감을 높여줄 뿐만 아니라 더 행복하게 만들어 주기도 한다. 그리고 그 두 가지가 힘을 합쳐 당신의 성공 가능성을 높여주고 그 선순환 속에서 성공은 배가 된다.

하지만 사회계층과 행복과 자신감의 관계는 우리가 첫눈에 파악한 것만큼 절대적인 것은 아닐지도 모른다.

자유가 제한되면 행복하다?

가난한 사람은 부유한 사람에 비해 덜 행복하고 덜 건강하며 수명도 짧다. 더 부유한 나라의 국민에 비해 더 가난한 나라의 국민도 그렇다. 단, 라틴 아메리카 사람들은 예외다. 라틴 아메리카 대부분의 국가는 통계학자들의 상관관계를 거부한다. 그곳 사람들은 부와 국가의 부패 정도, 거리의 폭력 등을 고려해 산출된 행복 지수보다 더 행복하다. 예를 들어 그 세 가지가 전부 심각한 상황인 브라질 사람들의 행복 지수는 영국 사람들의 행복 지수와 비슷하다. 멕시코의 행복 지수는 미국의 행복 지수보다 약간 높다.[10]

왜 그런 것일까? 중요한 요인은 가족과 인간관계인지도 모른다. 라틴 아메리카 성인은 대체로 부모와 함께 사는 비율이 훨씬 높다(멕시코 39퍼센트, 미국 10퍼센트). 양육에 도움을 줄 가족 구성원이 있고(멕시코 80퍼센트, 미국 46퍼센트), 지난 4주 동안 삼촌이나 숙모를 적어도 두 번 방문했다(브라질 23퍼센트, 호주 4퍼센트). 그리고 지난 4주 동안 사촌을 적어도 두 번 만났으며(브라질 29퍼센트, 영국 9퍼센트), 조카들을 대략 두 배나 더 자주 만났다(브라질 50퍼센트, 핀란드 14퍼센트). 또한 가장 친한 친구를 거의 매일 만나거나 적어도 일주일에 몇 번은 만났다(브라질 65퍼센트, 덴마크 18퍼센트).

그렇다면 행복의 비결은 그저 탄탄한 인간관계와 가족 간의 유대일까? 그와 같은 관계가 빈곤과 범죄, 부패와 같은 가혹한 외적 현실의 영향으로부터 우리를 보호해주는 것일까?

어쩌면 그럴 수도 있다. 하지만 그것이 전부가 아니다.

동유럽의 전 공산주의 국가는 라틴 아메리카와 몹시 다른 패턴을 보여주었다. 그곳 사람들은 객관적인 환경을 통해 산출한 예상 행복 지수보다 보통 덜 행복했다.[11] 예를 들어 2000년대, 서유럽 시민의 80에서 95퍼센트가 자기 삶에 만족하고 행복하다고 대답한 반면, 동유럽에서 그렇게 느낀 사람은 소수였다(불가리아 38퍼센트, 세르비아 43퍼센트). 폴란드의 작가 비톨트 샤브워프스키는 불가리아의 곰들에 관한 이야기로 이 현상을 설명하려고 노력했다.[12]

2007년 6월 14일, 불가리아의 마지막 춤추는 곰 미쇼는 주인 디미타르 스타네프의 다섯 살 손자를 따라 우리 안으로 들어갔다. 180센티미터의 곰은 천천히 코를 킁킁거리며 혼란스럽고 불안한 모습으로 고개를 좌우로 흔들다가 손자가 쓰다듬는 손길에 작은 소리를 내며 자리에 누웠다. 우리 문이 닫히자 구경꾼들은 잠기지 않은 반대쪽 문으로 어서 나오라고 소년에게 속삭였다. 하지만 소년은 나오지 않고 무서운 곰 옆에 잠시 누워 있었다. 그러다 당황해 떨고 있는 가족의 간청을 못이겨 곧 무사히 빠져나왔고 그가 나온 후 문은 단단히 잠겼다.

곰에게 춤추는 법을 가르치던 중세의 전통이 유럽 연합의 끄트머리에서 마침내 끝났다. 미쇼는 불가리아의 수도 소피아 남쪽에 있는 춤추는 곰 공원에서 자유를 찾은 다른 곰들과 함께 살게 되었다. 그곳에서 곰들은 먹이를 채집하고 겨울잠을 자면서 잊어버린 본능을 되찾았다. 하지만 이를 위해 노력했던 사람들에게는 실망스럽겠지만, 곰들은 자유를 찾고 오랜 시간이 지나자 다시 춤을 추기 시작했다. 인간의 목소리나 특정한 냄새에 반응해 훈련받은 행동이 다시 나타난 것이다.

샤브워프스키는 이를 공산주의 독재 치하에서 살다가 1989년 베를린 장벽 붕괴 후 자유를 얻은 동유럽 사람들의 반응과 연결시켰다. 그는 2018년에 출간된 저서 《춤추는 곰: 독재 치하에서의 삶을 그리워하는 사람들의 진짜 이야기》에서 곰들이 다시 춤을 추는 것을 과거 소비에트 연방에 속했던 많은 사람이 갖고 있는 독재에 대한 향수와 비교했고, 이를 폴란드, 헝가리, 러시아 등에서 집권하는 권위주의적인 지도자들의 승리와 연결시켰다.

국가가 과도한 통제로 선택의 자유를 평생 제한해 왔다면 당신은 행복하지는 않겠지만 그 예측 가능성에 안심하고 위로를 받을 수 있다. 그래서 선택의 경험 없이 갑자기 '자유'를 갖게 되면 엄청난 불안을 느낄 수 있으며, 이는 교육 수준이 낮고 자유를 활용할 자신감이 부족한 사람들에게 특히 그렇다. 샤브워프스키의 독재에 대한 향수는, 어쩌면 선택의 경험과 기술이 부족한 이들의 불안을 누그러뜨릴 예측 가능성에 대한 욕구의 다른 이름일 수 있다. 불안이 낮아질 때 뇌에서 강도 높은 보상 효과를 느끼기 때문에 많은 사람이 권위적인 지도자에게 매력을 느끼는 것이다.

부와 행복 사이의 전형적인 관계를 거부하는 행복한 라틴 사람과 우울한 동유럽 사람은 그렇다면 우리에게 무엇을 보여주는 것일까? 그리고 그들이 우리에게 자신감에 대해 말해줄 수 있는 것은 무엇일까?

자신감과 행복은 통한다

휴대 전화를 꺼내 사진 앱을 열어보자. 그리고 마음이 따뜻해지는 가까운 이들의 사진을 찾아보자. 그 사진을 몇 초간 바라보고 그 사람에 관한 사랑스러운 기억과 감정, 생각이 마음에 차오르도록 해보자. 어떤 감정이 드는가? 그 기쁨의 빛을 인식해보자. 그 감정은 뇌 깊은 곳 '복측 선조체'라는 곳에서 일어난다. 유명한 신경 전달 물질 도파민이 그 감정 회로에 꼭 필요한 '연료'다. 도파민의 분비는 그 사진을 보면서 당신이 느끼는 기쁨의 원인이자 동시에 결과이기도 하다.[13]

우리 뇌에서 '좋은 기분'을 느끼는 곳은 한 곳이지만 분주한 삶이 그 주위를 회전하고 있다. 그곳에서 오르내리는 파동은 우리의 행동과 생각, 열망에 달려 있다. 좋은 기분을 느끼는 곳의 이와 같은 파동은 장기적인 행복이나 웰빙과 상관없이 우리 기분을 일시적으로 좋게 만들어주는 것뿐일까? 그렇지 않다. 우리의 행복 지수가 높아질수록 그 회로의 도파민 활동 수치는 높아진다.[14]

몇 분이나 몇 시간뿐만 아니라 며칠, 몇 달, 몇 년까지도 그럴 수 있다.

기쁨과 관련된 그와 같은 뇌의 활동은 천연 항우울제며, 충분히 예상하겠지만 우울한 사람은 그 수치가 훨씬 낮다.[15] 마찬가지로 중요한 것은, 도파민에 의한 기쁨이 신체가 만드는 스트레스 호르몬 코르티솔 양을 급격하게 감소시킨다는 것이다.[16] 그리고 앞에서 살펴보았듯이, 행복은 자신감을 낳고 그 반대로도 마찬가지다.

그 두 가지 심리 상태 모두 뇌의 보상 회로에 기초하기 때문에 이는 놀랍지 않다. 코카인이 사람들에게 미치는 영향이 어쩌면 행복과 자신감의 공생에 관한 가장 명백하고 위험한 예일 것이다. 코카인을 흡입하면 두 가지 모두 (일시적으로) 급격히 증가한다.[17] 하지만 신경학자들은 코카인 없이도 뇌의 보상 회로에 전기 자극을 가해 비슷한 심리 상태를 만들 수 있다.[18] 국가 대항 스포츠 경기의 승리 역시 수많은 사람의 자신감과 기분에 비슷한 효과를 가져온다. 1994년 이탈리아와 브라질의 월드컵 결승에 관한 유타 대학교의 한 연구에 따르면, 이는 경기의 승리가 테스토스테론을 증가시켜 도파민 수치를 높이기 때문이다.[19]

자신감과 행복은 깊은 관련이 있으며 뇌의 도파민 보상 회로를 통해 서로 강화한다. 행복하고 자신 있는 사람은 다양한 영역에서 능력을 발휘하고 더 의욕이 넘치며 회복력이 있다. 코르티솔 수치가 낮기 때문에 스트레스 또한 덜 받는다. 반대로 자신감과 행복 지수가 낮은 사람은 코르티솔 수치가 높다. 코르티솔은 스트레스에 대한 신체 반응을 통제하는 데 도움을 주기 때문에 위기를 돌파하는 데 필요한 단기 긴급 연료로는 훌륭하지만 장기간 높은 수치에 노출될 때 많은 해를 입을 수 있다.

그렇다면 이것이 바로 사회경제적 사다리의 높은 곳에 있는 사람이 그렇지 않은 사람보다 더 건강하고 오래 사는 중요한 이유일까?(식단이나 공해 노출 같은 다양한 이유들 중에서도 말이다) 그래서 사다리 아래쪽 사람의 뇌는 기쁨 회로의 활동이 덜 활발한 것일까? 그렇다면 동유럽 사람과 다른 라틴 아메리카 사람의 행복 지수는 어디서 온 것일까?

전 세계 대도시가 전부 그렇듯 뉴욕은 부유한 자와 가난한 자가 서로 어깨를 맞대고 사는 곳이다. 컬럼비아 대학교 정신의학과가 자리 잡고 있으며 빈곤과 젠트리피케이션이 혼란스럽게 섞여 있는 할렘 깊은 곳, 어퍼 웨스트 사이드의 웨스트 165번가가 특히 그렇다. 2010년, 컬럼비아 대학교 정신의학과 다이애나 마르티네즈 교수 연구 팀은 뇌의 기쁨 센터가 경제적 현실을 있는 그대로 반영하는지 확인하기 위해 사회경제적 배경이 다양한 지원자들을 양전자 단층 촬영 뇌 스캐너에 눕혔다. 마르티네즈는 행복과 부의 관계에 대한 전 지구적 조사가 정확한 것인지 알고 싶었다.

그리고 그녀는 사회적 지위가 높을수록 뇌의 기쁨 센터에 도파민 수용체가 더 많다는 확실한 증거를 찾았다.[20]

마르티네즈는 더 나아가 실험 참가자들에게 가족과 친구, 지역 사회로부터 얼마나 많은 사회적 지원을 기대할 수 있는지 물었다. 앞서 살펴보았듯이 라틴 아메리카의 끈끈한 가족 관계와 우정은 저소득으로 인한 우울에 건강한 완충 역할을 해주었는데 이는 뉴욕 사람들에게서도 마찬가지였다. 사회적 지지는 사회경제적 지위만큼 도파민 수용체를 증가시키는 효과가 있었다.

우리는 자신감과 행복이 뇌에서 서로 연결되어 있으며 두 가지 모두 불안을 감소시킨다는 사실을 알고 있다. 사회 불안으로 인지 행동 치료를 받는 사람들은 뇌의 도파민 활동이 꾸준하게 증가한다. 도파민은 사회적 상황에서 자신감이 증가하고 불안이 감소할수록 증가하기 때문이다.[21]

그렇다면 자신감이 특권으로 이어지고 그래서 자신감이 더 커지는 현상에 대해서 우리가 할 수 있는 일은 과연 무엇일까? 타고난 지위 그리고 그 지위가 우리의 행복과 자신감에 끼치는 영향은 어쩔 수 없는 것일까? 불가리아의 곰들에 대해 다시 생각해보면, 행복과 자신감에 대한 그 연구 이면에 이 질문에 답하는 데 도움이 될 더 근본적인 무언가가 있지 않을까?

통제감은 돈을 다스린다

　　1989년 11월 9일, 한 남자가 두꺼운 회색 코트를 입고 허리춤에 권총을 차고 챙이 뾰족한 모자를 눈까지 내려 썼다. 그는 다 함께 모여 노래하는 군중을 마주보고 서 있었다. 마흔여섯 살의 국경 수비대 하랄트 예거는 보른홀머 거리의 국경 검문소 야간 근무가 끝나길 기다리고 있었다. 그는 30명의 수비대와 검문소 세 개를 책임지고 있었는데 그런 그의 세상이 곧 뒤흔들릴 참이었다. 그날 저녁 7시쯤, 그와 병사들이 두툼한 코트를 입고 총을 확인하고 있을 때 사건은 시작되었다.

　　권터 샤보프스키라는 동독 정부 대변인이 경비 초소의 흐릿한 텔레비전 화면에 나타났다. 그는 동독 방송 특유의 지루하고 감정 없는 톤으로 시민들을 위한 새로운 이동 규칙을 발표했다. 하랄트는 두 눈을 화면에 고정했다. 그는 지금 듣고 있는 말을 믿을 수 없었다. 샤보프스키는 국경을 지금 즉시 개방한다고 그 자리에서 발표했다. 하랄트는 충격을 받았다. 그의 두 눈 앞에서 갑자기 세상이 혼란의 도가니에 빠진 것이다. "그리고 일이 일어났어요. 아무리 끔찍한 악몽도 그보다는 나았을 겁니다." 그가 《도이체 프레세 아겐투어Deutsche Press-Agentur》의 기자에게 말했다.

　　처음에는 동독 시민 몇 명만 검문소 앞에 모여 있었는데 점점 더 많은 사람이 시시각각 몰려들었다. 사람들은 수백에서 수천으로 금방 늘어났다. "그들이 외쳤습니다. '문을 열어라!'" 하랄트가 말했다.

"우리는 문 앞에 딱 붙어선 군중과 한 팔 정도밖에 떨어져 있지 않았습니다." 그는 사람들의 집단 패닉이 가장 무서웠다고 기자에게 말했다. 그는 수비대가 더 이상 상황을 통제할 수 없다는 사실을 깨달았다. 그래서 상부에 연락을 취하려고 했지만 "상부도 여기처럼 완전히 혼란에 빠진 것 같았습니다."

밤 9시 40분경, 마침내 상부의 명령이 내려왔다. "특별히 도발적인 시민을 통과시켜라. 하지만 다시 들여보내지는 않는다." 그렇게 몰아치는 군중을 가라앉히려고 했지만 효과는 없었다.

그리고 밤 11시 20분, "국경을 개방하고 누구나 서류 없이 떠날 수 있게 했습니다"라고 하랄트는 기자에게 말했다. 그날 밤 대략 2만 5천 명이 국경을 넘어 서베를린으로 건너갔다.[22]

"그 순간 제 안에서 뭔가 훅 빠져나간 것 같았습니다. 저는 더 이상 세상을 이해할 수 없었습니다." 베를린 장벽 붕괴 20주년 기념일에 그가 기자에게 한 말이다.

하랄트가 세상을 이해하지 못한 것도 놀랍지 않다. 1949년 10월 7일, 독일 민주 공화국이 건설되었을 때 하랄트는 여섯 살이었다. 그는 독일 민주 공화국의 새로운 교육 정책으로 교육받기 시작했다. 하랄트는 공교육 첫해부터 하루에도 몇 번씩 진행되는 단체 수업을 받았다. 그 자리에서 교사는 학생의 성적을 공개적으로 발표했다. 새로운 공산 정권이 고정된 커리큘럼으로 교육의 속도와 내용을 통제했기 때문에 이는 몹시 엄격하게 진행되었고, 습득이 느린 학생은 공개적으로 점점 더 부정적인 평가를 받게 된다는 뜻이었다.

독일 민주 공화국 일부 학교에서는 학습 콘퍼런스라는 모임도 운영했다. 그 모임에서 학생들은 반 아이들 앞에서 자기 평가를 했다. 능력이 부족한 학생은 자신의 낮은 학업 성취도를 고백하고 이를 어떻게 개선할지 설명해야 했다.

이 같은 철저한 감시는 학교 밖에서도 이어졌다. 자신의 학업적 잘못을 반 전체 앞에서 고백하고 교사의 공개 평가를 듣는 것이 끝이 아니었다. 부모-교사 면담에서도 비슷한 과정을 거쳐야 했고, 방과 후 청소년 단체, 심지어 부모님의 직장에서도 마찬가지였다. 부모는 직장 동료 앞에서 자기 아이들의 실력이 또래보다 부족한 이유를 '고백'해야 했다.

교육 목표는 '조화롭게 성장하는 사회주의적 인재' 양성이었다. 그리고 그 교육 목표의 핵심이 바로 정확한 자기 평가 훈련이었다. 지속적으로 그리고 공개적으로 말이다.[23] 이는 교실에서 교사의 평가를 대면해야 한다는 뜻이었고, 다시 말하면 하랄트의 뇌에 자신의 성격이나 능력에 관해 소위 객관적이라는 평가가 외부에서 주입된다는 뜻이었다. 더 멋진 자신에 대한 꿈이나 비현실적 야망 같은 것이 들어설 여지가 거의 없었다는 뜻이다. 자신감이 연료 첨가제로서 제 역할을 하는 데 반드시 필요한 일종의 정신적 자유가 말이다. 공산 국가들은 자신감을 발휘하기 위해 필요한 정신적 자유 재량권을 말살시킴으로써 자국민이 다른 나라 사람보다 더 불행하고 무력한 삶을 살도록 만들었다.

하지만 이와 같은 체제에 모든 학생이 정신적으로 굴복한 것은 아니었다. 1989년 11월, 베를린 장벽 붕괴 몇 주 후, 마티아스 예루살렘이라는 한 연구자는 동쪽에서 서쪽으로 갓 넘어온 18세와 30세 사이의 성인 남녀 124명을 대상으로 그 후 2년 동안 그들이 새로운 삶을 어떻게 꾸려나가는지 추적 조사해 이를 보여주었다.[24]

춤추는 곰 이야기로도 유추할 수 있겠지만 많은 사람이 서쪽에서의 새로운 삶에 쉽게 적응하지 못했다. 하지만 다른 사람보다 상황이 훨씬 나은 사람은 분명 있었고, 연구 팀은 그 이유를 알고 싶었다. 사람들은 살 곳을 정하고 직장을 구하는 과정에서 파트너가 있을 경우 상황을 훨씬 잘 헤쳐나갔다. 더 건강했고 불안함도 적었다. 더 낙관적이었고 새로운 삶을 위협이 아닌 도전으로 바라보는 편이었다. 그리고 당연하겠지만, 일자리를 구한 사람은 그런 면에서 상황이 훨씬 나았다. 하지만 또 다른 요소가 있었다. 직장이나 인간관계와 상관없이 그들의 건강과 불안, 낙관의 정도에 지대한 영향을 미친 요소는 바로 통제감이었다.

어쩌면 가정 환경이나 다른 이유 때문일지도 모르지만, 스탈린 치하의 강압적 정신 통제를 피할 수 있었던 젊은 남녀가 그렇지 못한 사람들보다 눈에 띄게 더 건강하고 행복했다. 직장과 파트너의 유무에 상관없이 그 힘은 발휘되었다. 자기 삶을 스스로 통제하고 있다는 느낌은 '실행 가능'의 자신감을 부여한다. 예를 들어 그들은 '무슨 일이 생기든 잘 대처할 수 있을 거야' 혹은 '어려움이 닥쳐도 나는 평정심을 갖고 충분히 헤쳐나갈 수 있다'라는 문장에 동의할 가능성이 높았다.

2년에 걸친 연구에 따르면 그와 같은 자신감이 거의 모든 상황에서 그들을 더 건강하고 행복하게 만들었다. 하지만 한 가지 예외가 있었다. 1991년까지 직장을 잡고 의지할 사람이 생겼다면 그들은 그 요소들만으로도 더 행복하고 더 건강했다. 다시 말하면, 삶이 잘 풀렸을 경우 힘든 시기를 헤쳐나가기 위해 굳이 자신감에 의지할 필요가 없었다는 뜻이다.

통제할 수 있다는 감각, 운명론을 거부하고 스스로 운명을 개척할 수 있다는 그 자신감이 다양한 외압을 이겨낼 수 있는 심리적 완충 장치다. 이것이 그와 같은 해독제를 거의 갖지 못한 동유럽 사람과 라틴 아메리카 사람의 행복 지수 차이를 설명할 수 있을까? 라틴 아메리카 사람들은 가족과 공동체의 *끈끈한* 연대가 제공하는 통제감 덕분에 더 행복하다고 느꼈던 것일까?

통제감이 우리를 스트레스에서 보호해 준다는 연구 결과는 많다.[25]

1999년, 매사추세츠 브랜다이스 대학교의 마지 라흐만과 수잰 위버는 어린 시절부터 건강과 행복 지수를 추적해 온 40대 성인 6천 명의 종적 연구 자료를 꼼꼼하게 살폈다. 다른 연구들에서처럼 라흐만과 위버도 사회경제적 지위와 건강, 행복이 모두 밀접한 관련이 있음을 밝혔다. 사회계층이 낮아질수록 우울하거나 삶의 만족도가 낮고 건강 상태가 좋지 않을 가능성이 컸다. 하지만 이는 일부에게만 적용되었다. 자기 삶에 만족하고 행복해하며 자신을 부유한 계층만큼 건강하다고 여기는 저소득층 집단이 있었다. 그들은 '나는 나에게 일어나는 일을 거의 통제할 수 없다'와 같은 문장에 동의하지 않았다. 통제감은 실제로 가난이 정신적 안녕에 초래할 수 있는 해로운 영향력을 없앨 수 있었다.

통제감은 내가 행동할 수 있고 그 행동에 결과가 따를 것임을 믿는다는 뜻이다.[25] 그것이 바로 자신감이다.

동유럽 사람들의 낮은 행복 지수도 이와 같은 맥락에서 살펴보면 훨씬 이해하기 쉽다. 통제감이 없고 이로 인해 자신감이 부족하면 사람들은 정치경제적 부패와 사회적 압력에 무방비로 노출된다고 느낀다. 소수의 현대 국가도 동유럽 공산 국가처럼 인간의 행복과 자신감에 몹시 중요한 개인의 통제감을 제거하기 위해 노력했다. 이 정책 때문에 수천만의 사람이 정신적 스트레스와 경제적 변화, 세상의 예측 불가능성에 노출되어야 했다. 통제감이라는 꼭 필요한 해독제가 없는 상황에서 그들의 행복과 자신감은 태어나지도 못했다.

그렇다면 사다리 아래쪽에서 태어난 사람에게도 그 가혹한 경제적 운명으로부터 탈출할 한 가지 경로는 있다. 자신의 능력이나 환경 혹은 능력과 환경을 통제할 수 있다고 느끼는 아이들은 그 통제감으로 학교에서 더 능력을 발휘할 수 있고, 이는 가정 환경이나 부모의 기대 혹은 사회의 역사와도 무관하다. 몇 가지 국제적 연구 자료에 따르면 경제적 취약성이 성인기까지 끼치게 될 영향을 피하는 데 초기 교육 프로그램이 특히 유용했다.[27] 그와 같은 프로그램이 제공하는 한 가지 요소가 바로 자신감 고양이다.[28]

통제감에 대한 욕구는 인간의 기본 욕구 중 하나다. 동물도 어려운 활동 두 가지가 같은 보상을 제공하면 그중에서 선택의 여지가 있는 활동을 고른다. 선택할 수 있다는 것은 특히 인간에게 좋은 느낌을 선사한다. 리즈 대학교 연구 팀에 따르면 사람들은 나이트클럽이나 은행을 고를 때도 선택권이 전혀 없는 상황보다 연속적으로 선택해야 하는 상황을 선호한다. 선택권 행사, 즉 통제력 발휘가 제품이나 경험의 질에 아무 영향을 끼치지 않을 때도 마찬가지였다.[29] 선택하고자 하는 욕구 그리고 삶에 대한 통제감을 느끼고 싶다는 욕구는 우리 뇌에 내제되어 있다. 그것이 바로 통제력을 발휘할 때 행복할 때와 마찬가지로 도파민과 관련된 보상 회로가 활성화되는 이유다.[30]

자신감은 우리 안에 깊이 각인된 통제에 대한 욕구를 동력으로 사용한다. 세상에 영향을 끼칠 행동을 할 수 있다고 믿는 것이 바로 통제감의 핵심이다. 이는 경제적 부나 개별 문화에만 해당되는 특징도 아니다. 매년 100여 개 국가의 수천 명을 대상으로 시행하는 세계 가치 조사에서도 알 수 있듯이 이는 전 지구적으로 적용된다.

세계 가치 조사에는 다음과 같은 질문이 포함되어 있다. '살면서 얻게 되는 선택의 자유에 만족합니까, 아니면 불만족합니까?'

'만족한다'고 대답했다면 평균적으로 긍정적인 감정 수치가 높고 부정적인 감정 수치는 낮을 것이다.[31] 3장에서 살펴보았듯이 통제할 수 있다는 느낌은 자신감에 꼭 필요한 요소다. 그러므로 통제감과 자신감과 행복이 서로 강화한다는 사실은 전혀 놀랍지 않다.

그 세 가지 감정의 삼두 정치는 경제적 성장으로도 이어진다.[32] 자기 삶을 통제하고 있다고 느끼는 행복하고 자신 있는 사람은 투자 위험도 더 감수한다고 일리노이 대학교 연구 팀이 발견했고, 행복은 사회경제적 지위와 상관없이 개인의 부를 예측한다.[33]

자기 삶을 통제하고 있다는 자신 있는 감정은 건강과 일, 부, 혼인 여부, 혹은 종교보다 삶의 만족도를 더 정확히 예측한다.[34] 이는 국가 내, 혹은 국가 간 비교에서도 마찬가지다.[35] 불리한 조건에서 빠져나와 삶의 기회를 붙잡기 위해서는 '실행 가능'과 '실현 가능'이라는 두 갈래의 자신감 다리가 모두 필요하다. 일단 자신감이 생기면 이는 개인이 얼마나 큰 능력을 발휘할지 예측할 뿐만 아니라, 나중에 살펴보겠지만, 경제 전체가 어떻게 움직일지도 예측 가능하다.[36]

물론 동세틱이 있나는 믿음만으로 상황이 자동직으로 바뀌지는 않겠지만 당신의 장기적인 관점은 변할 것이다. 라틴 아메리카 사람들이 통제감을 느낀다고 범죄율이나 경제적 불평등을 바꿀 수 있는 것은 아니다. 하지만 자신이 속한 공동체 안에서 느끼는 통제감은 그들의 행복에, 결국 그들의 자신감에 긍정적인 영향을 끼친다.

그처럼 통제감이 나를 더 행복하게 해준다면 나의 행복 여부는 과연 어떻게 판단할 수 있을까?

행복은 비교하기 나름이다

객관적인 부의 척도와 상관없는 부에 대한 주관적 감정이 나의 행복과 수명을 예측하는 데 더 중요했다.[37] 건강에 대한 객관적 상태와 주관적 감정 역시 마찬가지였다.[38]

2020년에 실시한 듀크 대학교와 런던 킹스 칼리지의 2천 쌍 넘는 쌍둥이 연구도 이를 증명한다. 영국의 가장 부유한 지역부터 가장 열악한 지역까지 다양한 배경의 쌍둥이들이 연구에 참여했다. 연구 팀은 열여덟 살이 된 쌍둥이들의 일, 교육, 약물과 범죄는 물론 우울, 불안, 낙관주의 정도를 측정했고, 자신이 다른 사람들과 비교해 사회계층의 사다리 어디쯤 있는 것 같은지 물었다.

놀랍게도 자신의 사회적 지위가 쌍둥이보다 낮다고 생각한 사람이 범죄부터 교육, 정신 건강까지 모든 측면에서 더 힘들어했다. 이는 사회경제적 지위, 지능 그리고 다른 객관적 변수들을 제거했을 때도 마찬가지였다. 중요한 점은 열두 살 때는 그 차이가 드러나지 않았다는 것이다. 즉 둘 사이에 이미 존재했던 차이는 없었다.[39]

그렇다면 자신이 다른 쌍둥이보다 사회적 지위가 더 낮다고 '느끼게' 만드는 요소가 청소년기에 있었다고 할 수 있다. 일단 그렇게 느끼면 그들의 행동, 정신 건강, 교육, 직업, 낙관주의가 전부 그에 따라 악화되었다.

어쩌면 올림픽 메달리스트의 승리에 대한 반응을 통해 그와 같은 강력한 인식이 건강과 행복에 끼치는 영향에 대해 이해해볼 수 있을 것이다. 연구에 따르면 은메달리스트는 보통 금메달리스트보다 더 불행하다. 그리고 당연하게도 자신이 이긴 동메달리스트보다도 더 불행하다.[40]

행복은 자신을 누구와 비교하느냐에 달려 있기 때문이다. 은메달리스트는 '조금만 더 빨랐다면 내가 금메달을 딸 수 있었을 텐데'라며 위를 바라본다. 반대로 동메달리스트는 아래를 바라보며 안도의 한숨을 내쉬는 경향이 있다. '휴, 간신히 메달을 땄어. 하마터면 따지 못했을지도 몰라.' 이는 부의 정도, 행복의 정도에 대한 판단에서도 마찬가지다. 누구와 자신을 비교하는지에 따라 완전히 달라질 수 있다.

그와 같은 사회적 비교의 효과를 자기공명영상장치에서도 확인할 수 있다. 본 대학교의 클라우스 플리스바흐 연구 팀은 뇌의 보상 회로가 어떻게 움직이는지 관찰했는데, 보상 회로는 자신이 받는 보상뿐만 아니라 다른 사람이 얻는 보상에 의해서도 훨씬 많이 활성화되었다.[41] 플리스바흐의 연구에서 실험 참가자들은 짝을 지어 자기공명영상장치에 나란히 누워 화면에 나타난 점이 몇 개인지 빨리 세는 등의 간단한 게임을 했다. 그리고 정답을 맞추면 돈을 받았다.

게임에서 이기면 보상 회로의 중요한 부분, 복부 선조체의 활성화 정도가 높아졌다. 하지만 같이 정답을 맞쳤는데 파트너가 더 많은 보상을 받으면 어떻게 될까? 어쨌든 보상은 받았으니 복부 선조체가 활성화되어야 하지 않을까? 물론 그랬지만 전보다는 훨씬 덜 활성화되었는데 이는 파트너에 비해 더 적은 보상을 받았기 때문이다. 얼마나 부유하거나 가난한지, 삶이 얼마나 잘 풀리는지에 대한 감각 역시 자신을 누구와 비교하느냐에 달려 있다.

지금까지 자신감이 성공이나 사회경제적 지위의 상승, 행복으로부터 나온다는 사실을 알게 되었다. 통제감을 갖고 있다는 느낌과 다른 사람보다 더 유리한 입장이라는 감각 역시 이 중요한 변수들이 삶에서 어떻게 작용하는지 큰 영향을 끼친다. 하지만 자신감을 형성하는 데 영향을 미치는 또 다른 요소들이 있다.

5장

어떻게 실패를
자신 있게 포용하는가

Failing

Confidently

2009년 11월 27일 이른 아침, SUV 한 대가 플로리다의 어느 집 주차장에서 빠져나갔다. 그리고 갑자기 이웃집 잔디로 방향을 틀어 나무를 치고, 금속이 긁히는 소리를 내며 소화전을 들이받았다. 현장에 경찰이 도착했을 때 운전자는 의식을 잃고 길에 쓰러져 있었다.[1]

2017년 8월 17일, 경찰은 같은 남자를, 역시 의식 없는 상태로, 아무렇게나 주차되고 몹시 긁힌 그의 벤츠 차량 운전석에서 발견했다. 혈액 검사 결과 마리화나의 핵심 재료, 수면제 두 종류, 강력한 진통제 두 종류의 다섯 가지 약물이 검출되었다.[2] 경찰이 찍은 머그 숏 속 남자는 핏발 선 눈이 반쯤 감기고 수염이 덥수룩한 채 아무 표정 없이 카메라를 바라보고 있었다. 그는 운전 부주의를 인정했다.

첫 번째 사고 당시, 타이거 우즈는 역사상 가장 성공한 골프 선수였고 1998년부터 2009년까지 12년 중 11년 동안 세계 랭킹 1위였다. 하지만 그 사고 이후 그의 일과 사생활 모두 나락으로 떨어졌다. 계속된 불륜으로 아내에게 이혼당한 그는 2009년 골프 랭킹 1위에서 2017년 1,199위로 추락했다. 몇 차례의 허리 수술은 만성 통증을 남겼고 가끔은 움직일 수조차 없어 어린아이들과 놀아줄 수도 없었다.

그런데 2019년 4월 14일, 엄청난 일이 일어났다. 애틀랜타의 18번 홀에 하얀 공이 부드럽게 굴러 들어갔다. 타이거 우즈가 2019년 마스터 챔피언십에서 승리한 것이다. 다시 랭킹 5위에 오른 그의 성공적인 복귀는 9년 동안의 일과 사생활 실패를 딛고 일어선 놀라운 재기였다.[3] 어떻게 그럴 수 있었을까? 다시 정상에 올라서기 위해 그가 꺼내 쓴 내면의 힘은 과연 무엇일까?

2017년, 뱅거 대학교의 한 연구에 따르면, 그냥 엘리트 선수보다 훨씬 뛰어난 능력을 발휘하는 슈퍼 엘리트 선수들은, 어린 시절 승리의 경험이 있었고 그 성공이 '토대'가 되어 어린 나이부터 자신에 대한 믿음을 키울 수 있었다. 타이거 우즈는 미국 주니어 아마추어 골프 챔피언십 최연소 우승자가 되었을 때 열다섯 살이었다. 하지만 슈퍼 엘리트 선수와 그냥 엘리트 선수를 가르는 두 번째 요소가 있다. 슈퍼 엘리트 선수들은 어린 시절 불행한 일을 겪은 적이 있었다. 예를 들면 부모의 끔찍한 이혼이나 그 밖의 심각한 관계 문제, 학교에서의 폭력이나 따돌림 등이었다.[4] 하지만 그와 같은 부정적인 경험 뒤, 뛰어난 팀에 선발된다거나 올림픽 메달리스트를 만나 자극을 받는 등 '인생을 바꿔준' 사건을 경험했고 그 덕분에 의욕적으로 운동에 집중할 수 있었다.

2015년, 타이거 우즈가 가장 깊은 수렁에 빠져 있을 때, 심각한 말더듬으로 학교에서 폭력과 따돌림을 당해 자살을 시도했던 열여섯 살 소년의 부모가 그에게 연락한 적이 있다. 우즈는 그 소년에게 자기 역시 말을 더듬어 따돌림을 당했고 그래서 외로웠다며 처음으로 털어놓는 편지를 보냈다.[5] 그 역시 어린 나이에 몹시 부정적인 경험으로 고통받았었다는 뜻이다.

힘들었던 어린 시절의 경험이 슈퍼 엘리트 선수들에게 몹시 흔한 이유는 무엇이며 그 경험은 어떻게 그들에게 도움이 된 것일까?

불안해도 괜찮다

"누군가 나에게 불안해도 괜찮다고 말해주었다면…." 이 말은 어려서부터 연기를 해 온 배우이자 작가 마라 엘리자베스 윌슨이 아동기와 10대 때 느꼈던 불안에 관해 털어놓으며 한 말이다. 〈마틸다〉의 마틸다 웜우드, 〈미세스 다웃파이어〉

의 나탈리 힐러드 역을 맡았던 그 성공한 젊은 여성도 가장 21세기적 질병이라고 할 수 있는 불안에 취약했다는 뜻이다. 그녀의 불안 문제는 1996년 아홉 살의 나이로 〈마틸다〉 촬영을 끝내고 암으로 엄마를 잃은 후 갑자기 심각해졌다. 그 후로 몇 년 동안 불안과 다른 문제로 힘들어하던 그녀가 누군가 '불안해도 괜찮다'고 말해주었으면 좋았을 거라고 말하고 있는 것이다.[6]

그렇다면 그 말은 과연 무슨 뜻일까? 불안으로 고통받는 마라와 수백만의 다른 사람이 '불안해도 괜찮다'고 느낀다면 그것이 뜻하는 바는 무엇일까? 그것이 어떤 도움이 되는 것일까? 불안해도 괜찮다는 믿음은 몇 가지를 시사한다. 첫째, 불안한 감정이 위험한 것은 아니라는 뜻이다. 그 때문에 끔찍한 일은 일어나지 않을 것이다. 둘째, 불안한 감정은 영원하지 않다는 뜻이다. 언젠가는 끝날 것이다. 그리고 세 번째, 두려움과 거리를 두고 이를 지나가는 바이러스처럼 일시적이고 외적인 것으로 바라볼 수 있게 해준다.

실패와 자기 의심과 부상 그리고 아찔한 성공과 찬사의 줄타기가 바로 슈퍼 엘리트 선수들의 삶이다. 타이거 우즈 같은 최고의 선수는 엄청난 관심 속에서 커다란 상금을 놓고 경기를 하다 보니, 필연적으로 극심한 감정의 격랑을 수반할 수밖에 없다. 하지만 어린 시절 힘든 일을 겪었던 슈퍼 엘리트 선수들은 그와 같은 감정의 파도를 이미 이겨낸 경험이 있다. 그들은 고통스럽고 불쾌한 경험도 통제 가능하며, 전부 지나갈 것이고, 그것이 자신의 본질도 아니라는 사실을 알고 있다.

마라 윌슨이 이야기한 것은 두려움에 대한 두려움이다. 두려움을 없앨 때 남는 것은 불쾌하고 불편하겠지만 어쨌든 자기 안에 담길 수 있다고 그녀는 생각했다. 어렸을 때 따돌림을 당하면 대부분의 사람이 불안해하고 비참해할 것이다. 하지만 존경하는 사람의 칭찬을 듣거나 시합에서 승리하는 등의 좋은 일이 당신에게 일어났다면? 그와 같은 경험은 뇌에서 도파민을 방출한다. 도파민은 기분을 고양시키고, 불안을 감소시키며 의욕을 고취하는 천연 약품이다. 골프에서의 성공은 학창 시절 우즈가 겪은 끔찍한 경험의 기억을 완화시켜 주었다. 그 과정에서 그는 세 가지를 배웠을 것이다.

불안은 나의 극히 일부일 뿐이다. 그랬기 때문에 그는 잔디 위에서도 불안해하지 않았을 것이다. 불안은 지나간다. 그리고 불안은 행동으로 통제할 수 있다.

마라 윌슨은 감정에 이름을 붙여주는 행동으로 물고기처럼 자신의 불안을 낚아올렸다. 물고기는 그녀의 일부가 아니다. 물고기는 규정할 수 있고 변할 수 있고 결국 덜 무서워질 수 있는 것으로, 그녀와 별개로 존재한다. 그러므로 성공이 자신감을 쌓는다면, 그 성공은 불안과 우울의 힘든 시절을 통과할 때 훨씬 강력해진다. 성공은 머릿속 행복 버튼을 누르고 두려움을 몰아내고 기분을 고양시킨다. 성공은 또한 타이거 우즈처럼 부정적인 감정에 관한 세 가지 중요한 교훈을 배우는 데에도 도움이 된다.

스탠퍼드 대학교 교수 앨버트 반두라는 타이거 우즈가 겪었던 것과 비슷한 경험을 자신감의 가장 강력한 원천으로 바라보았다. 고통스럽고 힘든 경험을 통과하고 극복하는 감정은 그 무엇보다 자기 신뢰를 고취한다.[7]

비너스 윌리엄스는 열 살 때까지 로스앤젤레스 남쪽, 갱들이 들끓는 가난한 도시 콤프턴에서 살았다.[8] 2012년《뉴욕 타임스 매거진》의 인터뷰 기사에 따르면 비너스와 동생 세레나는 동네에서 총소리가 들릴 때마다 공공 테니스장 바닥에 바짝 엎드렸다고 했다. 일곱 살 때 유색 인종이 테니스 치는 모습에 익숙하지 않던 백인 아이들이 다가와 '깜둥이'라고 놀리는 소리를 들으며 연습했다고 세레나는 말했다. 2003년, 두 사람의 비서 일을 하던 자매의 배다른 큰 언니는 콤프턴에서 살해당했다.

그렇다면 비너스는 역경을 통해 단련된 자신감을 갖고 있었다. 하지만 또 다른 요소가 있었다. 바로 아빠였다. 그는 자매가 테니스로 성공할 거라는 데 한 치의 의심도 없었다. "믿음이 먼저고 훈련은 그다음이죠." 비너스가《뉴욕 타임스 매거진》기자에게 한 그 말은 아버지 리처드 윌리엄스에게 물려받은 것이었다.

딸들에 대한 그의 자신감, 한결같은 헌신과 가르침은 비너스와 세레나의 마음에 새겨졌고 결국 두 사람의 확신이 되었다.

연구에 따르면 부모 중 한 명 혹은 두 명 모두와 탄탄하고 안정적인 애착을 맺은 아이들이 특히 다른 사람들과의 관계에 있어서 더 자신감을 느낀다고 한다.[9] 능력 있는 부모는 높은 자신감으로 아이들을 따뜻하게 품으며 아이들이 그 자신감으로부터 소외되지 않게 한다. 하지만 성공한 부모 중 일부는 의식적 혹은 무의식적으로 자신의 성취에 대한 존경을 추구한다. 그들은 자신이 '특별'하다는 자아도취적 분위기를 풍기며 아이들로 하여금 결코 부모의 성취를 따라잡을 수 없다고 느끼게 만든다. 이는 아이들의 자신감에 몹시 부정적인 영향을 끼친다.

그와 같은 역효과는 부모와 자식이 따뜻한 관계를 맺고 있을 때도 발생할 수 있다. 과거의 성취에서 얼마나 발전했는지보다 줄을 세우는 데 집중하는 부모도 아이의 자신감을 약화시킬 수 있다.[10] 다른 사람은 잘하고 있는지 늘 살피는 것은 실패에 대한 두려움으로 이어질 수밖에 없다. 그리고 나중에 살펴보겠지만 실패에 대한 두려움이 바로 자신감의 가장 큰 장애물이다.

반대로 부모나 멘토가 '해봐! 넌 할 수 있어!'라며 자신감을 가지라고 설득할 수도 있다. 그 관계에 따라 아이들은 해보지 않은 일을 시도해 보기도 한다. 친구나 형제자매, 동료나 직장 상사도 마찬가지다. 성공의 80퍼센트는 나타나는 것이라는 우디 앨런의 말은 가끔 맞기도 하는데, 사람들은 일을 하는 것 자체에서 성공과 비슷한 성취감을 느끼기도 하기 때문이다.

행동하는 것이 자신감을 높이는 데 꼭 필요하다면 불안해하는 경향이 높은 사람에게 자신감이 부족한 것도 전혀 놀랍지 않다. 회피는 자신감을 높여주는 일상의 작은 성공들을 빼앗는데, 그 작은 성공들이 바로 우리 뇌에서 천연 항불안제와 항우울제로 작용한다.

불안은 마음 깊은 곳에서 느끼는 직감으로, 우리가 내리는 '할까? 말까?'의 결정에 영향을 끼친다. 불안은 몹시 예민하고 강력해서 '내가 이 일을 할 수 없는 이유는 없어'와 같은 이성적인 생각을 곧잘 중단시킨다. '아니야. 할 수 있다는 걸 너도 알잖아'와 같은 가족과 친구, 동료의 격려 또한 무시한다. 이성적으로는 할 수 있다고 생각할지도 모른다. 하지만 배가 아프거나 심장이 뛰고 두려워 손에 땀이 나게 하는 그 강한 직감이 이성을 이겨버린다. 위험과 실패가 그 미지의 것에 도사리고 있다고 설득한다.

직감이 우리의 자신감을 좌지우지할 수 있다는 뜻이다. 그렇다면 그런 직감을 과연 믿어도 되는 것일까?

직감도 유용하다

1998년, 나는 케임브리지 대학교 종신 연구 교수직을 그만두고 더블린 트리니티 칼리지의 연구 교수로 가기로 결정했다. 그래야 한다는 것을 직감으로 느꼈기 때문이다. 그리고 20여 년이 지난 지금 내 결정은 옳았다. 이와 같은 중대한 결정을 내리는 방식은 휴가 때 어디를 갈 것인가 혹은 어떤 컴퓨터를 살 것인가와 같은 작은 일을 결정하는 방식과 몹시 다르다. 후자는 비용과 이득을 꼼꼼히 따져 선택하지만 전자와 같은 중대한 일은 그와 정반대로 내 마음 깊은 곳에서 올라오는 탄탄한 자신감으로 결정한다.

그렇다면 자신감은 직감에서 나오는 것일까? 어떤 면에서는 그렇다. 어떤 일을 선택할 때 오직 이성적인 뇌로만 그것이 올바른 선택인지 판단하는 것은 아니다. 과거의 올바른 판단에 대한 만족스러움과 그렇지 않은 판단에 대한 괴로움 같은 감정적 반응도 함께 작용한다. 불안은 배가 뭉치거나 꼬이는 증상으로 드러날 수 있다. 호흡이 가빠지고 목이나 어깨의 근육이 긴장되기도 한다.

우리 뇌는 과거에 내린 결정들의 결과를 차곡차곡 계산하고 있다. 하지만 좋고 나쁜 결과들을 감정 없이 인지하는 상태로만 모아두는 것은 아니다. 여러 가지 결정과 관련된 신체 감각의 기억도 함께 저장한다. 눈 바로 뒤 위쪽에 있는 복내측 전전두피질에서 일어나는 일이다. 그리고 그 기억이 섬피질이라는 또 다른 부위에서 내적 감정의 지도를 그리는데, 그곳이 바로 우리가 시시각각 경험하는 신체 감각을 좌우하는 곳이다.[11]

내가 대학원에 다닐 때 처음 참가했던 국제 콘퍼런스에서 저명한 강연자에게 질문을 할지 말지 고민하던 순간이 있었다. 수백 명의 사람들 앞에서 망신을 당할지도 모른다는 그 할까 말까의 불안이 여전히 기억난다. 마침내 굳게 마음을 먹고 질문을 했는데, 내가 그동안 아무도 몰라준 천재임을 드러내지는 못했지만 적어도 강연자는 내 질문에 깊이 고심해 답해주었다.

그리고 자리에 앉을 때 뻐근한 만족감과 안도감이 근육과 폐, 복부에 들어차던 느낌도 기억한다. 당연히 그 감정들은 금방 사라졌고 나는 그 힘들었던 고민의 과정과 결과를 전부 잊었다. 하지만 그로부터 얼마 지나지 않아 나는 다른 콘퍼런스에서 또 질문이 하고 싶어졌다. 그리고 그때는 나의 무지가 발각될지도 모르는 위험을 무릅쓰면서 마이크를 잡기까지 그전만큼 괴롭지는 않았다. 고민의 과정이 더 쉬워진 이유는 내 뇌가 지난번 경험의 감정적 결과를 긍정적으로 저장하고 있었기 때문이다. 그래서 할까 말까 고민하는 동안 약간 불안했지만 긍정적이었던 이전 경험의 신체 감각, 즉 직감이 노래의 후렴구처럼 다시 재생되었다. 그것이 바로 두 번째 질문을 할 수 있었던 자신감의 원천이었다.

콘퍼런스에 참석할 때마다 사람들 앞에서 발언하는 것에 대한 직감의 기억은 점차 강해졌다. 이는 내 의견을 밝히거나 질문을 하고 싶을 때, 할까 말까 고심하는 과정을 더 이상 거치지 않아도 될 때까지 이어졌다. 내가 마이크를 잡을 때마다 내 뇌는 자신감의 신체적 멜로디를 자동으로 재생했다. 그런 상황에서 자신감을 느끼는 방법을 터득한 것이다.

직감은 물론 자신감을 밀어내는 방식으로도 작용할 수 있다. 내가 엉뚱한 질문을 했거나 그 질문에 대한 반응에 수치심을 느꼈다면 내 뇌는 불편한 감각의 멜로디를 재생했을 것이고 이는 '안 돼. 너는 할 수 없어'라는 직감으로 자리 잡았을 것이다. 그런 일이 몇 차례 반복되면 나서지 않겠다는 결정과 그 결정으로 인한 자신감 하락이 나의 기본값이 되었을 것이다.

케임브리지를 떠나겠다는 결정은 어렵지 않았다. 내 뇌에서 내가 과거에 내렸던 중대한 결정들의 주제곡이 재생되었기 때문이다. 나는 살면서 운이 좋은 편이었으므로 그 주제곡들은 대부분 긍정적이었고 그래서 자신 있게 그 멜로디를 따를 수 있었다. 하지만 내가 그만큼 운이 좋지 않았다면 결과는 몹시 달라졌을 거라는 사실을 아주 잘 알고 있다. 안전한 결정만 내리고 변화를 무릅쓰지 말라는 직감이 우세했을 수도 있고, 그럴수록 그 부정적인 직감이 내 삶의 결정들을 좌우했을 것이다.

그렇다면 다시 '뜨거운 손 효과'로 돌아가는 것인가? 삶의 행운들이 쌓여 얻게 된 자신감이 지속적인 성공 경험으로 이어지는 것뿐일까? 하지만 그처럼 단순하지 않다. 슈퍼 엘리트 운동선수들 이야기로 이미 살펴보았듯이 힘들었던 경험이 더 큰 성공을 가져오기도 하기 때문이다. 마라 윌슨이 안타깝게 보여주었듯이 우리가 '불안'이라고 부르는 신체 감각을 어떻게 생각하는지가 우리의 자신감을 형성할 수도 있다.

불안과 흥분을 바꾼다

몇 달 전 어느 토요일 오후, 집에 앉아 있는데 배가 아파오기 시작했다. 호흡이 빨라지고 손이 땀으로 축축했다. 너무 심하게 긴장이 되어 가만히 있을 수도 없었다. 무엇 때문에 그렇게 불안해졌을까? 더블린 아비바 경기장에서 아일랜드 럭비팀이 뉴질랜드 올블랙스를 16 대 9로 이겼기 때문이다. 이번 세기 겨우 두 번째 승리였다. 나는 전혀 불안하지 않았다. 나는 흥분해 있었다.

자, 답은 여기에 있다. 흥분의 징후는 아주 다른 감정, 즉 불안의 증상과 완벽히 똑같다. 두 가지 상반된 감정의 신체 감각이 똑같다면 내가 어떤 감정을 느끼는지 어떻게 알 수 있을까? 전후 사정으로만 알 수 있기 때문에 이는 생각만큼 답하기 쉽지 않은 질문이다. 나의 경우, 경기를 보고 있었고 내가 응원하는 팀이 이기고 있었으니 흥분 상태라는 것을 알 수 있었다. 하지만 내가 탄비행기가 갑자기 하늘에서 휘청거려도 나는 똑같은 신체 감각을 경험할 것이다. 물론 불안한 감정으로 말이다.

다시 타이거 우즈의 말을 들어보자. "더 이상 긴장하지 않는 날이 그만두는 날이라고 저는 늘 말해 왔습니다." 경기를 잘하기 위해서는 불안과 기대가 뒤섞인 긴장이 필요하다고 우즈는 말했다. 그에 대한 과학적 근거도 충분하다. 긴장할 때 우리 몸은 심장 박동이 빨라지며 근육에 더 많은 피를 보내 행동할 준비를 한다. 그래서 피부에서 땀이 나고 호흡이 가빠지며, 소화 기능이 잠시 멈추므로 배가 마구 뒤틀린다. 뇌는 노르아드레날린이라는 신경 전달 물질을 더 많이 방출하는데, 이는 적당한 양일 때 뇌의 기능을 높여준다. 지나치게 많거나 부족할 경우 뇌의 능력이 저하되므로 최적의 역량 발휘를 위한 지점이 있다는 말이다.

타이거 우즈는 최고의 경기를 위해 그 지점을 찾아야 했지만 여기서 더 중요한 것은 그가 그 감정을 긍정적으로 해석했다는 점이다. 실력 발휘를 방해하는 것이 아니라 이를 북돋는 것으로 말이다.

직감이 자신감을 좌우한다면 이는 직감이 자신감을 방해할 수도 있다는 뜻이다. 하지만 가만히 앉아서 직감을 따르기만 할 필요는 없다. 관점을 바꿔 불안을 흥분으로 바라볼 수도 있다. 그것이 바로 타이거 우즈가 한 말의 의미다. 그는 신체 깊은 곳에서 올라오는 그 긴장을 흥분으로, 에너지를 제공하는 긍정적인 감정으로 해석했다.

과학은 불안을 흥분으로 바꾸는 것이 가능하다고 분명히 말한다. 2장에서 공개적으로 암산 문제를 풀었던 사람들은 시작하기 전에 '나는 불안하다' 혹은 '나는 신이 났다'라는 두 문장 중 하나를 큰 소리로 말해야 했다. '신이 났다'고 말한 사람은 그 말로 자신감을 높였고 암산도 더 질했지만 무엇보다도 티거 우즈처럼 신체 감각을 긍정적으로 해석했다. 그들은 암산 능력을 최적화할 수 있는 정도까지 노르아드레날린 수치를 낮췄다. 결과가 좋으면 더 자신감이 생기고 그래서 더 시도하게 되면서 선순환이 이어진다.

하지만 이는 또 다른 질문을 불러온다. 직감이 자신감을 높여준다면 왜 이를 활용하지 못하는 사람도 있는 것일까?

성장 이론으로 전환한다

누구나 겪을 수 있는 스트레스 상황을 하나 떠올려보자. 곧 하게 될 어색한 대화일 수도 있고, 어려운 프레젠테이션이나 입사 면접일 수도 있다. 이제 눈을 감고 실제로 그 상황이 벌어졌다고 상상하며 그 안에서의 당신을 느껴보자. 자세히 상상하다 보면 신체 깊은 곳에서 올라오는 감각을 느낄 수 있을 것이다.

어떤 감각이 느껴지는가? 복부가 뻐근한가? 심장이 더 빨리 뛰는가? 목 근육이 경직되는가? 그 감각들을 유념하며 다음 두 가지 질문에 답해보자. '스트레스는 해로우니 최대한 피해야 하는가?', '스트레스가 긍정적인 에너지로 작용해 생산성을 높여줄 수 있을까?'

첫 번째 질문에 '아니오'라고 대답하고 두 번째 질문에 '예'라고 대답했다면, 당신은 스트레스에 대해 타이거 우즈와 비슷한 생각을 갖고 있는 것이다. 스트레스를 긍정적으로 바라보기 때문에 더 능력을 발휘하고 기분도 좋아질 것이다. 우리의 부신은 우리 몸에서 가장 중요한 자연 발생적 스테로이드 중 하나인 디히드로에피안드로스테론황산염을 더 많이 생산할 것이다. 이 물질은 기분을 좋게 하고 생리적 회복 탄력성을 높여주는 등 우리 신체와 뇌에 몇 가지 긍정적인 영향을 끼친다.[12]

스트레스를 긍정적으로 바라보면 그와 같은 이점을 얻을 수 있다. 그렇다면 왜 그렇게 많은 사람이 불안을 두려워하면서 이를 더 악화시키는 것일까? 아니면 마라 윌슨의 말대로 왜 어떤 사람은 불안해도 괜찮다고 생각하고 어떤 사람은 그렇지 않은 것일까? 이는 자신을 바라보는 전반적인 관점과 관련이 있는 것일까? 스탠퍼드 대학교 심리학자 캐롤 드웩은 자신의 저서 《마인드셋》에서 자신에 대한 생각이 우리 몸과 마음에 심오한 영향을 끼친다는 사실을 발견했다.[13] 자신의 성격이나 지능, 감정 상태가 타고난 것이라고 생각한다면 이를 통제하거나 바꿀 수 없다고 여기게 된다.

자신에 대한 그와 같은 고정 이론은 살면서 쭉 성공했다면 자신감에 도움이 될 수 있다. 하지만 이는 깨지기 쉬운 자신감일 뿐이다. 어떤 좌절이나 실패도 그 고정된 생각이 틀렸다는 증거가 될 수 있기 때문이다. 그리고 '고정'되었다는 말 자체에 이를 바꾸기 위해 할 수 있는 일은 없다는 뜻이 포함되어 있기 때문에 이는 몹시 걱정스러운 일이다. 반대로 성장 이론을 갖고 있다면 실패는 복잡하고 다층적인 배움의 일부일 뿐이다. 성장 이론에서는 능력이 변할 수 있으며 그렇기 때문에 이는 자신에 대한 관점에 위협이 되지 않는다.

그렇다면 성격과 감정은 어떤가? 당신은 성격과 감정이 미리 결정되어 평생 변하지 않는다고 생각하는가? 아니면 경험과 학습, 본보기와 외부의 도움을 통해 적어도 일부는 변할 수 있다고 생각하는가? 즉 당신은 성격과 감정에 대해 고정 이론을 갖고 있는가 아니면 성장 이론을 갖고 있는가?

고정 이론을 갖고 있는 청소년은 그 나이 또래에서 흔히 일어나는 따돌림 같은 문제에 대처하기 힘들어했다. 자신에 대한 생각이 고정되어 있기 때문에 모든 거절이 자신에게 문제가 있다는 증거가 된다. 결국 지속적으로 위축되는 악순환에 빠진다. 드웩의 2013년 연구에 따르면 그런 청소년들은 새 친구를 사귀는 노력을 덜하고 그래서 갈수록 더 고립되고 불행해졌다.[14]

같은 연구에 따르면 어린 마라 윌슨과 같은 사람은 자신에 대한 생각이 고정되어 있었기 때문에 불안을 두려워했다. 그들은 그런 감정을 타고난 것으로, 그래서 통제할 수 없는 것으로 바라보았다.

다음 질문에 답해보자. '덜 불안해질 수 있을까?' 다음 질문에도 답해보자. '무슨 일을 하든 불안해하는 성격은 어쩔 수 없을까?' 첫 번째 질문에 '아니오'라고 대답하고 두 번째 질문에 '예'라고 대답했다면 당신은 불안에 대한 고정 이론을 갖고 있는 것이다. 고정 이론을 갖고 있는 사람은 배우자와 헤어지거나 직장에서 해고당하는 등의 스트레스 상황에 더 대처하기 힘들어했다.[15] 자신에 대한 고정된 믿음은 '두렵다'는 감정과 '통제할 수 없다'는 생각으로 몸과 마음에 두 배의 타격이 된다.

그 낯설고 통제하기 힘들어 보이는 감정들이 아니어도 우리는 살면서 충분한 스트레스를 받는다. 하지만 그 감정들은 사실 통제가 가능하다. 불안은 어쩔 수 없다고 믿어버리지 않는 사람은 삶의 스트레스에 훨씬 잘 대처한다. 그리고 고정 이론을 가진 사람보다 심리적 도움을 훨씬 잘 수용하기도 한다.[16] 불안은 어쩔 수 없다고 생각한다면 이를 관리하는 방법에 대한 조언이 귀에 들어오지도 않을 것이다.

실패를 긍정으로 껴안는다

내 오랜 친구에게 아들 하나, 딸 하나가 있었는데, 오빠보다 일 년 반 정도 늦게 태어난 딸의 이름은 킴이었다. 오빠는 언제나 반에서 상위권이었고 대학 때까지 이를 유지했다. 킴은 그만큼 성적이 좋지는 않았지만 꾸준히 발전해 실력 좋은 학교에서 중간 정도의 성적은 유지했다. 하지만 나는 킴의 시험 결과에 대한 부모의 반응이 이상하다고 생각했다. 킴이 B나 C의 성적을 받아 오면 그들은 "괜찮아, 그렇게 나쁜 일도 아닌데 뭐"라고 그녀를 위로하거나 오빠와 비교하면서 성적이 기대에 못 미친다고 걱정하기도 했다. 심지어 친구인 나에게 "불쌍한 것. 오빠처럼 공부 머리가 없어서 말이야"라고 말하며 킴을 가여워하는 것처럼 보이기까지 했다.

킴의 성적도 그럭저럭 괜찮았지만 오빠가 너무 쉽게 이룬 우월함에 비하면 늘 부족했다. 성적표를 받을 때마다 킴은 평범한 아이라는 사실이 고스란히 드러났다. 그럼에도 불구하고 대학에 들어가긴 했지만 일 년 후에 학교를 그만두고 변호사 사무실에 취직했다. 내가 알던 킴은 영특하고 재치 있고 매력적인 사람이었다. 나는 킴이 왜 대학을 그만두었는지, 왜 직업적으로도 성공하지 못하는지 좀처럼 이해할 수 없었다. 자신감의 근원에 대한 내 연구를 시작하기 전까지는 말이다.

오빠가 기준이었던 부모에게는 킴의 모든 시험 결과가 곧 실패나 마찬가지였다. 어쩌면 킴 스스로도 자신은 실패자라고 생각했고, 자신감이 부족해서 일에서도 성공하지 못한 것일까? 부분적으로는 그렇다. 하지만 그렇게 단순하지 않다. 킴의 생각을 그쪽으로 이끈 것은 그녀의 실패 자체가 아니라 킴의 마음속에 자리 잡은 '내 능력은 고정되어 있으며 그래서 내가 할 수 있는 일은 없다'는 사고방식이었다. 킴은 학교에서 직장까지 그 생각을 이어갔다. 그렇다면 그러한 사고방식은 어디서 왔을까? 실패에 대한 킴 부모의 전반적인 사고 그리고 거기서 나온 킴의 '실패'에 대한 그들의 반응에서 온 것이다. 당신이 만약 부모라면 다음 문장에 어떻게 반응할지 생각해 보자. 부모가 아니라면 당신 부모가 어떻게 대답했을지 생각해 보자.

실패를 삶에서 긍정적으로 사용할 수 있다.

실패를 경험하는 것은 발전하고 성장하는 데 도움이 된다.

실패를 경험하면 나중에 더 잘할 수 있다.

실패는 배우고 성장할 수 있는 나의 능력을 방해한다.

실패는 생산성을 떨어뜨린다.

부정적인 효과를 끼치기 때문에 실패는 피할 수 있으면 피하는 것이 좋다.

처음 세 개의 질문에 동의하고 나머지 세 개의 질문에 동의하지 않는다면 당신은 실패에 대한 긍정적인 사고방식을 갖고 있는 것이다. 그리고 당신 아이들도 자신의 감정이나 능력이 변할 수 있다고 생각할 가능성이 크다. 반대로 대답했다면 당신 아이들은 능력이나 감정이 고정된 것이라고 생각할 가능성이 크며, 드웩의 실험 참가자들이 보여주었듯이 자신감이 낮고 능력을 발휘하지 못할 가능성이 높다.[17] 부모의 입장에서 질문에 답했다면, 부모의 사고방식이 당신의 관점에 어떤 영향을 끼쳤는지 생각해 보자.

킴의 부모는 킴의 중간 정도의 성적을 실패로 보았다. 킴이 성공하지 못할지도 모른다는 부모의 두려움은 자라나는 킴의 마음에 새겨졌고 자신의 능력에 대한 고정 이론으로 자리 잡았다. 이는 학업에서뿐만 아니라 인간관계와 독립성 그리고 무엇보다 자신의 감정에 대한 자신감에까지 널리 영향을 끼쳤다. 킴은 청소년기부터 성인기 초기까지 불안과 우울 치료를 받았는데, 의사 또한 실패처럼 보이는 그녀의 삶을 부정적으로 바라보았다. 치료를 받으며 킴의 고정 이론과 그로 인한 자신감 저하는 더 고착되었다. 하지만 다행스럽게도 킴은 결국 그 고정 이론에서 자신을 꺼내 변화가 가능하다는 사실을 깨닫게 해 줄 임상심리학자를 만났다.

킴의 자신감 부족은 실패에 대한 부모의 사고방식에 어느 정도 뿌리가 있었다. 우리의 자신감은 가까운 관계에 몹시 의존하기 때문이다. 형제자매와 경쟁했던 사람에게 그 경쟁이 자신감을 얼마나 높여주는지 혹은 떨어뜨리는지 물어보자. 부모 역시 실패에 대한 사고방식은 물론 다양한 방식으로 우리의 자신감에 영향을 끼친다. 킴이 어떻게 자신감을 키웠는지는 나중에 다시 언급할 것이다. 그리고 다음 장에서는 특히 성별과 관련된 인간관계와 자신감의 문제에 대해 논할 것이다.

자신감은 성공을 통해 혹은 삶의 '뜨거운 손 효과'를 통해 얻을 수 있다. 하지만 더 확실한 자신감은 역경을 이겨내고 실패를 포용할 때 나온다. 어려움을 직면하며 얻는 승리감이 자신감을 고취한다. 이는 다시 통제감을 강화하고 감정과 능력이 고정된 것이라는 잘못된 믿음을 약화시킨다. 어려움을 성공적으로 이겨낼 수 있는지 좌우하는 가장 중요한 요소가 바로 자신에 대한 믿음과 실패에 대한 사고방식이다.

자신감은 미래에 대한 믿음이다. 무엇이 '실행 가능'한지 그리고 그 결과 어떤 긍정적인 일이 '실현 가능'한지에 대한 믿음이다. 자기 신뢰는 갑자기 하늘에서 떨어지는 것 같지만 보통 직감에서 나온다. 직감은 흥분과 불안을 차별하지 않으며 이는 곧 직감을 긍정적으로 활용할 수 있다는 뜻이다.

자신감은 삶의 성능 좋은 연료 첨가제며 그 중요한 요소는 바로 통제감이다. 통제감을 느끼지 못하면 자신감이 부족하고 덜 행복하다. 성공 역시 우리를 자신 있고 행복하게 만든다. 그리고 그 성공에는 자신이 속한 계층이 누리는 다양한 이득도 포함된다. 이는 우리 뇌 깊은 곳의 보상 회로에서 그대로 재현된다. 행복과 자신감, 통제감의 토대가 되는 원시 시대의 도파민 방출 회로는 가정에서, 직장에서 그리고 크게는 국가에서 우리에게 무슨일이 벌어지느냐에 따라 활발하게 작용한다.

하지만 가족과 친구, 공동체와의 탄탄한 유대감 그리고 통제감이 우리의 행복과 자신감에 영향을 끼치는 사회경제적 효과에 해독제가 되어 준다. 많은 (어쩌면 대부분의) 인간관계는 권력과 지배 그리고 그 힘이 제공하는 자신감으로 형성된다. 가정이나 직장, 공동체에서 기업까지 인간의 위계 질서는 어디에나 존재하고 그 사다리 높은 곳에 있는 사람이 더 큰 힘과 통제감을 갖게 되고 결국 자신감도 높아진다.

어디든 사람들이 모이는 곳이면 권력이 제공하는 심리적, 물질적 이점을 차지하기 위한 미세한 겨루기가 존재한다. 가정 내에서도 마찬가지며 이는 대체로 공정할 수 없다. 더 크고 적어도 얼마 동안은 더 영리한 첫째들이 동생들에 비해 유리하다. 남성은 여성보다 더 크고 힘이 세기 때문에 많은 문화권에서 더 높은 지위를 부여받는다. 자신감은 황금같이 소중한 자원이다. 그리고 사람들은 그 황금 같은 자신감을 얻기 위해 서로 싸우고 훔치고 타인의 것을 시기한다. 그리고 성별이 개입될 때 그 투쟁은 가장 복잡하고 격렬해진다.

6장

어떤 사람이
자신감을 방해하는가

The Confidence
Saboteurs

서른두 살의 루이스는 순조롭게 살아가고 있었다. 테크 컴퍼니에서 빠른 승진을 거듭했고 동료나 친구들과의 관계도 좋았으며 7년째 동거해 온 남자 친구 마크도 있었다. 루이스는 그의 청혼을 기다리고 있었고, 입사 조건으로 그녀가 조심스럽게 제안한 회사의 육아 휴직 정책도 훌륭했다.

그러던 어느 날, 남자 친구 마크가 헤어지자고 말했다. 우연이었을지도 모르지만 그날은 루이스가 또 한 번의 승진과 월급 인상 소식을 들은 다음 날이었다. 마크는 공무원이었고 그래서 직업적 전망이나 월급도 몇 년째 그대로였다. 루이스가 울면서 이유를 묻자 마크는 그녀의 일 때문은 아니라고 대답했다. 하지만 루이스는 그것이 어느 정도 원인을 제공했음을 직감했다.

전부는 아니지만 많은 남성이 자기보다 더 성공하고 더 많은 돈을 버는 여성과 함께 있기 힘들어한다. 마크는 그런 마음을 솔직하게 털어놓지 않았지만 디트로이트 출신의 마흔아홉 살 데이브 피터스는《멜》잡지와의 인터뷰에서 마크와는 다른 태도를 보였다. 아내가 훨씬 높은 자리에서 일하는 것에 대해 어떻게 생각하나는 질문에 그는 아내가 자기보다 더 많은 돈을 벌면 영향력이 커져 관계에서 우위에 서게 될 것이므로 좋은 일은 아니라고 대답했다.[1]

그에 대한 연구도 있다. 배스 대학교의 조안나 시르다 교수는 미국 6천 가구 이상을 대상으로 아내의 수입과 남편의 수입, 그에 따른 남편의 심리적 스트레스에 대해 면밀히 조사했다. 아내의 수입이 증가할수록 남편들의 스트레스는 줄었는데, 이는 위에서 언급한 예가 틀렸다는 증거라고 생각할 수도 있겠지만, 놀랍게도 어느 정도까지만 사실이었다. 아내가 가계 전체 수익의 40퍼센트를 벌 때까지만이었다. 40퍼센트 이상이 되면 그 수치가 커질수록 남편의 스트레스도 증가했다. 그리고 아내가 유일한 수입원이 되면 남편의 스트레스는 아내의 수입이 전혀 없을 때보다 훨씬 높았다.[2]

하지만 성공하고 싶은 여성들에게 위안이 되는 지점도 한 가지 있었다. 여성의 수입이 더 많은 상태에서 양측 모두 그 사실을 정확히 인지하고 결혼 생활을 시작하는 경우에는 그렇지 않았다. 그 경우의 부부는 디트로이트의 데이브 피터스가 언급했던 주도권 다툼을 할 필요 없이 결혼 생활을 시작했을 것이다. 그렇다면 이는 많은 남성에게 관계에서 우위에 서고 싶어 하는 깊은 욕구가 있다는 뜻일 것이다. 그리고 그 욕구는 여성이 더 많은 돈을 벌 때 위협을 받게 된다. 물론 그와 같은 욕구가 없는 남성도 많다는 사실 또한 주목할 필요는 있다.

전미경제연구소에 따르면 수입이 많은 여성은 결혼할 가능성이 더 낮았다. 그리고 또 다른 마지노선이 발견되었는데, 이번에는 50퍼센트였다. 일단 여성이 가계 평균 수입의 절반 이상을 벌기 시작하면 결혼 가능성이 급격히 줄어들었다. 만약 결혼을 한다면 남편보다 적게 벌고 자기보다 적게 버는 여성들보다 아예 일을 그만둘 확률이 높았다. 일을 계속한다 해도 자기 역량을 제대로 펼치지 못하는 경우가 많았다. 아내가 남편보다 수입이 많은 경우 결혼 생활은 두 사람 모두에게 덜 만족스러웠고 이혼으로 끝날 가능성도 컸다. 그리고 또 한 가지, 남편보다 더 많은 돈을 버는 아내는 남편과 비슷하게 버는 아내보다 집안일을 훨씬 많이 도맡아 이를 보상하려는 모습을 보이기도 했다.[3]

주도권 다툼은 권력 다툼이고 권력은 타인이 원하거나 필요로 하는 것, 두려워하는 것을 통제할 수 있는 능력이다. 그리고 주도권은 통제감을 제공하기 때문에 자신감의 주요 원천이 된다. 그렇지 않은 경우도 많지만 남성들은 보통 이성 관계에서 우위에 서지 못하는 상태를 견디기 힘들어한다. 2012년, 27개국에서 실시한 연구에 따르면 관계를 주도하고 싶은 남성들의 그와 같은 욕구는 심각한 성차별주의나 여성에 대한 억압으로 이어졌다.[4] 남성이 그와 같은 욕구를 갖고 있을 때 이 불평등한 싸움에서 희생되는 것은 언제나 여성들의 자신감이었다.

이것이 바로 다음 장의 핵심 내용이다. 남성과 여성의 자신감은 서로 다른 규칙에 의해 움직인다. 여성의 자신감은 파트너와의 관계를 포함한 관계에 의해 더 좌우되고, 남성의 자신감은 개인의 성취에 더 달려 있다. 남성은 고독한 개인주의 때문에 여성들보다 주도권 다툼에 더 목숨을 건다.

진화심리학자들은 그와 같은 남녀의 행동 차이에 심오한 생물학적 근거가 있다고 말한다. 권력 다툼과 가장 관계가 깊은 호르몬 중 하나는 테스토스테론인데, 남성은 여성보다 이를 열 배 이상 더 많이 방출한다. 2019년, 스포츠 중재 재판소는 비정상적 성기능 발달로 인한 테스토스테론 과다 방출 여성들에게 400미터에서 1,600미터 사이의 국제 육상 경기에 출전하려면 약물을 통해 그 수치를 내리라는 판결을 내렸다. 이 판결을 촉발시킨 장본인은 육상 경기에서 테스토스테론이 얼마나 중요한지 보여준 남아프리카 공화국의 여성 육상 선수 캐스터 세메냐였다.[5]

테스토스테론 수치가 높으면 스포츠에서뿐만 아니라 일상생활에서도 더 경쟁적이 된다. 자신감 또한 높아지고[6] 여성의 경우 다른 여성들과 성적으로 더 경쟁하게 된다.[7] 상하이의 학부모들이 자녀 교육용 서적을 살 수 있는 현금이나 상품권을 놓고 연속 암산 대결을 했는데, 보상이 현금일 경우 여성보다 남성이 훨씬 경쟁적이었지만 교육 서적 상품권일 경우에는 남성보다 여성이 훨씬 경쟁적으로 더 월등한 실력을 발휘했다.[8]

여성도 남성만큼 치열한 경쟁을 할 수 있지만 무엇이 걸려 있느냐에 달려 있었다. 많은 연구에서 드러났듯이 남성과 여성의 생물학적 차이가 공격성이나 경쟁심으로 바로 연결되는 것은 아니다. 예를 들면 폭력적인 이미지나 신호에는 남성이 여성보다 더 공격적인 반응을 드러냈지만 여성도 화가 나면 남성만큼 공격성을 보였다.[9]

그러므로 여성이 남성만큼 자신감을 발휘하지 못하는 이유가 반드시 생물학적인 것만은 아니다. 자신감을 좌우하는 것은 생물학적 차이라기보다 남성이 여성보다 더 많은 돈을 벌어야 한다는 등의 사회적 규범이다. 그리고 그 규범은 신체의 크기와 힘이 중요했던, 오늘날과 몹시 다른 사회에서 전해져 내려왔다. 그 초기 원시 사회에서 남성은 권력과 부, 지위와 자신감을 축적할 수 있었다. 그리고 4장에서 살펴보았듯이 그렇게 쌓인 자신감은 시간이 지나고 세대를 거치며 복리 이자처럼 증가했다.

높은 구두를 신은 여성이나 키 작은 남성이라면 누구나 동의하겠지만 키는 여전히 중요하다. 여성은 실제로 남성보다 작고 신체적으로 약하며, 우리 의사와 상관없이 우리가 속한 사회 규범에 따라 키는 여전히 피상적이나마 자신감의 가장 보편적인 요소다. 키가 큰 남성은 평균적으로 더 존중받는 리더가 되거나, 자신감이 높아 더 많은 돈을 벌 가능성이 크다.[10] 키가 큰 여성도 마찬가지다. 평균적으로 남성이 여성보다 크고, 원시 시대부터 내려온 그 자신감의 원천 덕분에 남성은 주도권 경쟁에서 확실한 우위를 차지한다. 물론 큰 키가 제공하는 이점을 경멸하는 자신감 넘치는 여성도 많고, 남몰래 키 높이 구두를 신고 우위를 점하려고 노력하는 남성도 많다.

충분히 발전한 선진국에서는 인간이 하는 대부분의 활동에 힘과 키가 아무 관련이 없지만 그 원시적 자산으로 일찍이 손에 넣었던 이점이 그들이 만든 사회 규범과 그 사회가 다시 그들에게 제공해 온 축적된 힘 안에 여전히 남아 있다.

외모와 능력은 별개다

2008년 6월 7일, 힐러리 클린턴은 미국 민주당 대선 후보 경쟁에서 물러나며 경쟁자였던 버락 오바마 지지를 선언했다. 그로부터 일주일 전, 미국 정치에 대해 거의 혹은 전혀 모르는 5세에서 13세 사이의 스위스 남녀 학생 681명이 트로이에서 이타카까지 항해하는 컴퓨터 게임을 했다. 그들은 실제로 모험을 떠난다고 상상하며 두 사람의 사진을 앞에 두고 다음과 같은 질문을 받았다. '누구를 당신의 선장으로 뽑겠습니까?' 학생들은 버락 오바마에게 압도적인 지지를 보내며 미국 대선의 결과를 예측했다.

그렇게 널리 알려진 얼굴이 아니어도 마찬가지였다. 스위스 학생들은 프랑스 의회 선거 당선자 역시 성공적으로 예측했다. 두 후보의 얼굴을 잠깐만 보고도 71퍼센트의 정확도로 최종 승자를 자신들의 선장으로 선택했다.[11]

남녀 학생 모두 두 남성 사이에서는 물론 클린턴과 오바마처럼 각기 다른 성별의 후보 중에서도 승자를 잘 선택했다. 그리고 이는 성인들도 마찬가지였다. 2004년 미국 의회 선거를 앞두고 유권자들은 널리 알려지지 않은 정치인 두 명의 얼굴을 컴퓨터 화면으로 몇 초 본 다음 그들의 '능력'을 비교 평가했다. 그만큼의 정보만 갖고도 사람들은 70퍼센트의 정확도로 당선자를 예측했다. 청소년과 성인 모두 선거 결과를 그토록 잘 예측하게 만든 승자의 얼굴은 과연 어땠을까?

리더로 선택받기 위해서는 순간적으로 드러나는, 능력 있어 보이는 외모가 중요하다. 그것이 무엇일까? 이 원시적이고 오류 발생 가능성도 높은 의사 결정 과정이 여성의 자신감을 이해하는 데 특히 중요하다. 당신에 대한 타인의 관점이 당신의 자신감을 형성하기 때문이다. 여성들에게 좋은 소식은 아니다.

사람들은 보통 남성이 여성보다 더 능력 있고 자신감 있다고 판단하는 경향이 있는데, 이와 같은 편견의 책임은 남성들만큼 여성들에게도 있다.[12] 능력 있어 보이는 외모는 최고경영자가 될 가능성이나 더 높은 급여로 이어진다.[13] 여기서 주목할 것은 그들이 실제로 더 능력을 발휘하는 것은 아니라는 사실이다.[14] 그들의 외모는 그들이 발휘하는 능력보다 더 중요하게 판단되고 이는 정치인들도 마찬가지다.[15] 안타깝게도 자신감과 능력에서 남성에게 더 후한 평가를 내리는 편향은 거의 모든 문화권에서 일어나는 일이다.[16]

우리는 겉모습만 잠깐 보고 능력 있고 자신 있어 보인다는 이유로 정치인에게 표를 던지고 최고경영자를 지목한다. 하지만 특히 남자들을 더 높은 자리로 올려주는 그와 같은 피상적인 판단은 그들의 실제 능력과는 거의 상관이 없었다. 이는 우리가 사는 세상에 큰 문제가 되고, 우리는 그 겉모습의 어떤 점이 그와 같은 반응을 이끌어내는지 더 자세히 파악해 볼 필요가 있다.

능력 있어 보이는 얼굴에 관한 그 퍼즐을 프린스턴 대학교 연구 팀이 풀어보기로 했다. 그들은 먼저 실험 참가자들의 평가를 토대로 누가 봐도 능력 있어 보이는 다양한 얼굴을 컴퓨터로 합성했다. 그리고 같은 방법으로 매력 있다고 여겨지는 다양한 얼굴을 만들었고, 더 매력 있는 얼굴일수록 더 능력 있다고 여겨진다는 사실을 발견했다.

연구 팀은 다시 매력 정도가 비슷하고 능력 정도만 다른 다양한 얼굴을 만들었다. 매력 차이가 사라지자 더 능력 있어 보인다고 평가받은 얼굴은 더 남성적이고 더 자신 있어 보이는 얼굴이었다. 그리고 연구 팀은 실험 참가자들에게 능력 있어 보이는 얼굴이 남성일지 여성일지 물었고 그들은 더 능력 있어 보이는 얼굴일수록 남성의 얼굴일 가능성이 크다고 대답했다.

결국 능력 있어 보이는 얼굴은 자신 있고 매력적이며 남성적인 얼굴이었다. 그렇다면 진짜 자기 사진을 약간 남성적으로 보이게 포토샵 하면 더 능력 있어 보일 수 있을까? 실제로 그럴 수 있다. 적어도 남자들에게는 말이다. 프린스턴 대학교 연구 팀이 남성들 사진에 더 남성적인 면을 더하자 그들은 더 능력 있어 보인다는 평가를 받았다. 하지만 같은 방식으로 수정한 여성들의 사진은 정반대의 효과를 초래했다. 어느 정도까지는 더 남성적인 얼굴이 능력 있어 보였지만, 여성의 얼굴에서 남성성이 지나치게 두드러질 경우 전혀 그렇지 않았다. 그와 같은 경우 능력 있어 보인다는 평가는 급격히 감소했다.[17]

그렇다면 조직이나 기업, 의회에서 가장 높은 자리로 올라가길 꺼려 하는 여성이 많은 것도 놀랍지 않다. 보통 남성들이 여성을 능력 없고 자신 없다고 바라보지만, 다른 여성들 또한 마찬가지다. 남성적인 외모를 통해 더 자신 있고 능력 있어 보이는 모습으로 이에 저항하려는 여성들은 그 적정선을 넘어 반대로 더 능력 없어 보일지도 모른다는 위험을 감수해야 한다.

여성이 더 매력적일수록 더 능력 있어 보인다는 것은 사실이다. 하지만 그 여성성이 결국 방해가 될 텐데, 이는 사람들 마음속에 남성성/자신 있음/능력 있음의 관계가 무의식적으로 깊이 각인되어 좀처럼 바뀌지 않기 때문이다. 사람들 마음속에 자신감과 능력 있음은 언제나 남성성과 깊이 연관되어 있기 때문에 능력 있으면서도 여성적인 여성은 언제나 그 불리함 속에서 긴장할 수밖에 없다. 너무 여성적이어서 매력적이지 않으며 동시에 바로 그 이유 때문에 능력 없어 보일 가능성이 두 배는 늘 도사리고 있다는 것이다.

일부 여성은 남성들도 잘 활용하는 자기 홍보 전략으로 그와 같은 편견을 넘어서기도 한다. 그들은 남녀 모두에게 능력 있다는 평가를 받을 수 있지만 사회적 능력이 부족하다는 평가를 감수해야 한다. 자기 홍보는 자신감이 있어야 가능하기 때문에 능력 있어 보이는 자신 있는 여성은 사람들의 호감을 포기하며 자신을 홍보하는 것이다.[18] 마찬가지로 겸손한 태도의 남성들은 성에 대한 편견을 따르지 않는다는 이유로 더 능력 없어 보인다는 평가를 받는다.[19]

그렇다면 많은 여성 관리자가 가면을 쓰고 있다고 느끼는 것도 놀랍지 않다. 그들은 남성과 주도권 경쟁을 하지만 남성과 여성 모두 무의식적으로 단 몇 초 만에 여성이 더 능력 없을 거라고 속단한다. 하지만 자신 있는 태도로 남성들에게 효과가 좋은 자기 홍보 전략을 채택하면 그녀에 대한 호감도는 남녀 모두에게서 떨어지고 사회적 능력이 부족하다는 평가까지 받게 된다.

어쩌면 직장에서 여성들이 승진에는 도움이 되지 않지만 좋은 사람이라는 평가를 받을 수 있는 업무를 무심코 자처하는 것도 그 때문일 것이다. 연구에 따르면 여성은 보통 남성보다 관계를 중시하고 자기만 생각하거나 자신을 앞세우는 모습이 덜했다.[20] 하지만 그 친절한 행동이 어쩌면 자신의 능력이 겉모습으로 한순간에 판단될지도 모른다는 긴장을 누그러뜨려주기 때문인지도 모른다.

편견이 그만큼 즉각적이라는 것은 그러한 태도가 우리 뇌 깊은 곳에 내재되어 있어 여성들 스스로도 그 무의식적 편견을 자신에게 들이댈 수 있다는 뜻이다. 여자아이들은 여섯 살 정도부터 자신을 낮게 바라보는 그 태도가 머릿속에 자리 잡는 것처럼 보였다. 2017년, 일리노이 대학교 연구 팀은 다섯 살 아이들에게 정말 똑똑한 사람에 대한 이야기를 들려주고 남성 두 명과 여성 두 명 중 누가 이야기의 주인공일지 맞춰보라고 했다. 여자아이들은 대부분 여성을 선택했고 남자아이들은 대부분 남성을 선택했다.

하지만 여섯 살이 되자 이상한 일이 일어났다. 여자아이들이 남자아이들처럼 남성을 아주 똑똑한 주인공으로 선택하기 시작한 것이다. 그리고 연구 팀은 아이들에게 몹시 똑똑한 어린이를 위한 게임과 열심히 노력하는 어린이를 위한 게임 중 하나를 선택하라고 했다. 첫 번째 실험에서 남성을 선택한 여자아이들은 똑똑한 어린이를 위한 게임을 선택할 가능성이 더 낮았다.

여자아이들은 여섯 살이 되면서 자신도 충분히 똑똑하다는 순진한 생각을 여성성에 대한 다른 생각으로 대체한다. 몹시 친절한 사람을 선택하라는 질문에 여섯 살 여자아이들은 다섯 살 여자아이들과 달리 여성을 훨씬 더 많이 선택했다.[21]

한마디로 정리하자면 어렸을 때부터 아이들 머릿속에 자리 잡은 편견이 여성의 자신감 발휘를 단단히 방해하고 있다는 뜻이다. 과연 해결책은 있을까?

성별 차이는 유전이 아니다

2011년 3월 2일, 아일랜드 의회 의원으로 새롭게 선출된 메리 미첼 오코너의 차가 주차장에서 빠져나가고 있었다. 능력 있는 전직 교장으로 곧 장관급 승진 예정이었던 그녀는 행정부의 중심에서 첫날을 보내고 몹시 고무되어 있었다. 하지만 주차장 구조에 익숙하지 않았던 그녀의 붉은색 자동차가 의회 앞마당 낮은 계단에 부딪히면서 그녀를 지켜보던 몇 명의 남자 기자들에게 즐거움을 선사했다.[22] 그녀의 완벽한 금발머리와 빨간색 립스틱, 몹시 여성적인 동작은 그와 같은 사소한 불행에 아무런 도움이 되지 못했다. 여성들의 공간 지각 능력 부족에 대한 오랜 편견의 확인과 남성성에 대한 찬사가 그 사건의 뒤를 따랐다.

남성과 여성의 차이는 공간 지각 능력에서 가장 두드러지며 이는 여성의 능력에 관한 이론에 그대로 반영되었다. 메리 미첼 오코너가 제공한 그럴듯한 정당성은 술집과 탈의실의 남성들 사이에서 날개 단 듯 퍼져나갔다.

공간 지각 능력 검사 중에 자동차, 나무, 꽃과 같은 대상을 위에서 내려다보는 검사가 있다. 그리고 그 가운데에 또 다른 이미지, 예를 들면 고양이가 있다. 그 이미지를 본 다음 동그란 백지 안에, 예를 들면 나무가 가운데의 고양이를 중심으로 어디에 위치하는지 선을 그려야 한다. 이는 전형적인 지도 읽기 형태의 검사로, 바라보는 방향과 상관없이 대상이 각기 어디에 위치하는지 알아내는 검사다.

산타바바라 캘리포니아 대학교 연구 팀의 2016년 실험에 대해 살펴보자. 연구 팀은 실험 참가자들에게 다음과 같은 설명을 했다. '조망 수용 능력은 공간 능력 측정 수단의 하나로 여겨진다. 공간 능력은 공간에서 사물들 사이의 위치를 파악하고 이를 머릿속에서 처리하며 정확히 반응하는 인지 능력이다. 보통 남성들의 공간 능력 점수가 더 높다.' 설명을 듣고 검사를 받은 참가자들의 점수를 보면, 실제로 여성 참가자의 점수가 남성 참가자의 점수 절반밖에 미치지 못했다.

그리고 연구 팀은 실험에 약간의 변화를 주었다. 위에서 내려다보는 원의 중앙에 고양이가 아니라 사람의 머리와 어깨 이미지를 넣은 것이다. 실험에 대한 설명도 다음과 같이 수정했다. '조망 수용 능력은 공감 능력 측정 수단의 하나로 여겨진다. 공감 능력은 다른 사람이 무엇을 보거나 느끼는지 판단하고 이해하며 그에 적절하게 반응하는 사회적 능력이다. 보통 여성의 공감 능력 점수가 더 높다.'

참가자들은 정확히 똑같은 검사를 받았다. 고양이 대신 사람이라는 것과 검사에 대한 설명만 달랐다. 그렇다면 같은 검사에서 여성들은 어떤 결과를 보였을까? 남성들과 전혀 능력의 차이를 보이지 않았다.

연구 팀은 서로 다른 지도 읽기 검사에서도 같은 결론에 도달했다. 지도에 나타난 길을 보고 길이 꺾이는 곳마다 우회전인지 좌회전인지 말해야 하는 검사였다. 이 검사에서도 추상적 공간 능력 검사가 아니라 공감 능력 검사라는 설명과 함께 남녀 차이는 사라졌다.[23]

메리 미첼 오코너 같은 여성들은 자신이 지도 읽기나 운전, 엔지니어링 같은 분야에서 뛰어난 공간 능력을 발휘할 수 없다는 사실을 잘 알고 있다. 일생 동안 그런 말을 들어 왔기 때문이다.

그래서 그에 관한 검사를 받을 때나 공간 능력이 필요한 의회 주차장 같은 곳에서 더 불안해질 수밖에 없다. 불안은 명석한 사고를 어렵게 만든다. 게다가 여성들은 머릿속의 그 부정적 편견에 맞서기 위한 정신적 에너지를 추가로 끌어내야 하기 때문에 해결해야 할 당면 과제에 집중하기가 더 어려워진다. 결국 남성은 물론 여성 자신도 능력이 없다고 생각하는 분야에서 당연히 실력을 발휘하지 못한다.

모든 여성이 고정관념의 위협이라는 그 성난 역풍을 맞고 있다. 이는 바깥에서도 불어오지만 여성들 자신의 머릿속에서도 불어온다. 이를 줄이는 한 가지 방법은 무슨 일이든, 예를 들어 공감 능력처럼 여성이 더 뛰어날 수밖에 없는 일이라고 생각을 전환하는 것이다.[24]

여성들은 '메달 오브 아너' 같은 게임을 하며 가상의 상대방을 죽이는 데 시간을 덜 쓰는 경향이 있다. 그 게임을 하려면 폭탄을 맞은 건물 등의 3차원 공간에서 자신과 상대방의 위치를 정하고 몰래 다가가 상대에게 총을 쏘거나 불구로 만들어야 한다. 그런 게임에 익숙하지 않았던 나의 목숨은 몇 초 만에 폭발해 가상의 잔해가 되어버렸다.

그런 게임을 잘하려면 상대편과 자신이 각자 어디에 있는지 머릿속으로 지도를 그려볼 수 있는 능력이 필요하다. 여성들은 그런 게임을 남성들만큼 자주 하지 않기 때문에 공간적 사고 능력을 훈련할 기회가 그만큼 부족하다. 뇌는 가소성이 큰데 이는 우리가 무엇을 하느냐에 따라 뇌가 물리적으로 변한다는 뜻이며 공간적 사고도 예외는 아니다.[25]

그래서 토론토 대학교 연구 팀은 여성들의 공간 사고 능력을 측정한 후 10시간 동안 '메달 오브 아너'를 하게 했다. 그리고 한 번 더 검사를 진행했다. 그리고 그 결과를 같은 게임을 한 남성들 그리고 공간 능력과 상관없는 게임을 한 여성들의 검사 결과와 비교했다. 연구 팀의 결론에 따르면 10시간의 게임이 남녀의 공간 능력 차이를 없애주었다. 연습을 하면 여성들의 공간 능력도 남성들 수준만큼 높아졌다.[26]

공간 능력을 검사받는 상황에서 성별에 대해 언급하기만 해도 여성들의 공간적 사고 능력은 줄어들었다. 성별에 대한 언급 자체만으로도 자신의 능력에 대한 편견과 고정관념이 마음속 깊은 곳에서 괴물처럼 고개를 들었다. 이는 나이나 인종과 같은 다른 고정관념에 대해서도 마찬가지였다. 그와 같은 고정관념은 정신적 에너지를 소진하게 하고 자기충족적 예언으로 작용한다.

2005년, 하버드 대학교 총장 로렌스 서머스가 폭풍을 몰고 왔다. 엘리트 대학들의 과학과 공학 분야 교수들 중 남성이 여성보다 훨씬 많은 데에는 유전적 이유가 있다는 발언 때문이었다. 이 논란에 자극받은 캐나다의 한 연구 팀은 유전이 실력 발휘에 영향을 끼친다는 믿음에 대해 탐구해 보기로 했다.

실험에 참가한 여성들은 두 가지 수학 시험을 보았고 그 사이에 독해 시험을 보았다. 연구 팀은 참가자들을 무작위로 네 그룹으로 나눈 다음, 중간의 독해 시험에서 네 그룹에게 각기 다른 텍스트를 주었다. 첫 번째 텍스트는 남녀의 수학 능력 차이는 없다는 내용이었고, 두 번째는 수학이라는 과목에 대한 언급 없이 성별에 대한 이슈만 언급되어 있었다. 세 번째 텍스트는 유전적 요소가 남녀 차이를 불러온다는 내용이었고, 네 번째는 남녀 차이는 존재하지만 이는 경험이 다르기 때문이라는 내용이었다.

그리고 그 텍스트들이 두 번째 수학 시험의 결과에 큰 영향을 끼쳤다. 남녀 차이가 없다는 텍스트를 읽은 여성들은 평균 15점을 받았고, 과목에 대한 언급 없이 전반적인 성별 차이에 관한 내용을 읽은 그룹의 평균 점수는 7.5점이었다. 성별에 대한 편견이 여성들의 수학 실력을 절반으로 감소시킨 것이다. 그렇다면 유전과 경험에 대해 언급했던 나머지 두 개의 텍스트를 읽은 그룹은 어땠을까? 경험 차이라는 텍스트를 읽은 그룹은 17점을 받았지만 유전 때문이라는 텍스트를 읽은 그룹의 평균 점수는 6점으로 떨어졌다.[27]

성별, 나이, 인종 등 내가 속한 그룹이 무언가를 잘 못한다고 여겨질 때, 그 문제가 유전 때문이라는 믿음은 자신감을 약화시킨다. 자신감이 낮으면 실력도 발휘하지 못한다. 대부분의 나라에서 여성도 남성만큼 수학을 잘하지만 그에 대한 자신감은 훨씬 낮다. 고등 교육 기관이나 국회, 연구직 등에서 성별에 대한 차이가 크게 존재하는 나라일수록 여성들의 수학 능력에 대한 자신감이 낮기 때문에 실제 수학 능력의 차이도 컸다.[28] 성평등 지수가 높은 사회일수록 여성의 수학 능력에 대한 부정적 편견의 효과는 감소했다.

5장에서 살펴보았듯이, 유전이나 다른 요소에 의해 능력은 변하지 않는다고 믿는 사람들이 있다. 그리고 노력과 기회, 경험과 유전이 복합적으로 작용해 우리 능력을 형성한다고 믿는 사람들이 있다. 보통 여자아이들은 남자아이들보다 자신감이 낮다. 그리고 여자아이들이 그 차이가 유전 때문이라고 생각할 때 격차는 훨씬 커진다.[29] 편견의 위협이 줄어들면, 혹은 그 이면에 있는 유전 이론이 약해지면 여성들도 능력이 없다고 여겨지는 분야에서 남성들 수준만큼 실력을 발휘하기도 한다. 물론 자신감의 격차는 줄어들 수 있지만 사회가 교육과 정책을 통해 그 부정확하고 해로운 편견을 점진적으로 없애 나가지 않는 한 완전히 뿌리 뽑기는 힘들 것이다.

불안만큼 자신감을 갉아먹는 것은 없다. 불안은 온 세상을, 그리고 우리 머릿속 기억을 전부 뒤져 우리를 위협하는 나쁜 것들을 어떻게든 찾아내기 때문이다. 그리고 불안은 미래의 성공에 대한 기대, 즉 자신감을 갖기 훨씬 어렵게 만든다. 여성은 남성보다 불안에 더 취약하다.[30] 이에 대한 쉽고 간단한 설명은 유전학, 생물학, 호르몬이다. 즉 여성은 선천적으로 더 불안하다. 그리고 불안이 자신감을 훼손하기 때문에 여성들은 당연히 자신감이 부족할 수밖에 없다.

하지만 이 이론은 서구 사회 바깥에서 문제에 봉착했다. 연구에 따르면 일본과 남아프리카 공화국 여성들은 남성들보다 불안해하지 않았다.[31] 그와 같은 불안의 차이는 문화적 편견과 차별 때문이었다. 서구 사회는 여성들에게 소심함, 우유부단함 등의 꼬리표를 붙였고 과도한 친절을 강요했다. 여성들은 사회로 편입되면서 그와 같은 꼬리표에 걸맞게 행동하게 되고, 이는 자신 있는 행동과는 정반대이기 때문에 결국 자신감이 감소할 수밖에 없었다. 반대로 당당하고 자신감 넘친다는 남성들에 대한 꼬리표는 그에 걸맞은 자신감 고취로 이어졌다.

편견에 역풍을 맞는다

2018년 11월, 여성 후보자들의 선전에 힘입어 민주당이 다시 의회를 장악했다. 여성 의원들의 숫자는 2016년 312명에서 2018년 592명으로 크게 늘었다. 같은 기간, 공직 출마에 관심을 표현한 여성의 수는 920명에서 42,000명으로 급증

했다.[32] 이는 남녀 고등학생과 대학생을 대상으로 한 정치적 야망 조사에서 커다란 성별 차이를 보였던 2014년의 비관적 연구에 비하면 놀라운 발전이었다.

연구 팀은 남녀 학생들의 정치적 야망 차이가 여학생들이 스포츠와 같은 경쟁적 활동에 대한 경험이 더 적기 때문이라고 결론내렸다. 다양한 활동에 참여를 독려받는 수는 남학생이 훨씬 많고 그래서 여학생들은 경쟁적인 영역에서 자신감이 부족할 수밖에 없었다.[33]

그렇다면 미국 여성들의 정치 활동과 그에 대한 자신감이 이토록 급증한 현상을 무엇으로 설명할 수 있을까? 한 가지 요인은 당시 대통령의 발언과 행동, 정책 등이었음이 분명하지만 다른 요소들도 영향을 끼쳤으며 우리는 이를 통해 여성의 자신감에 대해 더 깊이 살펴볼 수 있을지도 모른다. 첫 번째 요소는 많은 연구가 밝혔듯이 여성이 남성보다 더 집단적이라는 점이다. 이는 개인의 자신감에는 불리하게 작용할 수 있지만 정치 운동으로서의 집단적 자신감에는 큰 도움이 될 수 있다.

그래서 2016년과 2018년 사이 몇 가지 이유로 집단적 자신감이 높아진 여성들이 정치에 발을 들여놓게 되었다. 그와 같은 집단적 자신감은 당연히 개인의 자신감에도 도움이 되었고, 2018년 중간 선거 결과가 바로 그 증거였다.

여성의 정치적 자신감을 촉발시킨 두 번째 요소는 '행동'일 수 있다. 2016년과 2018년 사이, 워싱턴 D.C.에서 50만 명에 가까운 여성이 참석한 '2017년 여성 행진'과 같은 사건이 있었다. 미국 브루킹스 사회과학 연구소의 2018년 보고서에 따르면 지난 12개월 동안 젊은 여성이 하나 혹은 그 이상의 정치 활동에 몸담고 있을 가능성은 젊은 남성보다 훨씬 높았다. 연구소는 다음과 같은 결론을 내렸다. '젊은 여성 집단 전체가 또래 남성보다 정치 활동 참여가 훨씬 높은 것은 미국 역사상 처음 있는 일일 것이다.'[34]

그리고 지금부터 살펴보겠지만, 행동을 계획하는 것이 남성보다 여성의 자신감을 훨씬 더 높여준다는 증거가 있다.

당신이 현재 할까 말까 고민하는 문제를 하나 생각해 보자. 직업을 바꿔야 할까? 이사를 가야 할까? 등이 될 수 있다. 그리고 각 경우의 장단점을 몇 분 동안 생각해 보자. 이는 '사고'하는 상태로 당신을 이끈다. 여러 가지 선택지를 비교하되 어떤 행동을 할지 아직 정하지 않은 상태다.

이제 앞으로 몇 달 동안 이루고 싶은 가장 중요한 목표를 떠올려 보자. 예를 들면 새집을 찾는 것이다. 이는 '실행'하는 상태로 당신을 이끈다. 결정을 내리고 행동에 나서고 목표를 향해 전진하는 상태다.

우리는 그 두 가지 상태에서 각기 다른 방식으로 느끼고 생각하고 행동한다. '사고'하는 상태에서 당신은 장단점을 따지고 그에 따라 기분이 오르내린다. 반대로 목표를 이룰 방법을 찾는 '실행' 상태에서는 기분이 좋아지고 상관없는 정보는 무시하며 점차 그 목표에 가까워져 간다. 목표 달성을 위한 그 집중은 목표를 성취할 수 있다는 자신감으로 이어진다. 그리고 그 자신감은 당신을 더 긍정적으로 만든다.

2014년, 쾰른 대학교 연구 팀은 실험 참가자들을 각기 '사고'와 '실행' 상태로 유도한 다음 일반 상식 문제를 풀고 결과를 예상하게 했다. '사고' 상태의 여성들은 실제보다 점수가 훨씬 낮을 거라고 생각했다. 반대로 남성들은 실제보다 더 높은 점수를 예상했다. 하지만 '실행' 상태에서는 여성들의 자신감 하락도 사라졌다. 자신감은 넘치지도 부족하지도 않았고 문제도 더 잘 풀었다. 하지만 '실행' 상태 남성의 지나친 자신감은 심지어 더 높이 치솟았다.[35]

실험 참가자들의 마음을 '실행'에 집중시키자 여성들의 자신감 부족은 급격히 줄어들었다. 여성들이 실제로 행동할 수 있도록, 권력과 책임이 있는 자리에 오를 수 있도록 돕는 것이 여성의 자신감을 높이고 결국 역량을 발휘하게 만드는 확실한 방법인 이유다. 남성과 여성의 자신감은 각기 다른 규칙에 따라 움직이기 때문에 문제는 그 규칙을 정하는 쪽이 승리한다는 것이다.[36] 대부분의 사회에서 여성들의 자신감은 상대적 권력 없음과 남성의 행동에 의해 크게 규정된다.

이것이 성별에 따른 자신감 차이에 어떤 영향을 끼치는가? 남성들은 순풍을 맞으며 경쟁하는 반면 여성들은 편견과 고정관념의 역풍을 맞으며 불리하게 싸우고 있다. 하지만 다행히도 그중에서 필연적이거나 바꿀 수 없는 것은 없다.

7장

남녀의 자신감은
어떤 차이가 있는가

The Gender
Gap

1967년 7월, 케임브리지 천체 물리학과의 젊은 대학원생 한 명이 데이터를 살펴보다가 이상한 패턴이 반복되는 것을 발견했다. 그녀가 박사 논문 지도 교수 앤소니 휴이시와 그의 동료 마틴 라일 교수를 도와 만든 전파 망원경의 신호였다. 휴이시 교수에게 보고했지만 그는 단순한 전파 방해라며 대수롭지 않게 여겼고, 그녀는 그를 설득하기 위해 그 신호가 진짜임을 증명할 증거를 계속 찾았다.

그 후로 몇 달 동안 그 세 명의 과학자는 가정을 하나씩 없애가며 마침내 그 신호가 완전히 새로운 형태의 천체에서 오는 규칙적인 전파라고 결론내렸다. 그리고 그 중성자별을 '펄사'라고 이름 붙였다.

세 명이 공동으로 집필해 《네이처》에 발표한 논문은 큰 반향을 불러일으켰는데, 남성 과학자가 주도하고 있는 분야에서 스물네 살의 여성 과학자가 두 번째 저자로 이름을 올렸기 때문이었다. 1974년, 연구 팀은 학계의 찬사와 함께 노벨 물리학상을 받았지만 그 발견에 큰 공을 세운 조셀린 벨 버넬은 포함되지 못했다. 몹시 부당했던 그 처사는 당시 만연했던 성차별주의 때문이었을 것이다. 그 불공정한 결정은 40여 년 후인 2018년, 벨 버넬이 3백만 달러의 상금을 받으며 브레이크스루 기초 물리학상을 받으면서 세상에 알려졌다.

남성이 주도하고 여성은 차별받는 상황에서 여성의 자신감을 끌어올리기는 결코 쉽지 않은데, 이는 여성의 자신감이 필연적으로 남성이 누리고 있는 자신감과 다른 형태를 취할 수밖에 없기 때문이다.

그 다른 형태 중 하나는 '가면'을 쓴 것 같다는 벨 버넬의 말에서도 드러난다. 그녀는 이렇게 말했다. "아주, 아주 작은 신호였다. 내가 살펴본 4.8킬로미터의 데이터 차트 위 10만 개의 신호 중 하나였다. 데이터를 정말로 꼼꼼하고 철저하게 살필 수밖에 없었던 나의 가면 증후군 덕분에 발견할 수 있었다."[1] 그렇다면 그 가면 증후군이란 과연 무엇일까.

자신감에 가면을 씌운다

다음 문장들이 자신에게 얼마나 해당되는지 보자.

예전에는 할 수 없다고 생각했던 일들을 잘하게 되곤 한다.

가능하면 타인에게 평가받지 않기 위해 노력한다.

사람들이 내가 생각만큼 능력 있는 사람은 아니라는 사실을 알게 될지도 모른다.

내가 잘 해낸 일들에 대해 칭찬받는 것이 쉽지 않다.

다른 사람들이 나보다 더 능력 있고 똑똑한 것 같다.

내가 이룬 성공은 대부분 운이 좋았기 때문이다.

많은 사람들이 벨 버넬과 비슷한 감정을 느낀다. 자신이 다른 사람들 생각만큼 능력이 뛰어난 것은 아닌 것 같다고 말이다. 이는 2장과 3장에서 살펴본 왜곡 렌즈 현상이나 자화자찬 전략과 반대다. 그와 같은 전략을 쓰는 사람들은 보통 자기 능력을 과대평가하고 부정적인 피드백을 받아도 자신감을 잃지 않는다. 이미 살펴보았듯이 왜곡 렌즈는 자신감이라는 기계의 부품이다.

위의 문장들에 더 많이 동의할수록 당신은 더 가면을 쓴 것 같다고 느낄 것이고 자신의 진짜 능력에 대한 의심으로 괴로워하고 있을 것이다.[2] 대부분의 사람이 자기 능력을 과대평가한다면 약간의 과소평가가 어쩌면 더 현실과 가까운 것은 아닐까? 하지만 과대평가는 자신감의 일부며 자신감은 능력 발휘와 끈기, 확신에 도움이 되고 그래서 이를 포기하기는 쉽지 않다.

이것이 바로 이 세상에 몹시 중요한 한 가지의 핵심이다. 보통 여성은 남성에 비해 자신감이 지나친 경우가 별로 없다. 예를 들어보자. 2011년, 런던의 리더십 앤 매니지먼트 연구소는 영국 전역의 매니저급 직원 3천 명을 대상으로 연구를 진행했다. 자신의 자신감이 어느 정도인 것 같냐는 질문에, 여성 참가자의 50퍼센트가 자신감이 높으며 자기 의심은 별로 없다거나, 자신감이 몹시 높으며 종종 자기 의심을 한다는 둘 중 하나로 대답했다. 하지만 같은 대답을 한 남성 참가자는 70퍼센트였다.

어쩌면 가장 정확하고 그럴듯한 대답은 자신감도 적당하고 약간의 자기 의심도 있다는 것일 텐데, 그 대답을 택한 사람은 여성의 41퍼센트, 남성의 25퍼센트였다. 이를 통해 평균적으로 여성의 자신감이 남성보다 낮다는 사실을 알 수 있다. 하지만 보다 더 현실적인 판단은 이 복잡한 세상에서 남성이 적당한 수준을 넘어서는 지나친 자신감을 갖고 있다는 것인지도 모른다.

코넬 대학교는 학생들에게 다음과 같은 질문을 했다. '나는 과학을 잘하는가?' 남학생들이 스스로 매긴 점수는 10점 만점에 7.6점이었고 여학생들의 평균 점수는 6.5점이었다. 그리고 시간이 지난 후 과학 실력을 객관적으로 평가했을 때 남녀 학생들의 실력은 비슷했다. 그리고 예상 점수를 물었는데 여학생의 예상 점수 평균은 5.8점이었고 남학생의 예상 점수 평균은 7.1점이었다.

남성은 여성에 비해 자기 실력을 과장한다. 영국의 매니저 3천 명을 대상으로 한 위의 연구에서, 일을 시작할 때 관리자나 경영진이 되기를 기대했냐는 질문에 남성의 35퍼센트가 몹시 그렇다 혹은 그러길 바란다고 대답했다. 그렇다면 여성은 몇 퍼센트가 그렇게 대답했을까? 23퍼센트였다. 여성들은 더 높은 자리에서 점점 소수가 되고 있다. 여성들은 연봉 협상에서도 능력과 직책이 비슷한 남성보다 훨씬 적은 금액의 인상을 요구한다.[4]

그렇다면 이 모든 문제는 과연 어디서 시작되었을까?

성별에 따른 자신감 차이는 성평등 지수가 높고 출산과 육아 정책이 비교적 훌륭한 선진국에서 더 적을 거라고 보통 생각할 것이다. 하지만 그렇게 간단하지 않다.

8세와 18세 사이의 미국 아동 1,400명을 대상으로 한 조사에 따르면 어른의 세계로 진입하는 8세부터 14세 사이에 미국 여자 아이들의 자신감은 30퍼센트 하락했지만 남자아이들의 자신감은 변함없었다.[5]

11세와 13세 사이의 노르웨이 학생 2천 명을 대상으로 한 연구에서 여학생들은 남학생보다 학업 성취도는 더 높았지만 학업 능력에 대한 자신감은 더 낮았다. 여학생들은 자존감도 낮았다. 연구에 따르면 자존감이 자신감을 보장하는 것은 아니었으며 학업 성취도의 핵심은 자존감이 아니라 자신감이었다. 하지만 자존감이 낮으면 자신감을 느끼기도 힘들고, 그래서 남학생과 여학생의 자존감 차이는 여학생의 자신감과도 밀접한 관련이 있었다.

48개국, 백만여 명의 사람을 대상으로 한 놀라운 연구에 따르면, 여성이 남성보다 자존감이 낮은 것은 전 세계적인 현상이었다.[6] 미국, 캐나다, 스페인, 노르웨이 등 성평등 지수가 높고 청소년 출산율이 낮고 평균 결혼 연령이 높은 부유하고 평등하고 개인주의적인 국가에서 성별에 따른 청소년 자존감 차이는 성평등 지수가 낮고, 청소년 출산율이 높고 결혼 연령이 낮은 인도, 인도네시아, 태국, 필리핀 등 더 가난하고 집단주의적인 개발도상국가 청소년들의 성별에 따른 자존감 차이보다 훨씬 컸다.

성평등 정책이 시행되고 있는 더 부유하고 개인주의적인 나라에서 성별 격차는 10대에서 성인에 이르기까지 감소했지만 없어지지는 않았다. 하지만 그런 정책이 없는 더 가난하고 집단주의적인 나라에서는 그 차이가 증가했다. 이는 여성에 대한 차별을 줄이기 위한 정책들이 결국 여성의 자존감 문제에 실제로 영향을 끼친다는 뜻이다. 그렇다면 더 부유하고 개인주의적인 나라에서 10대 남녀의 자존감 차이가 더 가난하고 집단주의적인 나라에서보다 더 큰 이유는 과연 무엇일까?

우월하다고 착각한다

3백만 달러의 브레이크스루상 상금을 받은 조셀린 벨 버넬은 수상 소감에서 가면을 쓴 것 같은 느낌에 대해 다음과 같이 말했다. "저는 어쩌면 싸우는 사람입니다. 그래서 그들이 저를 내치기 전까지 정말 최선을 다해 연구하기로 결심했습니다. 마침내 때가 왔을 때 조금도 양심의 가책을 느끼지 않으려고 말입니다. 최선을 다했다는 사실을 저는 알고 있을 테니까요."[7]

이는 개인의 성공과 영광을 추구하기보다 타인을 실망시키고 싶지 않거나 양심의 가책을 느끼고 싶지 않은 사람의 사고방식이다. 그리고 이는 여성이 남성과는 다른 방식으로 자신감을 배우고 활용하고 경험한다는 단서이기도 하다.

아래 문장들이 자신에게 얼마나 해당되는지 보자.

나는 여러 가지 측면에서 다른 사람과 같아지고 싶지 않다.
다른 사람이 뭐라고 생각하든 내가 좋아하는 일을 계속하는 편이다.
특별한 말이나 칭찬으로 두드러지는 것을 좋아한다.
함께 있는 사람에 따라 행동이 바뀌는 편은 아니다.
나를 돌보고 내가 하는 일을 잘하는 것이 나의 최우선 순위다.

이제 다음 문장들이 자신에게 얼마나 해당되는지 보자.

나는 평범한 사람들을 존중하는 편이다.
나에게 일어나는 일은 타인의 운명과 깊이 관련되어 있다.
내가 이룬 성취보다 타인과의 관계가 더 중요할 때가 있다.
내가 하고 싶은 것은 따로 있어도 타인의 바람대로 행동하는 경향이 있다.
내 행복은 주변 사람의 행복에 크게 달려 있다.

어떤 쪽이 당신과 더 가까운가? 첫 번째라면 당신은 독립적인 사고방식을 갖고 있다. 한 명의 개인으로 자신을 바라본다. 반대로 두 번째에 더 가깝다면 당신은 상호의존적으로 자신을 바라보고 해석하고 있다.[8]

독립적인 사람, 그래서 개인주의자라고 할 수 있는 사람은 자신을 고집하고 표현하고 드러내는 것을 중시한다. 특별해지기 위해 노력하고 타인에게 맞춰주기보다 그들에게 영향을 끼치기 위해 시간을 투자한다. 세상을 개개인과 그들 각각의 특성으로, 예를 들면 영웅과 악당으로 바라보고 개개인의 행동을 맥락 혹은 관계의 관점으로 해석하지 않는 편이다. 타인의 행동에 대해 어떻게 생각하냐는 질문에 개인주의자의 입에서 듣기 힘든 말은 다음과 같다. "글쎄, 상황에 따라 다르겠지."

　　　　　　　뉴 컨피던스

하지만 가장 놀랍고 어쩌면 자신감과 가장 관련 있는 점은 개인주의자들의 왜곡 렌즈가 더 강력하다는 점일지도 모른다. 2장에서 우월 착각에 대해 살펴보았듯이 우리는 자신의 능력과 가능성을 과대평가하고 그 평가는 자기충족적 예언으로 이어지기도 한다. 우리 뇌는 자신에 대한 좋은 소식과 나쁜 소식을 '비대칭 정보 갱신'을 통해 습득하고 이는 자아를 보호하며 그래서 자신감을 높여준다.

개인주의자들은 두 번째 문장에 더 가까운 사람들보다 우월 착각이 더 크다. 그들은 자신의 성공 가능성을 타인의 가능성보다 과대평가한다.

상호의존적인 사람은 사회적 조화, 관계, 임무 등에 우선순위를 둔다. 그래서 타인에게 영향을 끼치기보다 그들에게 맞추려고 노력하는 경향이 있다. 특별해지고 싶은 마음은 별로 없고 관계를 유지하고 지켜나가기 위해 더 노력한다. 성취나 성공을 위해 자신을 다그치지 않는 편이다.[9]

개인주의자들은 원하는 것을 얻고 권리를 주장하고 목표를 향해 정진하는 데 정신적 에너지의 대부분을 사용한다. 그들은 상호의존적인 사람보다 성공에 대해 더 낙관적인데, 이는 우월 착각으로 인해 자신이 실제보다 훨씬 뛰어나다고 생각하기 때문이다.

이는 부유한 국가의 남녀 학생 자존감 차이가 가난한 국가보다 더 큰 이유를 이해하는 데 어느 정도 도움이 된다. 보통 더 풍요로운 서구 선진국 사람들은 집단적 사고방식이 익숙한 덜 부유한 국가 사람들보다 더 개인적이고 독립적인 사고방식을 갖고 있다.

하지만 여기에 문제가 있다. 전 세계 대부분의 여성은 남성보다 개인주의적인 성향이 덜하다. 그래서 부유한 국가에서는 대다수의 사고방식과 젊은 여성의 사고방식 사이에 엄청난 간극이 생기게 되는 것이다. 여학생은 남학생보다 관계 중심으로 자신을 바라보는 경향이 있다. 어려서부터 그렇게 배웠기 때문이다. 남성이든 여성이든 비교적 힘없는 사람은 그럴 수밖에 없다. 삶에 대한 통제력이 부족하다는 말은 자기 삶이 타인의 행동에 달려 있다는 뜻이기 때문이다.

학교에서 10대 여학생들은 자기 능력을 과시하는 소년 세일즈맨 군단을 마주한다. 앞에서 살펴봤듯이 자아가 주도하는 그 자신감은 설득력을 높이고 실력을 발휘하게 만들어 특정한 형태의 성공을 가능하게 한다. 남학생들은 시간이 지날수록 효과를 배가시켜주는 그 자신감 연료 첨가제를 더 많이 갖고 있다. 평균 이상의 자신감은 스포츠에서 성공할 가능성은 물론 자존감 또한 높여준다.

그리고 이는 대부분의 여학생에게 넘기 힘든 벽이 된다. 여학생들은 자라면서 남학생들보다 덜 개인주의적 사고방식을 갖게 되었고, 개인적 성취보다 타인과의 관계를 통해서나 가까운 사람들과 성공 기쁨을 공유하면서 자존감을 세웠기 때문이다. 남학생

과 달리 여학생은 가족이나 가까운 사람의 목표를 자기 목표만큼 중시한다.[10]

그렇다면 이 기본적인 차이는 곧 남학생과 여학생의 자신감이 이미 기울어진 운동장에서 자라나기 시작한다는 뜻이다. 남학생과 여학생은 서로 다른 규칙에 의해 움직인다. 여학생은 자신감 있는 남학생이 설득력 있게 말하고 실력을 발휘하는 모습을 본다. 이는 개인주의적인 사고방식의 이점이며 그 사고방식이 중시하는 것이 바로 자아에 힘을 실어주는 개인적인 성취다.

그와 같은 관점은 곧 많은 남학생에게 관계란 자신을 돋보이게 하고 남과 비교할 수 있는 기회, 즉 목적 자체라기보다 목적을 위한 수단이라는 뜻이다. 여학생이 갖고 있는 더 집단주의적인 사고방식에서 가까운 관계는 그 자체로 목적이자 자존감의 토대가 된다. 개인주의자들이 개인의 성취를 통해 자존감을 높이는 것과는 다르게 말이다.

개인주의와 집단주의 사고방식에 관한 연구는 남성과 여성의 자신감이 서로 다른 규칙에 따라 오르내림을 보여주고, 스포츠 세계가 이를 뒷받침한다.

박빙의 테니스 경기에서 첫 번째 세트의 승자가 결국 승리할 가능성이 높다는 사실을 2장에서 살펴보았다. '뜨거운 손 효과'다. 하지만 2017년의 한 연구에 따르면 이는 남성들에게서만 볼 수 있는 현상이었다.[11] 남성의 자신감은 스포츠에서의 실력 발휘에

큰 영향을 끼쳤지만 여성의 자신감은 거의 아무런 역할도 하지 못했다.[12]

교실에서도 그와 비슷한 일이 일어난다. 남학생은 여학생보다 자기 실력을 뽐내기 좋아한다. 여학생은 남학생만큼 자화자찬을 하지 않는다.[13] 그리고 운동 경기에서처럼 자기 능력에 자신감을 보일수록 실제 능력이 좋아지는 경향이 있다. 하지만 여학생에게 는 그런 모습이 보이지 않았다. 여학생은 자신보다 타인의 성취 에 더 긍정적인 발언을 하는 편이었다.[14]

이 모든 이유 때문에 여학생들에게 자신감은 양날의 검이 될 수 있다. 여학생들은 관계를 중시하기 때문에 자화자찬을 하게 될 경우 관계와 자존감에 해가 되지 않을까 더 의식하게 된다. 하 지만 독립적인 사고방식을 갖고 있는 남학생은 관계보다 성취에 서 자존감을 얻기 때문에 그에 대한 거리낌이 더 적다.

그렇다면 더 부유한 나라에서 남녀 학생의 자존감 차이가 더 큰 이유는 바로 이것일 것이다. 더 부유한 선진국에서는 집단주 의보다 개인주의를 권장하고, 이는 자기 홍보에는 좋지만 관계를 더 중시하는 집단적인 사고방식에는 어울리지 않는다. 여학생의 자존감은 개인적 성취보다 관계의 질에 더 달려 있기 때문에 자 신감의 연료가 되기도 하는 자화자찬은 오히려 그들의 자존감에 '위협'이 될 수 있다. 남학생이 이를 통해 자신감을 얻는 것과는 달리 말이다.

이는 자기 능력을 내보여야 더 성공에 가까워지는 이 세상에서 남학생과 여학생이 근본적으로 다른 규칙에 의해 움직인다는 뜻이다. 2장에서 언급했던 모든 이유로 말이다. 그와 같은 자화자찬은 그 정의상 남학생보다 여학생에게 더 스트레스가 된다. 자존감에 위협이 될 수 있기 때문이다. 자신을 내보여야 하는 개인주의적인 남학생 중심 세상에서 그들의 규칙에 따라 경쟁하는 여학생은 더 스트레스를 받고 자존감에 위협을 느낄 수밖에 없으며 이는 글로벌 데이터가 말해주는 것이기도 하다.

부유한 국가에서 그 자존감의 남녀 차이는 나이가 들면서 좁혀진다. 어쩌면 성평등 정책 덕분일 것이다. 예를 들어 육아 휴직과 보육 정책은 여성의 지위에 걸림돌이 되는 그와 같은 불리함을 완화시켜주기도 하지만 이를 완전히 없애주지는 못한다. 게다가 남성과 여성의 자신감을 좌우하는 서로 다른 규칙 자체에는 그만큼 문제 제기가 되지 않는다. 그리고 그 차이가 가장 분명하게 드러나는 분야가 바로 경쟁이다.

남녀의 자신감은 극과 극이다

파리 공립 경영 대학원은 유럽 최고의 경영 대학원이며 세계적으로는 하버드 다음으로 포춘 500대 기업 최고경영자를 많이 배출했다. 매해 3,400명의 지원자들이 간절한 마음으로 수학, 역사, 지리, 프랑스어, 제2 외국어 두 개, 철학, 일반교양, 시사 과목의 시험을 치른다. 정원은 380명이다.

치열한 경쟁을 뚫고 46퍼센트의 여학생과 54퍼센트의 남학생이 최종 합격한다.[15] 하지만 이 수치에는 이상한 점이 있는데, 그 이상한 점은 3,400명의 지원자가 나폴레옹이 1808년에 처음 도입한 고등학교 졸업 시험 바칼로레아를 어떻게 보는지 살펴보면 드러난다.

파리 공립 경영 대학원 준비 과정이 치열한 이유는 지원자 수가 아무리 많아도 입학 정원은 정해져 있고, 그래서 합격 여부가 시험의 '절대' 점수가 아니라 다른 지원자들과의 '순위'에 따라 정해지기 때문이다. 하지만 바칼로레아는 정해진 수준에 도달하면 합격이다. 그리고 합격이 대학 입학을 보장한다. 대부분의 과목에서 대학 입학 정원의 수가 정해져 있지 않기 때문에 바칼로레아 지원자들은 서로 경쟁하지 않는다. 자기 자신 그리고 시험 자체와 겨룰 뿐이다. 정원이 정해져 있어 그 소중한 한 자리를 차지하기 위해 치열하게 경쟁해야 하는 경영 대학원 시험과는 정반대다.

경영 대학원의 합격자 비율은 거의 10퍼센트 정도 남성이 더 많다고 앞에서 말했다. 하지만 경영 대학원 지원자들의 바칼로레아 성적은 비슷한 수준으로 여학생이 남학생보다 더 높다. 그렇다면 바칼로레아에서 성적이 더 좋았던 여학생이 경영 대학원 입학 시험에서는 그렇지 못한 이유는 무엇일까? 경영 대학원 시험이 더 까다롭고 어렵기 때문일까? 이는 경영 대학원에 입학한 남녀 학생의 학기말 시험 성적을 보면 말이 되지 않는다. 학기말 시험에서는 바칼로레아에서처럼 여학생의 성적이 다시 더 좋아진다. 그렇다면 과연 무슨 일이 벌어지고 있는 것일까?

경영 대학원 1학년 학기말 시험은 어렵지만 실패하는 학생의 비율은 1퍼센트 이하인데 이는 입학 시험 난이도를 보면 놀랄 일은 아니다. 그리고 이는 학기말 시험이 입학 시험과 달리 경쟁적이지 않다는 뜻이기도 하다. 통과하지 못할 학생 수가 정해진 것이 아니라 바칼로레아처럼 어느 수준에 도달하면 전부 통과고, 대부분의 학생이 통과한다. 여학생들이 바칼로레아에서 그랬던 것처럼 치열하게 경쟁하지 않아도 된다는 뜻이다. 오직 입학 시험에서만 치열한 경쟁이 필요하고 그것이 바로 여학생이 실력을 발휘하지 못하는 이유다. 결국 경쟁이 남성보다 여성에게 더 큰 도전이 된다는 뜻이다.

매년 6월 초, 캘리포니아 남부의 쾌청한 산타바바라에서 '스테이트 스트리트 마일'이 개최된다. 가볍게 뛸 수 있는 가족 단위 달리기 등 다양한 경주가 진행되는데 그중에는 같은 성별끼리 5천 달러의 상금을 놓고 경쟁하는 엘리트 오픈 마일도 있다. 주최 측은 남성은 대략 4분 30초, 여성은 5분 30초 정도 안에 결승선에

도착할 수 있을 것 같으면 도전하라고 참가자들을 독려한다.

산타바바라의 캘리포니아 대학교 경제학자들은 누가 어떤 경기에 참가하는지 자세히 조사했고 그 결과에 깜짝 놀랐다. 남성의 경우, 제한 시간 내에 도착할 수 있다고 생각한 남성 중 88퍼센트가 참가했고 실제로 그 시간 안에 도착했다. 하지만 여성의 경우, 할 수 있다고 생각한 사람 중 64퍼센트만 경기에 참여하기를 선택했다.[16]

경쟁을 피하려는 그 분명한 욕구는 여학생이 남학생에 비해 자신의 과학 능력을 과소평가했던 코넬 대학교의 과학 퀴즈 연구에서도 분명히 드러났다. 실험에 참가한 학생들에게 상을 받을 수 있는 또 다른 과학 시험에 참여할 기회를 주었는데, 남학생은 71퍼센트가 신청했고 여학생은 비슷한 퀴즈 점수에도 불구하고 49퍼센트만 신청했다.[17]

그렇다면 그 실험이 뜻하는 바는 여성이 경쟁을 싫어한다는 것일까? 여성이 위험 감수를 싫어하기 때문이라고 주장하는 연구자들도 있지만, 스탠퍼드 대학교의 뮤리엘 니덜은 여성이 남성보다 위험을 회피하는 경향이 큰 것은 아니라고 결론내렸다. 여성이 경쟁을 피하거나 경영 대학원 입학 시험 같은 상황에서 평소만큼 실력을 발휘하지 못하는 이유는 따로 있었다. 뮤리엘과 그녀의 동료 리즈 베스터런드는 그 이유가 바로 '자신감'임을 보여주었다. 여성이 경쟁을 피하는 이유는 자기 실력에 대한 '자신

감'이 부족하기 때문이라는 것이다.[18]

집단적인 성향이 강하고 '우리'를 생각하는 여성은 개인주의적이고 '자신'에게 집중하는 남성과 전혀 다른 자신감 싸움을 하고 있다. 경쟁이 그 차이를 확연히 드러내준다. 자신의 일부와 같고 그와의 우정이 자존감의 토대가 되는 상황에서 그를 이기기 위해 가차 없는 경쟁심을 발휘하기는 어렵다. 뜨거운 경쟁심은 자신감이 부족해서 감소하기도 하지만 상대를 '이기는' 것에 대한 양가감정 때문에 줄어들기도 한다.

경쟁과 자신감에 대한 욕구는 복잡하게 얽혀 있다. 남성과 여성의 경쟁과 자신감에 대한 태도가 다른 것은 각각의 규칙이 다르기 때문이기도 하지만 그에 영향을 끼치는 요소가 적어도 한 가지는 더 존재한다. 바로 6장에서 언급했던 자신감을 방해하는 사람들이다.

더블린에서 열린 젊은 과학자 대회, 긴장한 1,000여 명의 학생들 앞에 선 열다섯 소년 알란과 코맥은 자신들이 연구한 자료를 열심히 소개하고 있었다. 나는 그 대회의 심사위원이었다.

"여학생과 남학생은 같은 자리에서 출발하지만 우리 나이가 되면 여학생은 과학과 기술에 대한 흥미를 잃습니다. 우리는 그 이유를 알고 싶었습니다." 알란이 말했다.

그래서 그들은 5세와 7세 사이의 어린이 376명에게 과학자를 그리고 성별을 드러내는 이름을 지어보라고 했다. 여자 어린이 중 절반이 남자 과학자를 그렸지만 남자 어린이는 단 4퍼센트만 여자 과학자를 그렸다.

'여자아이들은 남자아이들의 능력에 관해 그 반대보다 더 긍정적인 관점을 갖고 있었다'는 것이 코맥의 관찰 결과였다.

여성의 자신감을 높이기 위한 방법은 주로 여성에게 직접 주어진다. 하지만 알란과 코맥은 그 방법이 의식적 혹은 무의식적 남성의 태도라는 진짜 원인을 놓치게 만드는 것일지도 모른다고 지적했다. 조셀린 벨 버넬이라면 전혀 놀라지 않았을 결론일 것이다. 케임브리지에서 나와 함께 일했던 동료에게도 마찬가지다. 그녀는 국제적 명성을 얻고 있는 영특한 학자였다. 또한 나처럼 자기 실험실을 침범하거나 다른 문제를 일으키는 사람들에게 겁을 주는 능력도 있었다.

어느 날 나는 서로의 의견에 대해 조목조목 반박하며 날카로운 설전이 오가기로 유명한 우리 협회의 점심시간 세미나 후 깜짝 놀랐다. 그날의 세미나는 평소만큼 과격하지 않았는데, 어쩌다 보니 나는 그녀 곁에 있게 되었다. 편의상 그녀를 제인이라고 하자. 그리고 제인 옆에는 사회자와 발표자가 있었는데 둘 다 여성이었다. 이는 여성 연구 교수가 몹시 드문 우리 협회에서 쉽게 보기 힘든 상황이었다.

"사실 제가 이런 자리에서 질문을 잘 못하는데 오늘은 두 분이 무대에 계셔서 그런지 정말 달랐어요." 전투에 나가는 전사 같던 제인이 갑옷을 벗어던진 듯 부드러워진 모습에 나는 어리둥절해졌다. 실제로 제인은 세미나에서 질문을 하고 훌륭한 의견도 남겼는데 지금까지 공적인 자리에서 그녀가 보였던 모습과는 정반대의 모습이었다.

바로 그 순간, 나는 깨달았다. 남성이 주도하는 환경에서 남성이 경쟁하는 것은 너무 쉽지만 아무리 산전수전 다 겪은 여성이라도 남성이 주도하는 환경에서 경쟁하는 것은 너무 어려운 일이다. 그렇다면 과학이 이를 뒷받침해 주는가? 알란과 코맥이 했던 것처럼 어린아이들에게 무슨 일이 벌어지는지 한번 살펴보자.

9세와 10세 아이들이 40미터 달리기를 했다. 먼저 각자 최대한 빠르게 달렸다. 그리고 속도가 비슷한 다른 아이와 짝이 되어 시합을 했다. 짝의 성별은 자신과 같을 수도 있고 다를 수도 있었다. 남자아이는 남자와 달릴 때 더 빨라졌고 여자아이는 여자와 달릴 때 더 느려졌다. 하지만 더 흥미로운 질문은 다음과 같다. 여자아이가 남자아이와 달릴 때는 어떻게 되는가?

혼자 달린 기록이 여자아이의 기록보다 느린 남자아이도 그 여자아이와의 시합에서 이길 확률은 73퍼센트였다. 그리고 혼자 달릴 때의 기록이 시합하게 될 여자아이의 기록보다 더 빨랐던 남자아이가 시합에서 이길 확률은 83퍼센트였다. 간단히 말하자면 남자아이가 시합에서 이길 확률은 짝이 여자일 때 치솟았다고

시카고 대학교 경제학자들은 보여주었다.[19]

이는 신체적 힘과는 아무런 관계가 없다. 컴퓨터로 길찾기 미로를 풀 때마다 돈을 받는 성인의 실험이 그 사실을 보여주었다. 남성과 여성이 미로를 푼 개수는 대략 비슷했다. 하지만 이긴 사람이 상금을 독차지하는 경쟁으로 바뀌자 달라졌다. 가장 많은 미로를 푼 사람만 큰 상을 받고 나머지는 아무것도 받지 못하게 되자 남성들은 경쟁심을 발휘해 여성보다 평균 네 개의 미로를 더 풀었다.

그렇다면 여성은 경쟁에서 이기기 힘들다는 것이 결론일까? 그렇게 성급할 필요는 없다. 여성은 다른 여성과 경쟁할 때 남성과 경쟁할 때의 뒤처짐이 사라져 실력을 발휘한다고 시카고 대학교 경제학자들은 말했다.[20] 케임브리지에서 나의 동료 제인에게 일어났던 일이기도 하다. 여성이 소수이고 경쟁이 심한 학계에서 제인은 자신감을 잃고 토론자로서의 능력도 발휘하지 못했다. 남성의 방해 공작이 그보다 훨씬 심했을 조셀린 벨 버넬의 끈기가 놀라울 뿐이다.

결국 여성은 자신감이라는 소중한 자원에 남성과 같은 방식으로 접근할 수 없다. 편견의 위협과 방해 공작 그리고 서로 다른 규칙 때문일 것이다. 그렇다면 의문이 생긴다. 자신감은 과연 배울 수 있는 것일까?

8장

자신감은
어떻게 학습하는가

Learning to Be Confident

좋은 소식이 있다면 자신감은 배울 수 있다는 것이다. 자신감은 믿음이고 믿음은 변할 수 있다. 앞에서 자신감이 미래로 가는 정신적 다리라고 설명했다. 우리가 사는 세상에 실제로 놓을 수 있는 다리로, 끝까지 해낸 운동, 완전히 익힌 기술, 성공한 프레젠테이션, 미루지 않은 전화 통화, 해결된 문제 등이 이에 포함된다. 하지만 당신이 세우려는 그 다리가 오직 당신 머릿속에만 존재한다면?

'나는 지금은 자신이 없어. 하지만 미래에 자신 있는 사람이 될 자신은 있어.' 쉽지 않은 일이지만 분명 가능하다.

실패로부터 벗어난다

5장에서 학업적으로 뛰어난 오빠의 그늘에 가려서 살았던 킴에 대해 설명했다. 활발하고 영특했던 킴은 사춘기와 성인기 초기를 지나며 자기 능력과 성격에 대한 자신감 부족으로 점차 피폐해져 갔다. 킴은 매력적이고 인기가 많았지만 스스로는 그렇게 생각하지 않았다. 킴은 토요일 밤 파티에 초대받아도 마지막 순간에 불안해서 물러나곤 했다. 신청한 강의가 어려운 것 같으면 바로 드랍했다. 마음속에서 '나는 이런 건 잘 못해'라는 생각이 소용돌이쳐 수업에 갈 수 없었다. 몇 개의 수업에서 그런 일이 반복되자 결국 대학을 그만두고 직장을 구했다. '실행 불가능'이 킴의 자기 능력에 대한 기본 믿음이었다.

'거긴 지원해 봐야 소용없어. 나보다 능력 있는 지원자가 수천 명은 될 거야.' 이것이 저명한 회사의 관리자 교육 프로그램 광고를 보고 킴이 한 생각이었다. 킴의 자격 조건은 넘치고도 남는 상태였다. '실현 불가능'이 가능한 기회에 대한 킴의 기본 생각이었다.

킴은 실제로 몸이 아픈 것은 아니었다. 물론 파티에 가기로 한 토요일 밤에는 상태가 약간 처졌을 것이다. 친구들이 새로운 직장과 관계, 모험을 찾아 전 세계로 떠날 때 부모님 집에 얹혀 살며 불안함을 느끼기도 했을 것이다. 하지만 흔히 말하는 '병'이 있는 것은 아니었다. 킴은 자기 머릿속 섬에 갇혀 있었고 '실행 가능'과 '실현 가능'이라는 두 다리는 모두 부서져 있는 상태였다.

킴의 아빠는 킴을 위해 안정적이고 승진 가능성도 있는 친구 회사의 구직 면접을 주선해 주었다. 킴은 마지못해 가기로 했지만 태워다 준다는 부모님의 제안을 거절하고 혼자 알아서 가겠다고 했다. 결국 기차를 놓쳐 면접 장소에 30분 늦게 도착했다. 불합격이었다. 기차 시간표를 잘못 봤다는 킴의 눈물 섞인 변명도 부모님의 화를 풀어주지 못했다. 부모님은 킴이 일부러 기회를 날려버린 거라고 생각했고, 이는 킴에게 깊은 상처가 되었다. 부모님의 생각에는 부당한 면이 있었다. 킴이 기회를 날려버린 것은 의도적인 것이 아니라 무의식적인 것이다. 킴이 기차를 놓친 것과 같은 현상을 '자기불구화 현상'이라고 한다. '어차피 합격하지도 못할 거야'라는 생각으로 실패를 회피하고 실패로부터 입을 자존감을 보호하는 마음의 작용이다.

킴은 똑똑했지만 능력만큼 실력을 발휘하지 못했다. 2014년, 루이빌 대학교 연구 팀은 킴과 비슷하게 능력은 있지만 실력을 발휘하지 못하는 엘리트 대학생들을 대상으로 연구를 진행했는데, 학생들은 실패의 위험을 미연에 방지하기 위해 '자기불구화 현상'을 사용했다.[1] 연구 팀은 그들의 학업 성적을 토대로 학생들에게 능력이 있다는 말을 해주며 두 가지 텍스트 중 하나를 읽게 했다. 실험에 참가한 학생의 절반은, 재능은 '고정된' 능력이라는 글을 읽었다. 나머지 절반은, 재능은 의욕과 노력에 따라 생기기도 하고 없어지기도 하면서 충분히 '변할 수 있는' 능력이라는 글을 읽었다.

학생들은 이 두 가지 사고방식에 대한 글을 읽고 몇 가지 문제를 풀었는데, 절반은 답이 있는 문제였고 절반은 해결할 수 없는 문제였다(심리학자들은 영리하지만 사기꾼 같을 때도 있다). 그래서 똑똑하지만 실력을 발휘하지 못하는 그 학생들 중 50퍼센트는 문제를 잘 풀어 성공 경험을 했고, 나머지 50퍼센트는 해결할 수 없는 문제 덕분에 유쾌하지 않은 실패의 경험을 했다. 결국 참가 학생은 네 그룹으로 나뉘었다. 고정 이론/성공 경험, 고정 이론/실패 경험, 변화 이론/성공 경험, 변화 이론/실패 경험이다.

그리고 학생들은 다른 형태의 문제를 더 풀었다. 하지만 그 전에 자신이 최고의 실력을 발휘하지 못한 이유에 대한 체크리스트를 완성해야 했다. 리스트에는 시험 불안, 피로, 질병과 같은 항목이 포함되어 있었다. 전부 달갑지 않은 실패에 대한 변명으로 가능한 것들이었다. 아니나 다를까 첫 번째 실험에서 실패를 경험한 학생 그리고 재능이 고정된 것이라는 글을 읽은 학생은 다른 학생보다 훨씬 많은 항목에 체크를 했다.

연구 팀에게는 마지막 비장의 무기가 있었다. 그들은 학생들에게 빛이 밝은 곳에서는 지적 능력이 더 잘 발휘된다고 설명하며, 문제를 풀기 전에 방의 조도를 가장 밝은 0부터 아무것도 보이지 않는 10까지 조절할 수 있다고 말해주었다. 능력이 고정되어 있다고 믿으며 실패의 쓴맛을 본 학생은 두 번째 실험에서 평균적으로 불빛을 더 어둡게 조정했다. 실패에 대한 두려움 때문에 무의식적으로 변명을 준비하고 있었던 것이다. 이것이 킴이 기차를 놓친 것과 같은 '자기불구화 현상'이다.

전 세계 곳곳에서 킴과 같이 능력 있는 학생들이 '자기불구화 현상'을 사용하며 자신의 진짜 가능성을 죽이고 있다.[2] 킴은 학창 시절부터 숙제를 늦게 제출하고 시험 공부를 하지 않거나 시험을 일찍 포기하고 교실을 나가는 등으로 '자기불구화 현상'을 사용하고 있었다. 실패로부터 자존감을 보호하기 위한 행동이었다. 이는 단기적으로는 자아를 보호하는 데 효과가 있었을지도 모르지만 지속적일 경우 그녀의 성공 가능성을 약화시키는 일일 뿐이었다.

자신의 능력, 자신의 감정과 성격에 관한 킴의 고정 이론은 부모가 킴의 능력을 오빠와 비교하며 의심했기 때문이었다. 킴이 A를 받지 못하거나 파티에 초대받지 못하거나 또 다른 악기를 포기할 때마다 부모님은 감정의 동요를 겪었을 것이다. 그리고 킴의 '실패'에 대한 부모의 공포가 킴의 고정 이론을 강화했다. 시험을 못 보았을 때 더 열심히 공부하거나 선생님에게 도움을 구하는 대신 킴은 자기 뇌가 불완전하다는 증거를 보지 않기 위해 정신적으로 달아나기 바빴다. 결국 끈기를 발휘하는 능력, 새로운 것을 배울 수 있는 능력, 심지어 인간적인 호감도까지 자신의 거의 전부를 의심하기 시작했다. 킴은 '실패'로부터 달아나는 방법을 배워 자신의 가능성을 방해하고 있었다.

많은 사람이 킴보다 훨씬 어렵고 힘든 상황에서 살아가고 있으며, 그런 상황에서는 자신의 낮은 성취를 강화하는 고정 이론을 갖기가 너무 쉽다. 아이큐는 뇌의 능력을 보여주는 믿음직한 지표로 사용되면서 아이들이 학교에서 얼마나 능력을 발휘할지 확실하게 예측해 준다고 널리 인식되고 있다. 아이큐는 무엇보다 능력에 대한 고정 이론의 구현이며, 그와 같은 관점은 영국 정치가 보리스 존슨 같은 정책 입안자들의 사고방식을 형성했다. 그는 런던 시장 재직 당시 아이큐가 너무 낮아 경쟁 자체를 할 수 없는 사람이 있기 때문에 경제적 불평등과 씨름하는 것은 헛수고라는 발언을 했다.[3]

2011년, 펜실베이니아 대학교의 한 연구 팀은 2천 명을 대상으로 한 아이큐 테스트에서 점수가 높을 때 재정적 인센티브를 주면 참가자들의 실력이 평균 10점 이상 높아진다고 밝혔다. 아이큐가 낮은 범위에 있는 사람은 점수가 더 많이 높아졌다.[4] 정답에 돈을 지급할 때 아이큐가 10점 이상 높아진다면 아이큐는 분명 뇌의 역량에 대한 완벽한 지표는 아니다. 아이큐에 대한 보리스 존슨의 고정 이론과도 맞지 않는다.

자신감은 학습할 수 있지만 한 가지 전제 조건이 필요하다. 바로 변화가 가능하다는 '믿음'이다. 정신적 능력이 고정되어 있다고 생각하면 우리는 이를 바꾸기 위해 노력하지 않을 것이다. 그렇다면 그와 같은 사고방식은 바뀔 수 있을까? 2019년, 전 세계에서 가장 저명한 과학 저널《네이처》에 실린 논문에 따르면 분명히 그렇다.

미국 전역 상위권 대학 연구 팀들이 65개 공립 학교에서 14세와 15세 학생들 12,490명을 모집했다. 10대들은 지적 능력은 고정된 것이 아니라 변할 수 있다는 강연을 영상으로 들었다. 지능은 새로운 전략을 배우고 도움을 요청하는 등의 노력으로 좋아질 수 있다는 내용이었다. 그리고 그 영상의 효과를 뇌에 대해 설명하긴 했지만 고정 이론과 성장 이론에 대해 확실히 설명해 주지는 않았던 영상의 효과와 비교했다. 성장 이론에 대한 영상을 본 학생들의 시험 성적이 더 높았고 다음 해 고급 수학 과정 지원자도 더 많았다.[5]

뇌는 근육과 같아서 연습하면 더 튼튼해질 수 있다는 간단한 설명만으로도 학생들 수천 명의 자신감이 높아졌다. 특히 학업 성취도가 낮았던 학생들의 자신감이 큰 폭으로 상승했다. 학교 성적도 좋아졌고 학습에 대한 욕구도 증가했다.

킴도 자신감을 배울 수 있었지만 먼저 자신의 능력과 성격은 변하지 않고 그래서 통제할 수 없다는 그 해로운 가정부터 없애야 했다. 첫 번째로 그런 말을 들어야 하고 두 번째로 그 말을 믿어야 한다. 그렇다면 그다음은 무엇일까?

일단 행동으로 옮긴다

"길은 첫 걸음을 내딛어야 보인다." 3세기 페르시아 시인 루미의 이 말은 자신감을 높이는 또 다른 중요한 방법을 잘 보여준다. 2장에서 처음 언급했던 '행동하기'다.

자신감이 부족하면 불안해지기 쉽고 불안은 자기 신뢰를 약화시킨다. 전형적인 닭과 달걀 상황이다. 19개국 3천 명 이상의 학생들을 대상으로 한 연구에 따르면 더 불안해하는 학생일수록 행동을 덜하는 경향이 있었다.[6] 생각해 보면 전혀 놀라운 일이 아니다. 불안은 위협적인 상황에 처해 있다는 느낌으로 인한 것이고 그에 대한 반응은 후퇴다. 위험한 세상과 엮이지 않고 한 발 물러나는 것이다. 그래서 킴은 마지막 순간에 친구들과의 약속을 취소하고 요가 수업과 구직 활동도 중간에 포기한 것이다. 킴은 결국 자신감은 높고 불안감은 낮은 친구들에 비해 훨씬 적은 일들을 하게 되었다.

그리고 하는 일이 줄어들수록 새로운 경험, 놀라운 발견, 어려운 일을 해냈을 때의 작은 만족감을 느낄 기회도 줄어든다. 자신

뉴 컨피던스

있는 뇌에서는 보상 회로 활동이 활발하게 반복된다고 앞에서 이미 설명했다. 작은 목표들을 성공적으로 이룰 때마다 천연 항불안제가 조금씩 주입되는 것과 마찬가지다.

페이스북 전 최고운영책임자 셰릴 샌드버그는 자신감은 근육과 같아서 사용하는 방법을 배울 수 있다고 말했다. 처음에 무서웠던 일을 억지로 할 때마다, 예를 들면 업무 회의에서 발언을 할 때마다 근육을 키우는 것이라고 그녀는 주장했다.[7] 1장에서 살펴보았듯이 그에 대한 과학적 증거도 있다. 어려운 도전을 완수하는 것은 자신감의 가장 커다란 원천 중 하나다.

우리는 뇌가 신체 감각을 어떻게 저장하는지 살펴보았다. 무서운 일을 마침내 해냈을 때의 반응이 신체 기억에 저장되고 이는 다음 도전을 할 수 있게 도와준다. 이를 악물고 두려움을 이겨내는 것만큼 자신감을 높여주는 것은 없다. 행동을 통해 자신감을 높이는 것, 다시 말해 무서운 일도 하다 보면 는다는 말이 쉽게 들릴지 모르겠지만 불안할 때는 그것이 힘들다는 게 문제다. 하지만 이를 더 쉽게 만들어줄 방법을 밝힌 연구가 이미 있다.

"새로운 '감정'을 느껴 행동하기보다 새로운 '행동'으로 감정을 느끼는 것이 더 쉽다." 정신과 의사 해리 스택 설리반이 한 이 말은 시인 루미의 말처럼 '일단 시작하는 것'의 힘을 잘 표현한 말이다. 일단 길을 나서면 외적인 길도 열리지만 우리 내면의 감정적인 길도 열리기 때문이다. 첫발을 뗄 때 우리가 실제로 느끼는 감정은 우리가 예상했던 감정과 다를 때가 많다.

다시 한번 살펴보자. 자신감은 미래의 자신에게 거는 내기로 미래를 향한 다리를 만든다. 미국의 위대한 교육학자 존 듀이는 그 생각을 더 발전시켜 이렇게 말했다. "자아는 이미 만들어진 것이 아니라 선택하는 행동을 통해 지속적으로 형성되는 것이다."[8] 자신감은 우리를 바깥세상의 새로운 미래로도 데려가지만 자기 내면의 새로운 미래로도 우리를 데려간다. 우리가 내리는 선택과 우리가 하는 행동에 의해 만들어지는 새로운 버전의 자신이다. 그러므로 자신감 형성에 중요한 그 행동을 '어떻게' 취할지 밝히는 것이 더욱 중요해진다.

킴의 마음은 대부분 숙고와 의심의 소용돌이 상태였다. 킴은 그날 저녁이나 다음 달, 혹은 내년에 무엇을 할지 혹은 하지 않을지 걱정했다. 다른 사람들이 자신에 대해 어떻게 생각할지 고민했다. 취소한 미팅, 포기한 강의, 지원하지 않은 일자리, 그만둔 과정들을 후회했다. 할 수 있을지도 모르는 일들에 대한 생각과 공상으로 머리가 복잡하기도 했지만 그 생각이 마음속에서 구체화되자마자 두려움과 의심이 파리 떼처럼 몰려들어 희망을 짓밟을 것이다. 자신감의 한 줄기 빛은 그 파리 떼로 인해 흔적도 없이 사라질 것이다.

6장에서 다양한 선택지에 대해 숙고하는 상태에서 벗어나 구체적인 행동을 계획하는 실행 상태로 옮겨갈 때 여성들의 자신감이 개선된다는 사실을 보여주었다. 2014년, 빈 대학교의 한 연구는 이 발견에 새로운 빛을 제공했다. 연구 팀은 해결되지 않은 개인적 문제들과 이를 해결할 다양한 방법에 대해 주의 깊게 생각해보라는 말로 일부 참가자를 숙고 상태로 유도했다. 그리고 나머지 참가자는 자신이 하기로 한 프로젝트에 대해 묻고 어떻게 할지 계획을 세우라고 말하며 실행 상태로 유도했다.[9]

그리고 연구 팀은 사진을 보는 참가자의 안구 운동을 관찰했다. 각각의 사진에는 복잡한 배경에 보트, 동물, 비행기 같은 사물이 가장 눈에 띄는 위치에 있었다. '넓게 열린' 생각에 걸맞게 숙고 상태의 사람들은 배경의 디테일을 훨씬 잘 파악했다. 반대로 실행 상태의 참가자들은 중심에 있는 사물에 더 집중하면서 배경은 크게 알아차리지 못했다.

자신의 목표를 알면 집중 대상이 좁혀지는데 이는 좋을 수도 있고 나쁠 수도 있다. 긍정적인 점 한 가지는 어떤 길을 선택할지 고민할 필요가 없다는 것이다. 확실한 목표를 향해 움직이고 그래서 '혹시'라는 가정과 다른 걱정들로부터 자유로워진다. 하지만 부정적인 측면도 있는데, 집중의 대상이 좁다는 것은 다른 가능성이나 위험, 관련 정보를 놓칠 수 있다는 뜻이기도 하다. 그림에서 가장 중요한 대상에 집중하면서 어쩌면 더 재미있는 일로 연결될지도 모르는 배경의 흥미로운 사물은 놓칠 수 있다.

숙고 상태의 열린 마음이 갖는 장점은 잠재적 비용이 되기도 한다. 열린 마음에서는 미래에 대한 부정적인 생각과 과거의 기억에도 노출될 수 있기 때문이다. 그것이 바로 숙고 상태의 사람들이 자기 능력과 가능성에 대해 더 현실적이고 조심스러우며, 그래서 더 자신이 없는 이유다.

킴은 대부분의 시간 동안 숙고 상태였고, 그래서 점차 의기소침해지며 자신감을 잃었다. 킴은 실행 상태가 되어 행동에 나섰다가도 금방 숙고 상태로 되돌아가 그 행동을 이어갈지 말지 고민하게 될 것이다. 다시 열린 상태가 되어 자신감을 잃고 수업과 관계와 강의와 구직 활동을 포기할 것이다. 그럴수록 더 불안해지면서 분명하게 생각하고 결단력 있게 행동하기는 점점 어려워질 것이다.

여성들의 자신감 부족은 행동을 지향하는 실행 상태일 때 개선된다고 앞에서 언급했다. 킴의 임상심리학자는 지극히 고통스럽게 숙고만 하는 고립된 둥지에서 킴을 꺼내기 위해 그 방법을 사용했다. 그녀는 킴에게 '계획'을 세우게 했다. 킴은 마음의 소리를 들으며 종이 위에 목표를 향한 단계들을 기록했다. 첫 번째 목표는 구직이었고 이를 위한 각각의 단계를 적었다. 정해진 시간에 기상하기, 단정하게 옷 입기, 필요한 전화 돌리기 등이었다.

킴의 임상심리학자는 킴이 그 계획을 실행하는 동안 지속적으로 그녀를 관찰했다. 그리고 킴이 숙고 상태로 돌아갈 것 같은 조짐이 보일 때마다 다시 실행 상태로 그녀를 데려왔다. 킴은 계획을 적고 이를 실천하는 그 방식을 인간관계, 배움, 여가 등 삶의 다른 영역에도 적용했다. 킴은 '행동하기'를 통해 성취에 탄력이 붙었고 결국 자신감이 늘었다. 그 성취는 눈덩이처럼 커졌고 킴은 삶의 모든 측면에서 늘 갖고 있었던 자신의 가능성을 재발견했다.

하지만 킴이 괴롭게 깨달았던 것처럼 계획이 반드시 행동을 보장하는 것은 아니다. 킴은 구직 활동을 도와주겠다는 친구를 만나기로 했는데 그날 아침 갑자기 용기를 잃었다. 친구를 만나기 전, 킴은 숙고 상태로 빨려들었다. 잘하는 게 없었던 자기 모습이 계속 떠올랐고 대학으로 돌아가는 것이 어쩌면 더 나을지도 모른다는 생각이 떠나지 않았다. 그렇게 불안해지면서 아무런 희망도 없다고 느꼈다. 어쩌면 그냥 집에 있는 편이 가장 나을지도 몰랐다. 그래서 친구에게 익숙한 문자 메시지를 보냈다. '미안해. 아침에 몸이 많이 안 좋네. 오늘 못 만날 것 같아. 정말 미안.' 한 발 나서서 자신감을 얻기보다 두 발 뒷걸음쳐 자신감을 무너뜨렸다. 그렇다면 그와 같은 문제에서 빠져나올 방법은 과연 있을까?

연구에 따르면 사람들은 마음먹은 것의 20퍼센트에서 30퍼센트만 실제 행동으로 옮긴다. 이는 곧 대부분의 사람이 대부분의 시간 동안 행동을 취하면서 얻을 자신감의 이점을 누리지 못하고 있다는 뜻이다.[10] 그것이 킴을 가장 잘 설명하는 말이었다. 분명히 아침에 일어나 친구를 만나러 가겠다고 생각하며 잠자리에 들었지만 막상 때가 되자 움직이지 않았다.

그래서 다음 약속은 임상심리학자의 도움을 받아 다른 방식으로 잡았다. '언제, 어디서, 어떻게'를 정하고 '만약'의 경우 어떻게 할지도 대비했다.

킴은 약속을 위해 몇 시에 일어날지 정하고 입을 옷도 꺼내 놓았다. 막상 때가 왔을 때 생각할 필요가 없도록 말이다. 생각은 자신감을 약화시키는 숙고 상태로 되돌아갈 틈이 되기 때문이다. 킴은 전철 시간표를 살피며 몇 시 차를 탈지 계획했다. 역에서 친구 사무실까지 가는 길도 미리 확인해 휴대 전화에 저장하면서 마지막 순간의 불안 가능성을 줄였다.

기차가 늦게 오거나 취소될 때 다음 기차를 타거나 택시를 부를 시간도 충분히 마련해 두었다. 택시 번호도 이미 저장해 놓았다. 아침에 일어나 계획에 대한 불안과 자기 의심이라는 비관적인 마음이 들면 십 분 동안 명상 앱을 들을 것이다. 미리 배워 놓은 불안 없애기 호흡을 천천히 할 것이다. 마음이 산만해지면 적어 놓은 계획을 다시 살피며 집중력을 회복할 것이다. 지금은 무슨 일을 할지 궁리할 시간이 아니라 실제 행동에 나서야 할 시간이라고 자신에게 말할 것이다.

수많은 연구에 따르면 이처럼 구체적인 계획을 세우는 실행 상태는 삶의 다양한 영역에서 마음먹은 대로 행동할 수 있게 해준다. 운동을 하고[11] 담배를 끊고[12] 더 건강한 음식을 먹는 것들이 그 예다.[13] 실행 상태는 불안을 비롯한 다양한 정신적 문제를 극복하는 데 도움이 된다.[14]

킴은 결국 친구를 만났다. 구직으로 바로 연결되지는 않았지만 계획을 실천하며 생긴 약간의 자신감은 곧 다른 계획으로 이어질 수 있을 것이다. 모든 계획은 '만약'의 선택들로 구체화되었고 결국 킴은 마음에 드는 새 일자리를 찾았다. 그리고 그 전략을 사회생활과 여가 생활에도 적용했다. '실제 행동'의 자신감 신장의 효과는 곧 '실행 가능'과 '실현 가능'의 믿음이 강화되었다는 뜻이다. 결국 킴은 삶에서 원하던 많은 것을 이루었다. 무거운 돌덩이처럼 평생 발목에 매달려 있던 고정 이론을 털어버렸다.

환상을 활용한다

마침내 마음의 감옥에서 빠져나온 킴은 삶을 어느 방향으로 끌고 갈지 결정해야 했다. 구체적인 계획을 실행하는 것도 좋지만 그 계획이 원했던 결과로 이어지지 않으면 계획의 유용성에는 한계가 있다. 킴은 일과 관계에서는 물론 삶 전반에서 더 자신 있는 사람이 되었다. 하지만 여전히 가끔 붙잡혀 있는 것 같다는 느낌이 들었다. 삶을 다른 방향으로 움직여 보고 싶은 환상이 있었다. 록스타가 되거나 세계 여행을 하는 것, 다시 의대에 입학하는 것 등으로 말이다.

이와 같은 공상의 문제는 실제로 이를 실현할 가능성을 더 낮춘다는 것이다. 예를 들어 노력 없이 날씬해지는 것에 대한 환상을 갖고 있는 사람은 차가운 현실과 유혹을 직시하는 사람보다 체중이 더 늘어난다. 할 수 있다는 자신감은 물론 체중을 감량할 가능성은 현실주의자들이 더 높다. 고관절 치환술을 받은 환자들을 대상으로도 같은 연구를 진행했는데, 수술 결과에 대한 환상으로 시간을 보낸 사람은 회복하기 위해 밟아야 할 수술 후 재활에 더 집중했던 사람보다 결과가 좋지 않았다.

환상은 '실현 가능'의 자신감이 '실행 가능' 자신감의 구체적인 계획과 연결되지 않은 상태다. 킴의 마음속에서 세계를 여행하거나 의사가 되는 것에 대한 달콤한 환상은 그와 같은 계획을 이루기 위한 복잡하고 고된 과정들을 하나로 이어내지 못했다. 적어도 킴의 머릿속에서는 이미 이루어진 일처럼, 목표를 위해 노력할 필요가 없는 상태로 킴을 몰아넣는 속임수와 마찬가지였다.

그렇다면 킴은 삶의 다양한 선택지에 대한 환상을 버려야 하는가? 반드시 그렇지 않다고 뉴욕 대학교 수석 연구원 가브리엘 외팅겐은 말한다. 그녀는 환상을 활용하는 '심리적 대조'라는 새로운 전략을 고안했다.[15]

그 전략의 비결은 어떤 환상이 실현 가능하고 어떤 환상은 버려야 하는지 제대로 선택하며 환상과 현실을 마음속에서 연결하는 것이다. 킴은 세계 여행의 긍정적인 면들을 하나씩 적어보았다. 그리고 그 꿈을 가로막는 장애물들을 그려보았다. 돈, 일에 미칠 영향, 부모님의 반대 등이었다.

킴은 그와 같은 고된 과정을 거치며 미래에 대한 환상에 접근했다. 결국 환상과 현실을 함께 볼 수 있게 되면서 의대 입학을 비롯한 몇 가지 다른 꿈을 정리했다. 그 과정에서 새로운 계획이 나타났다. 즉, 여행을 할 수 있거나 다른 나라에서 살아볼 수 있는 직업을 찾는 것이었다. 세계 여행이라는 킴의 환상은 신나는 계획으로 수정되고 확실해졌다. 킴은 이제 실행 상태로 넘어갈 수 있었고 '만약'을 대비한 계획의 도움으로 자신의 꿈을 실현할 것이다. 킴은 결국 글로벌 테크 회사에 취직해 2년 동안 뉴욕에서 일하게 되었다.

그렇다면 킴의 뇌에서 과연 무슨 일이 일어났던 것일까? '긍정적인 사고의 힘'만으로 가능한 것은 분명 아니었다. 사실 그 반대다. 이를 명확히 하기 위해 킴의 성취를 방해했을 것들에 대해 생각해 보자. 외팅겐은 현실과의 심리적 대조 없이 미래에 대한 긍정적인 환상에만 빠져 있는 것은 이를 실현할 가능성을 더 낮춘다는 사실을 발견했다. 둘째, 심리적 대조의 순서를 바꾼 사람들 또한 목표를 달성할 가능성이 더 낮았다. 외팅겐의 연구는 킴이 장애물을 먼저 생각하고 두 번째로 이점을 생각했다면 그 정도의 결과를 이룰 힘이 생기지 않았을 거라는 사실을 보여준다.

그러므로 심리적 대조는 흔히 말하는 '긍정적인 사고'는 아니다. 잘못된 방식의 긍정적인 사고는 오히려 정반대의 효과를 초래한다. 장애물을 생각하지 않고 환상에만 빠져 있거나, 꿈 자체보다 장애물을 먼저 생각하는 경우 등이다. 킴의 환상은 마음속에서 현실과 만나 그녀가 실현 가능한 목표를 세우고 이를 자신 있게 추구할 수 있도록 도와주었다. 환상이 더 이상 현실과 동떨어져 있지 않다는 뜻이었다. 킴의 뇌에서 환상과 그 환상이 주는 모든 즐거움이 활발하게 작용하고 있었지만, 중요한 것은 현실의 장애물 또한 마찬가지였다는 점이다.

그리고 자신감은 바로 그 지점에서 움직이기 시작한다. 킴은 의사가 되는 꿈에 대해 생각하며 수많은 장애물도 동시에 떠올렸다. 그리고 재정적으로든 학업적으로든 그 일을 할 만큼 자신이 없다는 사실을 깨달았다. 결국 몇 년째 품고 있던 허황된 꿈으로 더 이상 시간을 낭비하지 않고 그 비현실적인 목표를 폐기할 수 있었다. 그 덕분에 킴은 세계 여행이라는 다른 꿈에 집중할 수 있었다. 킴은 심리적 대조를 활용해 인도의 코끼리와 태국의 해변을 머릿속에 먼저 그린 다음 잔고와 가족, 일이라는 장애물에 대해 떠올렸다.

다행히 임상심리학자와의 작업을 통해 킴은 직장에서는 물론 사회적으로도 더 자신 있는 사람이 될 수 있었고, 그래서 여행이라는 환상 앞에 놓인 장애물을 극복할 방법도 더 잘 찾을 수 있게 되었다. 미래에 대한 환상에 현실적인 판단이 더해지면서 킴은 실현 가능한 쪽으로 자신의 꿈을 조정할 수 있었다. 자신감을 높여주는 실행 상태를 잘 활용한 것이다.

환상은 그 자체로 목표가 실현되고 있다는 착각을 일으켜 에너지를 약화시킨다.[16] 반대로 심리적 대조는 에너지를 주고 의욕을 불러일으킨다. 이는 목표 달성을 향한 행동을 준비하기 위한 맥박과 혈압의 증가로 드러난다. 심리적 대조 없는 환상 탐닉은 혈압을 낮추고 에너지를 감소시킨다. 환상은 그 자체로 뇌를 속여 이미 목표가 달성되었다고 생각하게 만든다.

심리적 대조 과정 동안 킴의 뇌는 실제로 변했다. 2011년, 콘스탄츠 대학교 연구 팀은 '뇌자도MEG'라는 방법을 사용해 심리적 대조가 순수한 환상과 달리 뇌의 핵심 영역을 활성화시킨다는 사실을 발견했다. 의도 설정, 기억력 회복, 생각과 기억 조작은 물론 시각 이미지화 등과 관련된 영역들이었다.

미래에 대해 생각할 때 빨리 뛰는 것은 킴의 심장만이 아니었다. 계획을 세우고 과거의 경험을 떠올리고 미래를 선명하게 그려보는 동안 뇌의 활동도 증가했다.

자신감의 롤 모델을 찾는다

자신감은 늘었지만 킴은 여전히 넘어야 할 산이 있었고 그 산 중 하나는 바로 킴의 성별이었다. 앞에서 살펴보았듯이 여성이 할 수 있는 일과 없는 일에 대한 편견 때문에 여성의 능력 발휘와 자신감은 다방면으로 손상되어 왔다. 킴은 오랜 연인은 없었지만 오빠가 있었고, 오빠는 자기도 모르게 킴의 자신감을 방해하는 아주 중요한 요소였다.

오빠는 킴을 고향에 붙잡아 두는 것이 킴을 보호하는 일이라고 생각했다. 오빠는 부모님처럼 킴을 감정적으로 연약하고 툭하면 실패하는 사람으로 바라보고 있었다. 실패에 대한 그 부정적인 태도는 자기 능력과 감정에 대한 킴의 고정 이론에 엄청난 영향을 끼쳤고 수년 동안 그녀를 무겁게 짓누른 정신적 돌덩이었다.

킴과 오빠는 감정적으로 가까운 관계를 유지했지만 두 사람의 유대감은 킴이 연약한 상태이길 원하는 오빠의 무의식적 욕구 때문에 복잡했다. 킴의 실패는 오빠의 성취를 더 탄탄하게 만들었다. 그 역시 부모님으로부터 물려받은 실패에 대한 두려움을 갖고 있었다. 하지만 그 두려움을 킴에게 투사하면서 많이 덜어버릴 수 있었다. 그 관계에서 킴은 결코 자신감을 높일 수 없었고, 두 사람이 가까웠기 때문에 그 관계에서 무슨 일이 벌어지고 있는지 제대로 파악하기도 어려웠다. 서로 갖고 있는 따뜻한 감정 또한 킴이 자신감을 약화시키는 오빠에게서 감정적으로 벗어나기 힘들게 만들었다.

결국 킴은 새 직장을 구해 다른 도시로 이사를 가면서 그 무의식적 훼방에서 탈출할 수 있었다. 킴은 오빠와의 관계가 어느 정도 소원해지는 것을 인지하고 있었는데, 이는 킴이 약한 상태이길 바라는 오빠의 감정적 욕구를 그녀가 더 이상 만족시켜주지 못했기 때문이다. 오빠는 독립한 킴의 새롭고 자신 있는 모습을 감정적 위협으로 받아들였다.

가정에서의 관계는 물론 직장에서나 친구들과의 관계 역시 힘을 주고 자신감을 키워줄 수 있지만 파괴할 수도 있다. 부모, 형제자매, 친구, 애인, 직장 동료나 상사 등 오랫동안 내 자신감을 깎아내린 사람이 있다면 그 관계가 자기 신뢰를, 결국 실력 발휘를 좌우한다.

당신이 누군가에게 감정적으로 기대는 것보다 그가 당신에게 더 많이 기댈 때 당신은 힘을 가진 위치에 있는 것이고 그래서 더 자신 있는 사람이 된다. 상대는 비교적 힘없는 자리에 놓이게 되고 결국 자신감이 줄어든다. 하지만 많은 관계가 킴과 오빠의 관계보다는 복잡하다.

킴의 오빠는 대담하고 외향적이었던 태도에 비해 자신감이 부족하고 감정적으로 굶주린 상태였고, 이를 해결하기 위해 킴의 자신감을 깎아내렸다. 킴이 자신 없는 태도로 오빠의 지지와 위로를 원했기 때문에 그는 자신의 깨지기 쉬운 자신감을 유지할 수 있었다. 하지만 이는 어떤 관계에서도 탄탄한 토대가 되지 못한다.

더 자신 있는 사람이 되기 위해 반드시 배워야 할 한 가지는 누가 자신감을 높여주는 사람이고 누가 자신감을 깎아내리는 사람인지 판단하는 것이다. 일단 판단한 다음은 또 다른 문제다. 가족은 대부분 그런 관계를 중심으로 형성되고 그 본성을 바꾸려는 행동에 가족 구성원 모두가 반격에 나설 수도 있다.

실패에 대한 부모의 태도는 킴에게 능력에 대한 고정 이론을 주입했다. 킴에게 실패는 배움의 과정이거나 다시 도전할 기회라기보다 무언가 잘못되었다는 신호였다. 이는 성공한 사람도 그 성공에 도달하기까지의 기복을 편히 받아들이지 못할 수 있다는 뜻이기도 하다. 그 때문에 많은 사람이 누구나 겪을 수밖에 없는 과거의 어려움과 실패, 행운이라는 '사다리를 숨긴다.'

'사다리 숨기기'는 임상심리학자 피오나 오도허티가 만든 말로, 아이들이 자라면서 부모는 재능을 타고났기 때문에 성공했다고 믿게 되는 현상을 뜻한다. 열심히 노력해서 실패를 이겨내고 행운도 있었기 때문에 성공했다고 생각하지 못한다. 이는 그 성공에 이르기 위해 올라가야 할 사다리가 아이의 눈앞에 보이지 않는다는 뜻이다.

킴은 성적에 대한 부모의 반응 때문에 자신이 실패자라고 느꼈다. 의도는 좋았을지 모르지만 킴의 부모는 자신들이 밟고 올라온 사다리를 감춰 킴에게 전혀 도움이 되지 못했다. 그보다는 재능이 타고나 노력 없이 성공한 사람 같은 모습을 보여주었다. 결국 킴은 자신의 위치와 부모의 성공 사이에서 어떤 길도 찾을 수 없었다. 아이들에게 자신감을 심어주기 위해서는 부모가 자신이 올라온 사다리를 솔직하게 보여주고 끊임없이 인내하며 실패와 불안을 이겨내는 롤 모델이 되어주는 것이 좋다.

자신감을 깎아내리는 사람이 가족 안에만 있는 것은 아니다. 어느 직장에도 시기하며 곁눈질하는 동료가 있고 아니꼬운 표정으로 의미 없는 칭찬만 남발하는 상사가 있다. 타인의 자신감을 깎아내려야 그들보다 더 우월하다고 느낄 수 있기 때문이다. 우월하다는 느낌은 뇌의 보상 회로에서 기분을 좋게 하는 마약 같은 효과를 발휘한다. 그렇기 때문에 자신감을 높여주는 사람과 교류하고 자신감을 깎아내리는 사람은 피하는 것이 중요하다. 하지만 이를 위해서도 자신감이 필요하다. 그렇다면 자신감을 키울 수 있는 다른 방법은 없을까?

'자기 가치 확인'을 훈련한다

한 가지 '자기 가치 확인' 훈련을 해보자. 자신감을 높이는 방법을 더 잘 이해할 수 있게 될 것이다.

당신 삶에서 가장 중요한 순서대로 다음을 배열해보자.

가족과 친구와의 관계

창의성

유머 감각

독립성

일과 커리어

정치적 헌신

종교 혹은 도덕적 가치

지금 이 순간에 살아 있기

무엇이 당신에게 가장 소중한가? 관계가 가장 소중하다고 해보자. 당신이 관계를 중시하는 이유를 알려주는 최근의 상황을 구체적으로 떠올려보자. 따뜻한 대화, 친구가 전한 감사, 마음이 따뜻해지는 포옹일 수도 있다. 구체적인 상황과 그때의 감정을 최대한 자세히 떠올리는 것이 중요하다. 이제 친구나 가족과의 즐거웠던 시간 등 당신에게 중요한 또 다른 관계에 대해서도 떠올려보자. 미래의 만남은 어떤 모습일지도 상상해보자.

당신에게 가장 중요한 가치와 연결된 생각과 기억, 감정을 떠올린 바로 그것이 자기 가치 확인 연습이다. 2016년, 펜실베이니아 대학교 연구 팀은 자기 가치 확인을 할 때 뇌가 어떻게 움직이는지 뇌 영상법을 통해 보여주었다.[17] 자신에 대해 생각할 때 중요한 회로 중앙 전두엽 피질과 후측 대상피질이 더 활성화되었고 긍정적인 감정이나 의욕과 관련 있는 보상 회로, 기저핵과 복내측 전전두피질 또한 마찬가지였다. 자신에 대한 생각과 그로 인해 좋아진 기분의 조합은 당신을 더 자신 있는 사람으로 만든다.[18] 수백 개의 연구가 이를 증명한다.

킴은 자신감을 잃거나 자신이 하찮게 느껴질 때 자기 가치 확인 이론을 사용했다. 한번은 대화 도중 오빠가 세계 여행이라는 자신의 꿈을 비웃었다. "정신 차려. 넌 절대 못해." 과거였다면 킴은 자아에 상처를 입고 끔찍한 기분으로 방에 처박혔을 테지만 지금은 다시 힘을 내 자신의 소중한 가치에 대해 생각할 수 있었다. 킴은 마음이 넓고 유머 감각도 있는 사랑받는 친구였으며, 그 모든 방해에도 불구하고 가족을 아끼는 따뜻한 사람이었다. 그 자기 가치 확인 노력이 그녀의 마음과 뇌의 상태를 변화시켰다. 익숙한 부정적인 생각과 그에 따른 감정에서 이처럼 긍정적인 생각과 기억을 떠올리는 것은 쉽지 않았지만 킴은 해낼 수 있었다.

자기 가치 확인은 자아가 위협받고 있다고 느낄 때 효과를 발휘한다. 건강해지기 위해 습관을 바꾸려는 사람도 자기 가치 확인을 통해 새로운 생활에 대한 자신감을 높일 수 있다. 건강에 관한 메시지는 종종 자아를 위협한다. '담배를 피우면 폐암에 걸릴 수 있다', '주로 앉아 있는 과체중 사람은 수명이 짧아질 수 있다'

등이다. 담배를 피우거나 운동이 부족하거나 과체중인 사람들은 그와 같은 메시지에 방어적으로 반응하면서 이를 정신적으로 차단하고 자기 행동을 바꾸지 않기도 한다. 하지만 자기 가치 확인을 한 후에 그와 같은 위협적인 메시지를 들으면 뇌는 더 긍정적인 반응을 보인다. 운동해야 한다는 메시지를 정신적으로 차단하기 전에 복내측 전전두피질에 있는 자신에 대한 사고 회로가 활성화된다. 그래서 더 열심히 운동할 수 있게 된다.

자기 가치 확인은 스트레스 호르몬 코르티솔의 혈중 농도 역시 크게 낮춰준다.[19] 하지만 더 중요한 것은 어쩌면 따로 있다. 연구에 따르면 만성 스트레스를 받던 학생도 자기 가치 확인을 통해 더 명확한 사고가 가능했고 문제 해결 능력도 증가했다.[20] 자기 가치 확인은 킴의 뇌를 변화시켜 방어적인 태도를 버리고 불안을 낮추고 더 행동하게 만들어 주었다.[21]

자아를 방어하는 데에는 엄청난 정신적 에너지가 필요하고 이는 문제 해결을 위해 필요한 에너지가 줄어든다는 뜻이다. 자기 가치 확인은 눈앞의 위협에만 매몰되지 않고 더 넓은 영역의 긍정적인 기억에 접근할 수 있도록 도와준다.

킴은 학업적으로 실패했다는 수치심과 절망의 기억에만 집중해 있었다. 하지만 자기 가치 확인 후 관심 대상이 넓어져 자신의 강점과 가치에 대해 생각할 수 있었다. 결국 더 자유롭게 행동에 나설 자신감을 불러 모을 수 있었다. 그 자신감은 자기 가치 확인이 활성화시킨 보상 회로 그리고 실패가 아닌 성공에 집중하는 기억 회로와 함께 더 잘 모아진다.

우리 뇌는 엄청난 움직임으로 실수에 반응하며, 뇌파 검사로 확인할 수 있는 그 신호를 '실수-관련 부적전위'라고 한다. 실수에 관심을 갖고 감정적으로 반응하게 만드는 몹시 유용한 신호다. 그래서 실수에서 배우고 이를 반복하지 않을 수 있는 것이다. 하지만 자아는 자신을 평균 이상으로 보려는 강력한 욕구 때문에 실수를 통해 배우는 것을 몹시 어려워한다. 그래서 '실수-관련 부적전위'는 방어적인 사람의 뇌에서 '실패 신호'로 작용해 심리적으로 환영받지 못할 수 있다.

토론토 대학교에서 실시한 한 연구에 대해 살펴보자. 연구 팀은 학생들에게 화면에 특정한 도형이 뜨면 버튼을 누르고 다른 도형이 뜨면 버튼을 누르지 말라고 했다. 다른 도형이 떴을 때 버튼을 누르면 번쩍번쩍한 '틀림' 메시지가 화면에 떠 자아를 위협했다.[22] 실험을 시작하기 전, 절반의 학생이 자기 가치 확인을 했는데 놀랍게도 자기 가치 확인 덕분에 방어하는 마음이 줄었던 그 그룹이 다른 그룹보다 자기 실수에 훨씬 더 활발한 '실수-관련 부적전위' 뇌파를 보였다. 그들의 뇌는 실패를 더 잘 받아들였고 실수를 통해 더 잘 배울 수 있었다.

자신감의 한 가지 주요 원천은 좌절과 실패에도 불구하고 계속하는 것이다. 하지만 자아를 방어하기 위해 너무 애쓰다 보면 실패를 피하게 되고 결국 자신감도 줄어든다. 자기 가치 확인은 좌절과 실패, 실수를 쉽게 이겨낼 수 있도록 도와주고 결국 자신감을 높여준다.

타인의 자신감을 깎아내리는 사람은 보통 자기 자아를 보호하기 위해 노력하는 사람이다. 그런 사람과는 동시에 자아를 공격하며 서로 깎아내리기 쉽다. 워싱턴 대학교의 존 가트맨은 선구적인 부부 관계 전문가로 자아에 대한 방어가 결혼 생활의 불화와 그에 따른 이혼을 예측하는 가장 강력한 지표임을 발견했다.[23] 방어적인 태도로 서로 끌어내리는 전형적인 관계에 자기 가치 확인이 개입되면 예상치 못했던 칭찬이나 존중 등의 표현을 통해 관계가 개선될 수 있다. 자신감을 깎아내리는 사람이 자아를 보호하는 자기 가치 확인의 방패 덕분에 무장해제 될 수도 있다.

자기 가치 확인은 자아가 위협받고 있을 때 가장 효과가 좋다. 앞에서 살펴보았듯이 여성은 수학이나 물리 같은 과목에서 남성과 경쟁할 때 편견의 위협이라는 역풍에도 맞서야 한다. 2010년의 한 연구에 따르면, 15주에 걸친 물리 수업에서 여학생들에게 간단한 자기 가치 확인 훈련을 두 번 시키자 남학생들과의 물리 실력 차이가 크게 줄어들었다.[24] '나는 남성이 여성보다 물리 실력이 더 좋다고 믿는다'라는 문장에 가장 크게 동의했던 여학생이 자기 가치 확인의 이득을 가장 많이 보았다. 그들은 자기 가치 확인을 통해 물리학에 대한 가치를 확인한 것이 아니라 그들이 가장 소중히 여기는 것, 예를 들면 관계에 대한 가치를 확인했다. 이는 여학생들의 자신감을 높여주었고 부정적인 편견이 실력 발휘에 미치는 효과를 감소시켜 결국 물리 실력도 좋아지게 만들었다.

상원 의원이자 전 미국 대통령 후보 엘리자베스 워런 역시 타인의 생각과 상관없이 자신이 무엇을 원하는지 아는 것은 새로운 기회를 발견하고 좌절을 이겨낼 수 있도록 도와주는 중요한 나침반이라고 졸업식 축사에서 말했다. 그와 같은 가치의 확인은 보트의 센터보드처럼 우리를 안정시켜 준다.[25]

2019년의 한 연구에 따르면 미국 10대들 역시 자기 가치 확인을 통해 학업 성적의 엄청난 개선을 보였다.[26] 그와 같은 효과는 사회적, 인종적으로 불리한 상황에 처해 있는 아이들에게서 가장 두드러졌다. 자기 가치 확인은 그 선입견의 역풍에 맞서 노력할 때 가장 효과가 좋다. 우리를 위협하는 편견은 스트레스의 원인이 되고 스트레스는 자신감을 갉아먹는다. 자기 가치 확인은 그 스트레스에서 당신을 보호하고 당신을 더 똑똑하게 만들어준다.[27]

자기 삶에서 가장 중요한 것에 단단히 뿌리내림으로써 자신이 누구인지 아는 것은 더 자신 있는 사람이 되기 위한 커다란 한 걸음이다. 자기만을 위한 목표 역시 마찬가지다.

자신만의 목표를 달성한다

야후의 전 최고경영자 마리아 메이어는 '자신의 성공 비결이 썩 준비되지 않은 것 같은 일들을 해내는 것'이라고 언젠가 말했다. 그녀는 그 불확실한 발걸음을 내딛으면서 자신에 대해 더 많이 배우고 성장했으며 예상치 못했던 좋은 일도 종종 따라왔다고 느꼈다.[28]

메이어의 경험은 자신 있는 사람이 되는 아주 중요한 방법을 보여준다. 너무 쉽지도 않고 지나치게 어렵지도 않은, 자신을 성장시키는 목표를 세우는 것이다. 우리는 자신감이 성공 경험을 통해, 특히 어려웠던 도전을 극복한 성공 경험에서 나온다는 사실을 알고 있다. 메이어 역시 완전히 준비된 상태로만 움직이지 않고 자신을 확장시켰다. 하지만 그녀는 완수할 수 있는 목표가 무엇인지 판단하는 방법 또한 알고 있었다.

남성은 메이어처럼 '약간 준비가 부족한' 것 같은 일에 여성보다 더 쉽게 접근한다. 전해지는 이야기에 따르면, 여섯 가지 중요한 요건을 갖춰야 하는 일자리가 있었다. 여성은 한 가지 요건만 부족해도 지원하지 않지만 남성은 세 가지만 충족해도 지원해 결국 합격한다. 그 차이는 물론 자신감이다.

삶은 모든 사람을 시험대에 올린다. 연구에 따르면 역경이 전혀 없거나 거의 없는 젊은 시절을 보낸 사람은 적절한 정도의 부정적 경험에 맞서온 사람보다 감정적으로 더 약하고 자신 없는 사람이 된다.[29] 역경의 경험이 없는 사람은 예방 주사를 맞지 않아 홍역에 걸린 사람과 비슷하다. 예방 주사는 우리 몸에 병원체를 발견하고 맞서 싸우는 법을 알려준다. 역경이라는 예방 주사 역시 불안을 알아차리고 이에 적절하게 대응하는 방법을 알려준다.

역경을 도움이 되는 방향으로 활용하려면 두 가지가 마련되어야 한다. 첫째, 어느 정도 통제할 수 있다고 느껴야 한다. 다시 말해, 지금 겪고 있는 일에도 불구하고 현재와 미래의 행복을 개선하기 위해 (외적 혹은 내적으로) 내가 할 수 있는 일이 있다는 믿음이 필요하다. 둘째, 실패로부터 도망가지 않고 실패에서 배우겠다는 의지가 있어야 한다.

통제감은 혜택받지 못한 사람을 우울과 불안으로부터 보호하는 데 몹시 중요하다. 통제감이 있다고 느끼는 사람은 뇌의 해마 기억 센터가 훨씬 건강하다.[30] 통제감과 통제감이 주는 자신감은 해마를 악화시키는 스트레스 호르몬 코르티솔의 잦은 분출을 감소시켜 스트레스로부터 뇌를 보호한다.

킴은 방향을 찾고 자신감을 갖기 전 수년 동안 자기 삶을 통제한다고 느끼지 못했다. 통제할 수 없다는 느낌은 불안을 초래하고, 불안을 어쩔 수 없는 문제로 바라보면 다시 통제할 수 없다는 생각에 악순환이 일어난다. 킴의 경우가 그랬다. 하지만 킴에게 가장 어려웠던 것은 걱정을 줄이는 것이었다. 걱정은 통제할 수 있다는 환상을 제공하면서 우리를 잡아먹는 정신적 중독이다.³¹ 킴은 미래에 대한 두려움에 대해 계속 생각했다. '독립은 할 수 있을까?' 과거의 죄책감에 대해서도 마찬가지였다. '막판에 휴가를 취소해 가족들을 실망시켜 버렸어.' 킴은 의식하지 못했지만 걱정은 행동의 대체제로 작용한다. 킴의 마음속에는, 충분히 걱정하면 마법처럼 그 일이 일어나지 않을 수도 있다는 잘못된 믿음이 있었다.

킴은 통제할 수 있는 것과 없는 것을 구분함으로써 그 걱정의 덫에서 빠져나오는 법을 배웠다. 새로운 직장 구하기처럼 통제할 수 있는 일에 대한 걱정은 작고 구체적인 목표와 확실한 행동으로 연결시켰다. 그 작은 목표들의 달성은 자신감을 세우는 데에도 중요했지만 불안을 통제한다는 느낌 때문에 더욱 중요했다.

킴이 고정 이론 때문에 실패에 대처하기 어려워하고 있을 때 오빠는 자기만의 방식으로 그 때문에 힘들어했다. 킴이 실패에 대한 비난을 도맡아 주는 것이 그에게도 필요했던 이유다.

킴의 오빠는 20대 후반에 아무런 성공도 보장해주지 못하는 직장 생활의 차가운 현실을 깨닫고 감정적 혼돈의 시기를 거쳤다. 그에게 불안은 낯설고 두려운 경험이었다. 불안에 대한 예방 주사를 맞지 않은 그에게는 큰 충격이었고, 고정 이론으로 불안에 대처할 수밖에 없었기 때문에 결국 의사를 찾아가 '치료'를 받아야 했다. 역설적으로 남매 모두 30대 초반이 되면서, 더 자신 있고 감정적으로도 안정적인 쪽은 킴이 되었다.

목표를 세우고 이를 달성하는 것은 더 자신 있는 사람이 되기 위해 꼭 필요한 과정이다. 하지만 너무 쉬운 목표는 성공 경험을 제공하거나 자신감을 높여주지 못한다. 너무 높거나 어려운 목표 역시 실패와 의욕 저하로 이어질 뿐이다. 완벽주의자들이 자신 있는 모습을 보이기 힘든 이유다. 완벽주의자들은 적당한 성취를 가치 없는 것으로 폄하하는 부모의 목소리를 머릿속에서 들으며 종종 의욕을 잃는다. 자신감을 높이기 위해서는 완벽하지 않음과 실패를 두려워하거나 회피하지 말고 받아들여 그로부터 배울 수 있어야 한다.

킴이 자신감에 대해 배운 또 한 가지가 있었다. 바로 목표는 진심으로 자신의 것이어야 한다는 점이다. 킴은 부모님이 오빠를 참고해 세워준 목표에 짓눌려 왔다. 하지만 심리적 대조 기술의 도움으로 무엇이 자기 목표며 어떤 목표가 실현 가능한지 구분할 수 있게 되었다. 그 전에는 오빠처럼 반에서 1등을 하거나 전부 A를 받지 못하면 걱정이 가득했다. 하지만 그 목표들은 타인과의 비교가 목적이었기 때문에 킴의 진정한 목표가 아니었다. 타인을 이기는 것의 문제는 언제나 우리보다 더 나은 누군가가 있기 마련이라는 사실이다. 그처럼 타인과 비교하는 목표는 실패에 대한 불안과 두려움으로 곧장 이어진다.

2014년, 서울 고려 대학교는 어린 킴처럼 누군가와 비교하기 위해 목표를 세운 학생들의 뇌에서 무슨 일이 벌어지는지 연구했다. 대조군은 타인과의 비교가 아니라 지금 배우고 있는 것을 최대한 이해하는 '숙달 지향' 학생들이었다. 실험군은 '다른 사람보다 잘하는 것이 나한테는 중요하다' 같은 문장에 더 동의했고 대조군은 '내가 최대한 잘 이해하는 것이 중요하다' 같은 문장에 동의했다.

학생들은 기능적 자기공명영상장치 안에 누워 다양한 문제를 풀었고 매 문제마다 바로 정답을 알려주었다. 숙달 지향 학생들의 뇌는 답이 틀렸을 때마다 전전두피질이 활성화되었다. 오류를 수용하고 틀린 이유를 확인하고 있다는 뜻이었다. 타인과 비교하며 의욕을 얻는 학생들의 전전두피질 활동은 급격히 감소했는데 이는 실수를 이해하려 하기보다 마음을 닫고 감정적으로 물러서고 있다는 뜻이었다. 대조군은 실수에서 배우고 이를 수정하면서 자신감을 높였지만 실험군은 그렇지 못했다.[32]

킴도 처음에는 실험군 학생들과 더 가까웠지만 수년 동안 두려움과 실패를 경험하며 정말로 자신을 위한 목표가 무엇인지 알수 있었다. 그리고 다른 사람과 상관없이 자기만의 기준으로 목표를 세웠다. 결국 자신이 정한 그 목표를 이루면서 성공을 경험해 자신감도 높아졌다. 숙달 지향 학생들처럼 킴은 이제 좌절과 실패로부터 배울 수 있었고 그럴수록 더 자신감이 높아졌다. 킴은 이를 사회생활에도 적용해 다른 사람이 얼마나 인기 있는지 신경 쓰지 않고 소수의 좋은 친구들에게 집중하는 법을 배웠다.

포즈도 자신감이 된다

"자신을 믿어라. 그렇지 않아도 그런 척해라. 언젠가는 그렇게 될 것이다."[33]

2013년, ABC 뉴스에서 비너스 윌리엄스가 한 말이다. 성공한 사람들이 종종 하는 그 말에 과연 과학적 근거가 있을까? 그리고 그 척하기는 어떤 모습일까? 한동안 이는 신체적인 것으로 여겨졌다. 컬럼비아 대학교와 하버드 대학교 연구 팀은 두 다리를 벌리고 두 팔을 벌리거나 허리를 짚어 몸을 활짝 펴는 '파워 포즈'가 신체의 테스토스테론 수치를 높여 자신감을 준다고 했지만 이후 연구들에서 같은 결과가 나온 것은 아니었다.[34]

그래도 많은 정치가들과 사업가들은 중세의 으스대는 영주처럼 두 손을 허리에 올리고 어깨를 활짝 편 자세로 강연을 하기도 했다. 2018년, 영국의 재무장관 부임 첫날, 사지드 자비드는 지나치게 과장된 그 자세로 큰 놀림을 받기도 했다.[35]

그렇다면 비너스 윌리엄스의 주장은 과연 사실일까? 새로운

'감정'을 느껴 행동하기보다 새로운 '행동'으로 감정을 느끼는 것이 보통 더 쉽다는 사실을 앞에서도 살펴보았다. 성공에 대한 확신 없이 안전지대에서 벗어나는 것이 그 '척하기'의 한 형태라면, 그렇다. 될 때까지 그런 척할 수 있다. 자세에 대한 모든 연구의 2020년 리뷰에 따르면, 두 발을 벌리거나 어깨와 팔을 펴면서 신체를 공간적으로 넓게 확장하는 것은 전혀 자신감을 높여주지 않는다. 하지만 두 팔을 포개고 고개를 숙이고 등을 굽히고 다리를 꼬면서 자세를 움츠리는 것은 자신감을 꽤 많이 약화시킨다는 결론이 내려졌다.[36]

파워 포즈가 반드시 자신감을 높여주는 것은 아니지만 스트레스를 받는 상황에서 몸을 웅크리지 않고 똑바로 서는 것이 자신감을 유지하는 데에는 도움이 될 것이다. 그리고 사람들은 편한 옷을 입을 때보다 정장을 갖춰 입을 때 힘이 있다고 느껴 더 추상적으로 사고하는 경향이 있다.[37] 하얀 실험 가운을 걸치기만 해도 집중력이 좋아진다고 2012년 노스웨스턴 대학교 연구 팀은 밝혔다.[38]

그러므로 겉으로 자신 있는 척하는 것이 어떤 효과를 발휘하긴 하겠지만 그 자체만으로는 아니다. 킴은 사고방식을 바꾸고 직접 행동에 나섬으로써 점차 자신 있는 사람이 되는 법을 배웠다. 옷을 잘 차려입는 것도 도움이 되고 상대의 눈을 피하거나 움츠러들고 싶은 유혹을 이겨내며 눈을 마주치고 과장되게 웃는 것도 도움이 되지만, 아무리 옷을 바꾸고 대담하게 눈을 마주쳐도 사고방식을 바꾸는 것만큼 큰 영향을 끼치지는 못할 것이다.

자기 의심을 버린다

킴은 거의 모든 상호 작용에서 상대의 위안을 얻는 습관이 몸에 배어 있었다. '너무 공격적으로 듣지 않았으면 좋겠는데… 내 말이 그렇게 이상한 건 아니지? … 쓸데없는 말 같으면 그만하라고 해 줘 … 내 말이 지겨울지도 모르겠지만…' 겉으로는 사람들과 잘 지내는 좋은 친구나 동료가 피드백을 구하는 건강한 말처럼 들릴지 모른다. 물론 그런 면도 없지는 않겠지만 상대가 계속 안심시켜 주기를 바랄 때 개인이 치러야 할 대가는 작지 않다. 불안의 영구화로 인한 자신감 출혈이 바로 그 대가다.

'위안 구하기'는 단기적으로는 불안을 감소시키지만 장기적으로는 불안을 가중시킨다.[39] 킴은 모든 대화의 모든 말을 머릿속에서 곱씹는 만성적인 자기 의심에 시달리고 있었다. 혹시 바보 같은 말을 하지는 않았는지 걱정했다. 그런 걱정 때문에 불안해졌고 그 불안을 막기 위해 상대의 위안을 구했다. 상대는 킴의 말을 듣는 사람일 수도 있고 제3자인 친구가 될 수도 있었다. '그 사람에게 그런 말을 하지 말걸 그랬나? 나를 좋게 생각하진 않겠지?'

친구는 보통 킴을 안심시킬 것이다. '당연히 아니지. 널 좋아할 거야.' 킴은 불안이 가시겠지만 아주 잠깐일 뿐이다. 자기 의심은 다시 고개를 들고 킴은 어떻게든 더 확실한 위안을 구하려고 애쓸 것이다. 불안은 또 감소하겠지만 자기 의심과 함께 결국 되돌아온다. 그리고 이는 습관이 된다. 위안을 얻을 때마다 킴의 뇌는 약간의 보상으로 불안한 느낌을 잊는다. 하지만 이는 일시적일 뿐이며 곧 같은 수준에 도달하기 위해 더 큰 위안이 필요하게 된다. 대부분의 습관이 그렇듯 보상은 갈수록 감소하기 때문이다.

지나친 위안 구하기는 자신 없는 사람을 더 불안하고 자신 없게 만드는 심리 상태로 고착될 수 있다. 위안을 구하는 그 단순한 행동이 불안을 증가시키고 기분을 나쁘게 해 결국 자신감의 커다란 장애물이 될 수 있다.

이는 관계에도 스며들 수 있다. '자신을 그렇게 못 믿는다면 저 사람은 정말 믿을 만한 사람은 아닐지도 몰라.' 지금까지 살펴보았듯이 자신감은 전염성이 있지만 자기 의심도 마찬가지다. 자신감이 자신을 믿으라는 설득의 토대라면 자기 의심은 자신을 믿지 말라는 정반대의 신호를 보낸다.

입술을 깨물며 상대의 위안을 구하지 않는 것이, 더 자신 있는 사람이 되는 과정에서 킴에게 가장 어려운 일 중 하나였다. 시간이 흐르면서 킴은 위안을 구하는 습관은 물론 다른 태도들이 상대에게 자기 의심의 신호를 보내며 이를 점점 더 고착시킨다는 사실을 깨달았다. 킴이 결국 인식하게 된 양상들은 다음과 같았다.

사과를 너무 많이 한다. '미안해. 내가 원래 이래… 미안. 더 일찍
전화했어야 했는데.'
칭찬을 받아들이지 못한다. '아니야, 그냥 운이 좋았을 뿐이야.'
문장을 제대로 끝맺지 못해 질문처럼 들린다.
올바른 결정인지 확신하지 못해 아주 작은 결정도 미룬다.
자기 비하적인 농담을 한다. '난 정말 멍청한가 봐. 내가 좀 엉망
이지.'

킴은 그와 같은 습관을 하나씩 떨쳐내야 했다. 그리고 존재하
지도 않는 잘못에 대해 사과하지 않을 때 스치는 불안을 견뎌야
했다. 칭찬을 받을 때 웃으며 고맙다고 말하는 법을 배워야 했다.
모든 문장을 질문처럼 마무리하는 습관도 버려야 했다. 그리고
자기 결정을 사랑하는 법을 배웠다. '내가 한 결정이니 맞을 거
야.' 자기 비하적인 농담을 줄여 상상 속의 비판 또한 물리쳤다.
전부 위안을 얻기 위해 킴이 오랫동안 의지해 온 습관들이었
다. 목발을 너무 오래 사용하면 다리 근육이 약해지듯 정신적 목
발은 자신감 근육을 약하게 만든다. 킴은 자신이 내리는 모든 결
정과 자신이 하는 모든 행동에 뒤따라오는 의심을 책임지는 법을
배웠다. 전부 자신감 덕분이었다.

9장

지나친 자신감은
어떤 모습인가

Overconfidence

1978년 5월 25일, 흥분한 3만 명의 축구 팬이 땀이 흥건한 손에 값비싼 표를 쥐고 글래스고 햄던 스타디움으로 몰려들었다. 선수들이 입장하는 동안 함성은 더 높아졌다. 경기를 위한 입장은 아니었다. 사실 팬들은 코치인 앨리 매클라우드를 보기 위해 모인 것이었고 선수들은 그다음이었다. 선수들은 두 줄로 행진하는 군악대를 따라 한 명씩 입장했고 다 같이 오픈탑 버스에 올라탔다. 버스는 스타디움을 한 바퀴 돈 후 월드컵 결승을 위해 아르헨티나로 출발했다.

일 년 전, 매클라우드는 자랑스럽게 말했다. "내가 전 세계 최고의 코치라는 사실을 증명하고 싶다."

스코틀랜드의 월드컵 승리 후 다음 계획을 묻는 기자의 질문에는 이렇게 대답했다. "이 자리를 유지할 겁니다."

하지만 아르헨티나에서의 결과는 몹시 달랐다. 페루와의 첫 경기에서 졌고 이란과는 동점을 기록했다. 그리고 네덜란드를 기적적으로 물리치긴 했지만 결국 탈락이라는 불명예를 안고 고국으로 돌아왔다. 실력이 없어서가 아니었다. 네덜란드를 이겼으니 실력은 충분했다. 자신감이 부족해서도 아니었다. 코치가 선수들에게 지나친 자신감을 불어넣었기 때문이다.

앨리 매클라우드는 흔히 말하는 허풍쟁이였다. 그런 사람들에 대한 이론적 연구가 있을 정도로 만연한 성격 형태 중 하나다.[1] 여기서 학업 능력에 대한 국제적인 연구를 하나 살펴보자. 연구 팀은 청소년들에게 산술 평균, 코사인, 1차 방정식 같은 열여섯 가지 수학 개념에 대해 들어본 적 있는지 물었다. 여기까지는 수학 초보자도 무리 없이 들어보았다고 대답할 수 있을 것이다. 하지만 연구 팀은 서술분수, 가정비율, 고유수라는 실제로 존재하지 않는 세 가지 용어를 포함시켰다. 10대 학생들은 각각의 용어에 대해 얼마나 이해하고 있는지 '전혀 들어본 적 없다'부터 '잘 알고 있다', '완벽히 이해하고 있다'까지 셋 중 하나로 답해야 했다. 학생들의 대답이 바로 허풍의 척도였다. 존재하지 않으므로 들어본 적도 없는 개념을 얼마나 자신 있게 이해하고 있다고 대답하는지로 말이다.

놀랍지 않게 실험에 참여했던 아홉 개 영어권 국가 모두에서 남학생이 여학생보다 허풍이 심했다. 또 더 부유한 학생이 가난한 학생보다 허풍이 심했다. 그리고 북아메리카 학생들이 스코틀랜드와 아일랜드 학생들보다 심했고, 영국과 뉴질랜드, 호주가 그 중간이었다.

이 연구 결과는 자신감의 모호함을 강조한다. 허풍 떠는 경향이 있는 10대는 실질적인 문제 해결에 관해서도 더 자신 있는 모습을 보였다. 자신의 수학적 지식도 강조했지만 학교에서 허풍을 떨지 않는 학생들보다 더 인기가 많다고 생각했고 어려운 문제도 더 끝까지 해결할 수 있다고 믿었다. 다시 말하면 그들은 허풍을 떨지 않는 학생들보다 더 자신감이 있었고, 앞에서 살펴보았듯이 자신감은 강력한 자기충족적 예언으로 기능한다.

하지만 당신이 외과 의사라면, 금융 거래를 하거나 트럭을 운전한다면 자기 능력의 한계를 잘 파악해 지나친 자신감으로 선을 넘게 되는 상황을 피해야 할 것이다. 1999년, 코넬 대학교 연구팀은 정신이 번쩍 드는 진실을 밝혔다. 능력이 부족할수록 자기 기술을 과대평가하는 경향이 있다는 사실이다.[2] 실력이 부족한 외과 의사는 자신이 실제보다 더 낫다고 생각하지만, 훌륭한 의사는 그만큼 자기 능력을 과대평가하지 않는다. 똑똑하지 않을수록 자신이 실제보다 더 영리하다고 생각한다. 대부분의 사람은 자신이 평균 이상의 운전자라고 자만한다. 최근 연금 계좌의 초라한 잔고를 보고 깜짝 놀랐다면 펀드 매니저의 74퍼센트가 자신이 평균 이상의 투자자라고 생각한다는 슬픈 사실도 기억하자.[3]

바로 여기에 자신감의 모순이 존재한다. 미래에 대한 믿음과 지속할 수 있는 의욕에는 자신의 '실행 가능' 능력은 물론 무슨 일이 벌어질 것인지에 대해서도 과할 정도의 낙관적인 태도가 필요하다. 약간 우울한 사람은 그렇지 않은 사람보다 불확실한 미래의 사건에 대해 훨씬 현실적인 예측을 한다.[4] 다시 말하면 '건강한' 정상 상태를 위해서는 자신의 능력과 미래에 대한 어느 정도의 환상이 필요하다. 그것이 다른 말로 자신감이다. 우울한 경향이 높아지면 반대로 비관적인 방향으로 비현실적 예측을 한다. 비교적 건강하고 평범한 삶에서 우리가 자신감이라고 부르는 그 낙관 편향 때문에 우리는 새로운 시도를 해볼 수 있다. 그리고 이는 종종 효과가 있다. 누구나 하는 그 약간의 기만이 무슨 일이든 진행시키기 때문이다.

하지만 지나친 자신감에는 장점도 있지만 감수해야 할 단점도 분명히 있다.

끔찍한 실수가 많다

외과 의사가 흰 가운을 펄럭이며 바삐 병실로 들어선다. 간호사들이 환자 주변에 불안하게 모여 있고 레지던트들이 차트를 재빨리 살피며 그가 툭툭 던지는 질문에 대답하고 있다. 의사는 거칠게 시트를 젖혀 환자의 다리를 간단하게 살펴보고 마지막으로 침대에 누운 환자에게 미소를 지으며 말했다.

"오늘 기분은 어떠세요?"

"좋, 좋습니다. 가, 감사합니다." 환자가 놀랍고 당혹스럽지만 고분고분한 표정으로 대답했다.

"아파요?"

환자가 다시 놀란 표정으로 되물었다. "뭐, 라고요?"

"다리가 아프시냐고요."

"아, 네, 아픕니다."

"그럼 다리를 절단해야 한다는 사실도 아시겠죠?"

환자의 얼굴이 걱정으로 어두워졌다.

"다른 의사 선생님이 그렇게 말씀하시긴… 했지만….."

"좋아요. 제가 수술합니다. 수술은 내일이고요."

의사는 휙 돌아 가운을 부풀리며 나갔고 레지던트들이 서둘러 그의 뒤를 따랐다.

다음 날 이른 아침, 수술실에 들어온 의사가 다리를 절단했다. 하지만 건강한 다리였다. 그는 한 달 후 다른 다리도 절단해야 했다.

이는 사실에 근거해 꾸며낸 이야기다. 많은 나라에서 병원 경영과 의료 환경을 개선하며 바꾸고자 노력하는 오래된 의료 현실에 대한 이야기이기도 하다. 하지만 2016년의 한 연구에 따르면 미국 3대 사망 원인은 심장병과 암에 이어 세 번째가 의료 사고였다.[5] 다른 나라의 연구들도 결론은 비슷했다. 로드 아일랜드에 있는 한 병원은 1년에 세 번이나 환자의 반대쪽 뇌를 수술하는 사고를 내기도 했다.[6] 물론 모든 사람이 그렇듯 의사도 실수를 하지만 그들의 실수는 다른 사람들의 실수보다 훨씬 심각한 결과를 초래한다. 그리고 의사들이 실수를 하는 가장 큰 원인 중 하나가 바로 지나친 자신감이다.[7]

하지만 정치인의 지나친 자신감은 전쟁이라는 더 끔찍한 결과로 이어지기도 한다. 1980년, 이라크 사담 후세인의 지나친 자신감은 이라크 군대의 힘을 과대평가하고 이란 군대의 힘을 과소평가해 2백만에 달하는 사람들이 죽고 수백만이 불구가 된 8년간의 끔찍한 분쟁을 초래했다.[8] 모든 전쟁이 그렇듯이 조금 일찍 평화를 협상했다면 두 나라 모두에게 큰 도움이 되었을 것이다. 하지만 자신감이 지나친 정치인은 분쟁으로 번질 수 있는 결과에 대해서도 지나치게 낙관적인 태도를 보인다. 우월하다는 착각으로 엄연한 현실과 가능성을 무시하는 것이다.[9]

하지만 문제는 이것이다. 지나친 자신감은 곧 허풍인데 그 허풍이 때로는 효과가 있다는 것이다.

1532년 11월 16일, 역사가 도미닉 존슨의 저서 《지나친 자신감과 전쟁Overconfidence and War》에 따르면 스페인 정복자 프란시스코 피사로와 168명의 군인이 8만의 잉카 군대와 맞섰다. 한 스페

뉴 컨피던스

인 목격자가 기록했듯이 일단 도착한 군인들은 '돌아서거나 두려움을 보일 수 없었다. 어떻게든 승리에 대한 확신이 있는 것처럼 보여야 했다.' 피사로는 군인들의 사기를 높이기 위해 잉카 군대는 오직 4만 명'뿐'이라고 말했다. 스페인 군대는 자신들의 승리를 굳게 믿고 싶어 하는 사람들 같았다.

피사로의 군대는 승리했지만 이는 그들의 말과 대포 때문이 아니라 엄청난 허풍으로 창과 곤봉과 활과 화살로 무장한 잉카 군대의 사기를 저하시키고 자신감을 산산조각냈기 때문이다. 제2차 세계 대전부터 중동 전쟁까지 수백 개의 역사적 전투에 대한 존슨의 광범위한 분석에 따르면 그와 같은 허풍이 많은 전투에서 승리와 직결되었다.[10]

존슨은 피사로처럼 넘치는 자신감으로 상대편의 강함을 극복했던 수많은 군사 지도자들의 예를 발견했다. 그리고 그 넘치는 자신감이 약한 쪽에 힘을 주는 방식으로 작용하는 것은 아니라고 결론내렸다. 넘치는 자신감은 우리 편의 힘을 과대평가하도록 적들을 속이는 데 사용되었다.[11]

넘치는 자신감은 홍보 전략에도 효과를 발휘한다. 자신이 실제보다 더 멋진 사람이라고 상대를 설득하는 것이기 때문이다. 하지만 피사로 같은 승리도 있었다면 지나친 자신감으로 야기된 재앙도 분명 있다. 제1차 세계 대전의 갈리폴리 전투가 그랬고, 나폴레옹의 러시아 침략도 그랬다. 후자는 한 세기 후, 넘치는 자신감으로 결국 이를 따라 하고 말았던 히틀러의 어리석은 행동으로 반복되었다.

2007년, 토론토 대학교 연구 팀은 지질학자 527명을 대상으로 모의 석유 시추 실험을 진행했다. 연구 팀은 지질학자들에게 실제라면 엄청난 자금이 필요할 그들의 노력이 좋은 결과로 이어지지 못할 수도 있다는 부정적인 증거를 조금씩 제공했다. 하지만 자신감 넘치는 지질학자들은 그 부정적인 증거를 보고도 탐사를 확대했다. 매몰 비용을 감수하고 잘못된 탐사를 포기하는 대신 그들은 수백만 달러의 돈을 헛된 일에 계속 쏟아부었다. 자신감이 지나치지 않았던 지질학자들은 투자한 만큼 성과는 없는 연구를 훨씬 일찍 포기했다.[12]

지나친 자신감은 세상에 대한 위험한 확신을 초래할 수 있다. 엄청나게 복잡한 현실에 지나치게 단순한 분석과 해법을 제시한다. 연구 팀은 지나치게 단순한 사고가 극좌 혹은 극우 정치인들의 특징이라고 밝혔다. 그런 급진주의자들은 컵에 든 모래 알갱이 숫자를 어림잡을 때조차 지나친 자신감을 보였다.[13]

물론 사람들은 자신 있는 외과 의사를 바랄 것이다. 하지만 그것이 지나친 자신감인지 아닌지 어떻게 안단 말인가? 여기에 딜레마가 있다. 적절한 자신감은 우리를 더 설득력 있고 능력 있는 사람으로 만들지만 과도하게 지나친 자신감은 엉뚱한 다리를 절단하거나 무시무시한 전쟁을 초래하는 어리석은 판단으로 우리를 몰아넣을 수 있다. 커다란 대가를 치러야 할 비극적 실수들의 핵심이 바로 그것이며 이는 너무 흔하고 익숙하게 제 발목을 잡는 일이 되기도 한다.

회사를 망하게 한다

한 기업가가 혜성처럼 등장해 인류의 미래를 위한 원대한 계획으로 전 세계 지도자들이 찾는 국제적 유명 인사가 되었다. 그는 자신이 설립한 회사의 규모와 크기라면 전 세계에서 가장 커다란 문제들도 해결할 수 있으며, 전쟁으로 인한 각종 문제를 해결하기 위해 자기 회사에 대한 높은 가치 평가가 필요하다고 《뉴욕》 매거진에 말했다. "전 세계에 1억 5천만 명의 고아가 있습니다. 우리는 그 문제를 해결해 아이들에게 새로운 가족을 만들어주고 싶습니다."

자기 회사의 임무는 '세계의 의식 수준을 고양'시키는 것이라고 그는 주장했다.[14]

2019년 8월 14일 수요일 오전 7시 7분, 애덤 노이만의 위워크컴퍼니는 470억 달러의 가치가 있다고 예상되는 기업 공개 준비 서류를 제출했다. 10월 중순, 기업 가치는 80억 달러 이하로 떨어졌고 2,400명의 직원이 해고당했으며, 노이만은 구제 금융을 제공받는 조건으로 150억 달러의 퇴직금을 들고 최고경영자 자리에서 물러났다.

지나친 자신감은 자기 능력과 성공 가능성에 대한 과대평가다. 애덤 노이만은 분명 자신감이 지나쳤다. 그는 9년 만에 사무실 한 칸에서 시작한 스타트업을 뉴욕과 런던을 비롯한 23개국의 다양한 도시에 지점을 둔 대규모 공유 오피스 회사로 키웠다. 하지만 1억 5천만 명의 고아에게 가족을 찾아주지도 못했고, 전지구적 분쟁을 멈추지도 못했으며, 세계의 의식 수준을 고양시키지도 못했다. 390억 달러의 기업 가치 추락도 당연히 막지 못했다.

하지만 그의 대담한 야망은 투자자들에게도 전해져, 소프트뱅크의 최고경영자 마사요시 손을 포함한 많은 투자자들이 엄청난 돈을 위워크에 쏟아붓게 만들었다. 앞에서 살펴보았듯이 자신감은 사람들을 더 설득력 있게 만들고 과도한 자신감은 그 설득력이 넘쳐나게 만든다. 자신감은 또 위험을 무릅쓰게 만들기도 한다. 미국 비즈니스 매거진《패스트 컴퍼니》에 따르면 노이만은 너무 위험한 투자를 반대하는 간부를 '평범한 인재'라고 부르기도 했다. 한 소식통에 따르면 그는 그와 같은 비관주의자들이 회의에 참석하지 못하게 하거나 참석할 경우 완전히 무시했다고 한다.[16]

승자의 저주는 경매에서 승리하기 위해 경매 물품의 실제 가치보다 더 높은 금액을 제시해 이를 낙찰받으려는 경향이다.

1971년, 석유 탐사권 입찰 경쟁에 나선 회사들이 그곳의 실제 가치보다 더 많은 돈을 지불하면서 입찰을 따내는 모습을 보고 그 자리에 참석했던 세 명의 기술자가 처음 사용한 용어다.[17] 지나친 자신감은 우리를 지나친 낙관주의자로 만든다.

애덤 노이만의 위워크에서 벌어진 일도 바로 그것이었다. 그는 자신의 헛된 이상을 추구하다가 투자자들에게 회사의 연간 손실과 부풀려진 기업 가치에 대해 변명하는 신세가 되었다.[18] 물론 승자의 저주와 상관없이 그 자신은 위워크의 직원들은 꿈도 꾸지 못할 많은 돈을 들고 물러났다는 점은 다르지만 말이다. 여기에 지나친 자신감의 모순이 압축되어 있다. 지나친 자신감은 승자의 저주가 끼어들기 전까지 어느 정도는 분명 효과가 있다. 그리고 노이만과 같은 사람들은 그 순간을 능숙하게 잘 파악하고 빠져나와 자신이 아닌 다른 사람들이 그 저주를 받게 만든다.

지나친 자신감은 상황에 따라 자산이 될 수도 있고 저주가 될 수도 있다. 우리의 연금과 투자를 관리하는 펀드 매니저의 74퍼센트가 자신이 다른 투자자보다 더 능력 있다고 믿는다면 우리는 잠시 멈춰 생각해 보아야 한다.[19] 그들이 그와 같은 왜곡된 자기 평가에 익숙하다면 어떻게 우리 돈이 안전할 수 있겠는가.

2008년, 하이파 대학교 연구 팀은 전문 자산 관리사들과 경제학과 학생들을 대상으로 한 가지 실험을 했다. 연구 팀은 단어 기억 테스트라고 설명하며 '위험 추구' 혹은 '위험 회피' 관련 단어들을 각각의 그룹 참가자들에게 미리 제공했다. 위험 추구 관련 단어는 '진취력 있는/대담한/모험적인' 등이었고, 위험 회피 관련 단어는 '성실한/책임감 있는/조심스러운/사려 깊은' 등이었다. 참가자들은 그 단어가 자신의 생각을 유도하기 위해 제공되었다는 사실을 몰랐다.

자기도 모르게 '위험 추구'와 '위험 회피' 성향으로 나뉜 자산 관리사들과 경제학과 학생들은 제공된 자세한 정보를 토대로 주식 투자 결정을 해야 했다. 위험 추구와 관련된 단어를 접했던 것만으로도 위험한 투자에 대한 참가자들의 욕구는 증가했다. 그런데 우리의 연금 계좌를 더더욱 걱정스럽게 만드는 것은 바로 대학생들보다 자산 관리사들이 그 무의식적 편향 유도에 훨씬 더 큰 영향을 받았다는 것이다.[20]

그들은 우리가 전문가들에게 기대하듯 이성적으로 분석하지 않고 성급하게 반응했다. 인지적으로 말하자면 냉철한 의사 결정 과정을 거치기보다 직감과 예감에 의존했다. 잘 연마한 직감으로 더 나은 결정을 내리는 것도 아니었다. 오히려 자신의 직감을 지나치게 신뢰한 나머지 학생들보다 더 형편없는 선택을 했다.[21] 열심히 일하고 열심히 노는 생활 방식, 예측하기 힘든 경영 방식을 보였던 애덤 노이만 역시 충동적인 스타일이었을 것이다. 그리고 그를 그 상태로 이끈 것은 무엇보다도 지나친 자신감이었다.

높은 자리는 권력을 주고 권력은 지나친 자신감을 선사해 위험을 보지 못하는 상태가 되기 쉽다. 그 한 가지 예가 바로 닷컴 버블이다. 투자를 받은 기술 기업들의 주가가 폭등해 2000년 3월 정점을 찍었고, 그 후 2년 만에 기술 기업들 가치의 80퍼센트가 사라졌다. 1999년, 《월 스트리트 저널》은 닷컴.com이라는 도메인 끝말을 기업명에 붙이는 것이 주가의 급락을 초래했다고 언급했다.[22]

주식을 거래하는 돈벌이의 귀재들은 위워크처럼 지나친 자신감의 풍랑에 빠졌다가 주가 폭락이라는 냉혹한 현실에 내동댕이쳐졌다. 글로벌 금융 시장이 확장되면서 문제는 더 심각해졌고, 작은 기관들이 투자 위험에 관한 기업 실사를 하는 것은 더 힘들어졌다. 그래서 그들은 연구에서도 드러났듯이 대규모 투자자들의 판단을 따르는 경향이 있다.[23] 하지만 이미 살펴보았듯이 많은 전문 투자자들이 실전 경험이 없는 학생들보다 직감과 예감에 의존한 더 비이성적 판단을 내린다. 증거가 더 필요하다면 또 있다. 1982년부터 1997년까지 26개국에서 아침 햇살의 양이 그날 그 도시의 증권 거래소 수익과 엄청난 관련이 있었다.[24] 화창한 아침의 순간적인 행복조차 돈이 걸린 미래에 대한 자신감을 비이성적으로 북돋을 수 있다.

하지만 금융계의 큰손들만 지나친 자신감으로 승자의 저주에 빠지는 것은 아니다.

스칸디나비아반도 국가들이 그렇듯 핀란드 역시 자국민에 대한 광범위한 자료를 갖고 있다. 2009년, 헬싱키 경제 대학교와 캘리포니아 대학교는 각국 남성 수천 명의 주식 거래에 관한 연구를 함께 진행했다. 연구 팀은 군 복무를 위해 평가한 남성들의 실제 능력과 자기 지능에 대한 자신감 정도를 고려해 주식 거래 현황을 살펴보았다. 자신의 지적 능력에 대한 자신감이 넘치는 남성이 거래 빈도가 훨씬 높았고, 참고로 말하자면 속도위반 딱지도 더 많이 받았다고 핀란드 연구 팀은 밝혔다.[25]

하지만 개인 투자의 문제는 거래량이 높을수록 평균 손실도 커진다는 것이다. 미국 3만 5천 가구에서 수집한 자료를 토대로 실시한 2001년의 한 연구에 따르면, 1991년과 1997년 사이 남성의 주식 거래량이 여성보다 45퍼센트 더 많았다. 그리고 이 때문에 남성의 평균 손실액도 50퍼센트 더 컸다.[26]

스타트업 회사에서도 비슷한 일이 일어난다. 경제학자들은 스타트업의 75퍼센트가 혼자 사업을 시작하는 것보다 월급 받는 직장을 유지할 때 재정적 이득이 훨씬 크다는 사실을 발견했다.[27] 그렇다면 대부분의 스타트업이 실패하는 현실에서 사람들을 기업가가 되라고 자극하는 것은 무엇일까? 바로 지나친 자신감이다. 우리가 기업가라고 부르는 그 호기심 많고 위험을 무시하는 낙관주의자들도 강력한 로켓 연료가 없었다면 그럴 수 없었을 것이고 그 연료가 바로 넘치는 자신감이다. 대부분은 실패할 테지만 소수는 엄청난 성공을 이룬다. 그 엄청난 성공을 이루겠다는 도박자의 꿈은 위험에 대한 이성적인 계산을 가뿐히 능가하고도 남는다.

인간은 좀처럼 현실을 견디지 못한다고 시인 T.S. 엘리엇은 말했고,[28] 이는 비즈니스와 금융에 있어서는 정말 그렇다. 지나친 자신감의 허세는 나폴레옹의 러시아 침략, 애덤 노이만의 방대한 위워크 확장, 앨리 매클라우드의 아르헨티나 굴욕 같은 재앙의 뿌리이기도 하다. 하지만 자기 능력에 대한 낙관과 자만에 눈이 먼 인간을 미래로 보내주는 다리가 되기도 한다. 그리고 가끔, 아주 가끔, 승자의 저주도 비껴가는 결실을 이루기도 한다.

1957년, 덴마크의 건축가 예른 웃손은 오늘날의 가치로 6천5백만 달러의 비용 소요가 예상되는, 시드니 하버 가장자리의 공공건물 디자인 입찰에서 승리했다.[29] 시드니 오페라 하우스는 그로부터 16년 동안 10억 달러의 돈을 쓴 후 1973년 10월 20일에 개관했다. 덴마크의 경제학자 벤트 플뤼비아에 따르면 시드니 오페라 하우스는 전 세계 대규모 프로젝트 역사상 비용이 가장 많이 초과된 공사였다.[30] 오페라 하우스는 모든 대규모 프로젝트를 방해하는 계획 오류의 가장 확실한 예로, 자신감이 지나친 개인이나 기관이 그 계획 오류에 특히 취약하다. 자신감은 상황을 통제하고 있다고 느끼게 만들고, 지나친 자신감은 제 힘으로 어쩔 수 없는 프로젝트의 함정을 과소평가하게 될 때까지 그 통제감을 부풀린다.

그 과장된 통제감은 시간에 대해서도 지나치게 낙관적인 태도를 취하게 만든다. 2008년, 런던 경영 대학원 연구 팀은 자신감이 지나친 사람의 뇌는 이득을 얻기보다 손실을 피하려고 하는 '손실 혐오'의 영향을 덜 받는다는 사실을 보여주었다.[31]

그렇다면 많은 인원이 필요한 대규모 프로젝트의 자신감 넘치는 리더는 팀원들의 현실주의와 경고를 어떻게 무시할 수 있을까? 넘치는 자신감이 엄청난 설득력으로 이어진다는 것이 한 가지 이유다. 그리고 부하 직원들이 경고 신호를 파악하고도 상사의 힘과 권력 때문에 입을 다무는 침묵 효과가 또 다른 이유다.

2015년의 한 연구에 대해 살펴보자. 실험 참가자들을 무작위로 두 명씩 짝지어 어떤 문제를 함께 해결하게 했다. 둘 중 한 명에게는 관리자 역할이, 나머지 한 명에게는 직원 역할이 주어졌다. 관리자에게는 직원을 평가하고 보상을 분배할 권력도 주어졌다. 연구 팀은 관리자의 절반에게 바른 자세로 상대의 눈을 보고 자신 있는 몸짓으로 또박또박 말하라고 주문했고, 나머지 절반에게는 눈을 피하고 몸을 웅크리는 등 자신감이 없어 보이는 행동을 주문했다.

결과는 놀라웠다. 자신 있는 모습의 관리자와 함께한 직원은 자신 없어 보이는 관리자와 함께한 직원보다 문제 해결을 더 어려워했다. 직원들은 관리자의 자신감에 억눌린다고 느꼈고 그래서 새로운 제안을 하거나 의견을 제시할 수 없었다.[32] 이는 직원이 그 문제에 대해 관리자가 모르는 특별한 정보를 갖고 있을 때도 마찬가지였다. 그런 상황에서도 직원들은 침묵을 지켰다.

문제 해결 능력이 좋은 팀에는 구성원 개개인의 아이큐 평균값과 상관없는, 팀으로서의 집단 지성이 있다. 그런 팀은 구성원 개개인이 얼마나 똑똑한지보다 구성원들의 상호 작용 방식 덕분에 문제를 해결할 수 있게 된다. 다시 말하면, 전체는 부분의 합보다 훨씬 똑똑하다.

카네기 멜론 대학교 연구 팀은 참가자를 무작위로 40개의 작은 그룹으로 나누어 몇 시간 동안 지적 능력을 발휘해야 하는 다양한 문제를 풀게 했다. 가장 문제를 잘 푼 그룹은 구성원들의 아이큐가 높은 그룹이 아니었다. 그보다는 서로 얼굴 표정을 잘 읽고 한 사람의 주도 없이 차례로 의견을 제시하는 그룹이었다. 그룹 내 여성 비율 또한 그룹의 문제 해결 능력을 예측할 수 있었지만 이는 여성이 남성보다 타인의 감정을 더 잘 읽는 경향이 있기 때문이었다.[33]

지나치게 자신 있는 사람이 권력을 가지면 토론을 주도하게 될 가능성이 높다. 그리고 감정을 읽지 못하면 다른 사람이 불편하거나 지루하거나 생각이 많거나 화가 나거나 불안할지도 모른다는 신호도 알아차리지 못한다. 그래서 문제 해결을 위한 토론으로 사람들을 끌어들이지 못하고, 이는 그룹의 지적 능력 발휘를 방해한다. 자신감이 지나쳐 혼자 주도하는 사람 앞에서 구성원들은 자기 의견을 피력할 마음이 생기지 않기 때문이다. 이처럼 어떤 성별이든 자신감이 지나친 사람은 그룹의 지적 능력을 약화시킨다. 하지만 남성이 평균 이상의 자신감과 권력, 주도권을 갖고 있기 때문에 그렇게 행동할 가능성이 훨씬 높다.

침묵하며 토론에 참여하지 않는 것은 그룹 내 관계로 인한 자신감 약화 현상의 아주 일부일 뿐이다. 2012년, 버지니아 공과 대학교 연구 팀은 학생들 각각의 아이큐를 먼저 측정한 다음 학생들을 두 그룹으로 나누었다. 그리고 한 그룹 구성원들에게는 그룹 내 아이큐 순서를 말해주었고, 평균 아이큐는 비슷한 다른 그룹에게는 순서를 말해주지 않았다.

그룹 내 아이큐 순위를 알게 된 그룹은 순위를 몰라 부담을 느끼지 않았던 다른 그룹보다 문제 해결 능력이 떨어졌다. 순위가 공개된 학생들의 뇌는 전두엽의 좌측 바깥쪽 표면의 활동이 낮아지고 불안을 관장하는 편도체의 활동이 급격히 증가했다. 그러므로 자신감을 약화시키는 관계는 팀의 문제 해결에도 기여하지 못하지만 우리 뇌의 기능 또한 감소시킨다.[34]

지금까지 지나친 자신감의 결과에 대해 살펴보았다. 그렇다면 그 지나친 자신감은 도대체 어디서 나오는 것일까?

타인을 지배하려 한다

2020년, 미국에서 코로나19로 인한 위기가 급증하면서 대통령 도널드 트럼프는 백신을 개발 중인 과학자들과 의사들을 만나기 위해 애틀랜타에 있는 질병통제예방센터를 찾았다. 그는 그들에게 MIT 공대 교수였던 자신의 위대한 '초천재 삼촌'에 대해 말했다. 그리고 그 능력은 분명 유전되었을 거라고 덧붙였다.

"사람들은 내가 이런 것들을 이해한다고 하면 정말 놀랍니다." 그가 말했다. "거기 있는 모든 의사가 '어떻게 그렇게 잘 아십니까?'라고 말했어요. 어쩌면 능력을 타고났는지도 모릅니다."[35]

2019년, 트럼프 대통령은 트위터에 다음과 같은 말을 남기기도 했다. '나는 엄청나게 잘생겼고 똑똑하다. 그야말로 흔들리지 않는 천재다.'[36] 자기 능력과 성격에 대한 넘치는 자신감의 수많은 표현 중 하나다. 지나친 자신감이 바로 그의 명함이나 마찬가지다. 자기 브랜드의 일부로 정치는 물론 사업에 있어서도 효과가 좋았다. 그렇다면 그와 같은 지나친 자신감은 도대체 어디서 오는 것일까?

그 질문에는 미네소타 대학교 연구 팀이 답해줄 것이다. 2013년, 연구 팀은 대부분 남성인, 트럭 운전 연수를 받고 있는 천여 명에게 돈을 지급하며 지능과 성격 검사를 하게 했다. 그리고 자신의 아이큐를 다른 운전사와 비교해 예측해 보라고 했다. 지금쯤이면 독자들도 예상하겠지만, 많은 사람이 자신이 상위 20퍼센트 안에 들거라고 생각했다. 하지만 이는 통계적으로 불가능한 수치다.[37] 그 환상이 얼마나 큰지는 개인의 성격이 지대한 영향을 끼쳤다. 성격 검사의 사회성 영역에서 높은 점수를 받은 사람은 '단호하고 결단력 있는/설득력 있고 타인에게 영향을 끼치는/이끄는 역할을 좋아하는/관심 대상이 되거나 주목받기 좋아하는/눈에 띄고 싶거나 주목받고 싶어 하는/책임감 있고 강한 리더가 되고 싶어 하는' 등과 같은 문항에 스스로 매긴 점수가 훨씬 높았다.

사회성 영역 점수가 평균 이하일 거라고 예측한 트럭 운전사들도 자신의 지적 능력에 대해서는 넘치는 자신감을 보여 33퍼센트가 자신이 상위 20퍼센트에 속할 거라고 대답했다.[38] 하지만 당신의 등을 때리거나 당신 커피에 말도 없이 크림을 얹는 영향력 있는 인플루언서들 중에서는 55퍼센트가 자신이 상위 20퍼센트에 속할 거라고 대답했다.

성격에 따라 자기 지능에 대한 지나친 자신감 정도가 달랐다. 타인의 비판에 민감하고 종종 죄책감을 느끼거나 쉽게 불안해지거나 걱정에 빠지고 예민한 사람들은 자신감이 지나칠 가능성이 낮았다.

그렇다면 그 성격 차이는 어디서 기인하는 것일까? 대부분의 행동과 마찬가지로 천성과 양육의 조합이다. 일란성 쌍둥이는 이란성 쌍둥이보다 자신감 넘치는 특성이 더 비슷하다고 MIT 연구팀은 밝혔다. 이는 쌍둥이가 떨어져 자라 삶의 경험이 달랐을 때도 마찬가지였다.[39] 하지만 삶의 초기에 드러나기 시작한 그 유전적 차이가 오랜 시간이 흐른 후까지 점차 커다란 영향을 끼치며 쌓여가는 것은 아니다. 예를 들면 신생아들도 잠을 못 잘 때 더 차분한 성격이 있고, 쉽게 울음을 터트리는 성격이 있다. 아이의 감정에 부모가 부정적으로 반응하면 이는 더 악화되고 시간이 흐를수록 더 큰 부정적 감정을 주고받으며 강화된다.

이처럼 타고난 기질의 아주 작은 차이가 성인이 되었을 때의 정서에 아주 큰 차이를 가져오기도 한다. 그와 같은 정서 차이는 유전 때문인 것처럼 보이기도 하지만 사실은 4장에서 살펴본, 복리 이자처럼 붙는 자신감과 비슷하다. 처음의 작은 차이, 여기서는 유전적 차이가 세상의 반응과 그로 인한 긍정적 혹은 부정적 영향에 의해 꾸준히 증폭된다.

자신감이 복리 이자처럼 늘어나듯 그 작은 차이로 인한 이점은 시간이 흐를수록 더 큰 이점으로 연결되어 쌓여가는 구조 안에서 점차 확대된다. 자신감과 관련된 남자아이와 여자아이의 타고난 기질 차이 역시 그로 인한 행동의 이점과 손해가 점점 쌓여가며 복리 이자와 비슷한 형태로 발전할 수 있다. 7장에서 살펴보았던, 남학생과 여학생에 대한 편견과 기대, 인식의 차이 역시 성별에 따라 타고난 작은 차이를 구조적으로 확대 재생산한다.

그렇다면 지나친 자신감의 한 가지 원인은 바로 성격, 특히 타인을 지배하고자 하는 마음이다. 하지만 그런 성격은 자신이 갈망하는 지위를 획득할 때에만 온전히 드러난다.

허풍쟁이가 많다

왜 사람들은 넘치는 자신감을 갖기 위해 노력까지 하는 것일까? 자기 능력을 정확히 알고 솔직하게 밝히기만 해도 삶이 훨씬 쉬워지지 않을까? 왜 현실을 과장하기 위해 그 많은 에너지를 투자하는 것일까?

넘치는 자신감이 효과가 좋아 보이기 때문이다. 어느 정도까지는 말이다. 사람들은 자신감 넘치는 사람의 말을 듣고 그들이 원하는 행동을 한다. 하지만 사람들이 그런 허풍을 들어야 하는 이유는 무엇일까? 한 가지 설득력 있는 이유를 밝힌 연구가 있다. 연구 팀은 대학생들에게 미국 지리에 대한 시험을 보게 하고 다른 학생들과 비교해 자기 점수를 예측하게 했다. 학생들 개개인의 자신감이 넘치는지 부족한지 알기 위해서였다. 그런 다음 두 명씩 짝을 지어 지리 문제를 더 풀게 했다. 함께 상의해 답을 정한 다음 짝이 미국 지리에 대해 얼마나 잘 알고 있는 것 같은지 서로 모르게 평가했다. 그리고 짝의 리더십과 영향력, 문제 풀이

기여도 등을 고려해 어느 정도 존경을 받는 위치에 오르는 게 적당할지에 대해서도 물었다.

자신감이 넘쳤던 학생들은 그 영향력 평가에서 어떤 결과를 얻었을까? 가장 높은 점수를 받았고 짝의 믿음을 얻었다.[40] 그리고 더 높은 자리에 올라도 된다는 평가를 받았다.

같은 연구 팀이 경영 대학원 학생들을 대상으로 두 번째 실험을 진행했다. 학생들을 대여섯 명씩 모아 7주 동안 프로젝트를 진행하게 하면서 넘치는 자신감이 실생활에서도 그와 같은 효과를 발휘하는지 연구했다.

먼저 경영 대학원 학생 243명이 허풍을 떠는 경향이 얼마나 큰지 측정하는 질문지에 답했다. 문학 작품, 역사, 과학 분야의 인명이나 단어를 읽고 각 용어를 얼마나 알고 있는지에 대해 0점부터 6점까지 자신감 점수를 매겼다. 하지만 앞서 언급했던 수학 시험에서처럼 각 영역에는 실제로 존재하지 않는 용어가 몇 개씩 포함되어 있었다. 예를 들어 과학 분야에서는 맨해튼 프로젝트, 성운, 판구조론 등과 같은 실제 용어들 사이에 콜라린, 초지질, 시차판 등의 가짜 용어가 섞여 있었다.

그리고 7주에 걸친 프로젝트의 처음과 마지막에 그룹 구성원 각각이 그룹 내 의사 결정 과정에 얼마나 기여한 것 같은지 참가자들에게 물었다. 그리고 그 평가가 학생들의 실제 학기말 점수에 포함되었기 때문에 이는 실생활과 밀접한 관련이 있었다. 아니나 다를까 자신감 넘쳤던 허풍쟁이들이 그룹에 더 큰 영향을 끼쳤고 더 높은 지위를 얻었다.

자신감 넘치는 사람은 어떻게 다른 사람들보다 더 높은 자리를 얻어내는 것일까? 연구 팀은 자신감이 넘친다고 인식된 학생의 행동을 다른 학생들과 비교하면서 이를 철저히 파헤쳤다. 연구 팀의 발견은 놀랍지 않았다. 학생들은 사실에 근거해 자신 있게 많은 말을 하는 학생을 더 능력 있다고 생각했다. 웅크리지 않고 대답을 많이 하고 자기 의견에 대한 확신을 표현할 때 그 생각은 더 강화되었다.

그렇다면 얼마나 많은 사람이 그 넘치는 자신감 덕분에 과대평가를 받아 일자리를 구할 수 있었을까? 그리고 얼마나 더 많은 사람이, 남성에 비해 얼마나 더 많은 여성이, 그 약간의 허풍을 떨지 않아 면접에서 탈락했을까? 앞에서 살펴보았듯이 남성은 여성보다 자신감이 넘친다. 그들은 수년 동안 쌓아온 그 연료 첨가제의 덕을 톡톡히 본다. 지위와 권력, 부는 넘치는 자신감에 뒤따라오는 경향이 있다.

평가와 검토 과정을 개선하면 지나친 자신감으로 허풍 떠는 사람을 가려내고 자신에 대해 더 정확하고 냉정하게 평가하는 사람에게 영향력을 쥐어줄 수 있을까? 2013년의 한 연구에 따르면 이는 몹시 어려운 일이었다.

펜실베이니아 대학교 연구 팀에 따르면 문제 해결 집단 구성원들은 자신감 넘치는 동료가 더 능력이 있다고 생각하고 그들에게 더 높은 지위를 부여하는 경향이 있었다. 그렇다면 그 사람의 진짜 점수를 공개하면 어떨까? 그의 능력에 대한 환상이 깨져 지위가 낮아질까?

그렇지 않았다. 실제 점수가 공개되어도 구성원들이 판단한 그의 지위에는 변함이 없었고 계속해서 영향력을 끼치는 사람으로 존경받았다.[41]

우리가 현재 정치권에서 목격하고 있는 현상이다. 사실보다 드러나는 모습이 더 중요하다. 능력과 성취보다 외모가 지위와 권력에 더 큰 영향을 끼치는 것처럼 보인다. 왜 이런 일이 생기는 것일까?

연구 팀에 따르면 실제 능력에 대한 정보보다 자신감이 더 높은 지위로 이어졌다. 자신감을 과장할 수 있다면 당신은 더 높은 지위가 제공하는 권력과 영향력을 손에 넣고 존경받을 수 있다. 그와 같은 소중한 자원은 실생활에서 돈으로 환산되고 자기 충족적 성공 사이클을 만든다. 일단 자신감이라는 전리품을 넘치게 쌓아 놓으면 실제 능력과 허풍의 차이가 모호해진다. 그는 (당연히 '그'일 가능성이 크다) 자기 능력에 대한 과장, 즉 허풍을 통해 흔들리지 않는 존경과 영향력, 권력을 얻게 된다. 넘치는 자신감이 빛을 보는 것이다.

넘치는 자신감이 자기충족적 예언으로 발전하기 전에 실제와 허풍의 차이가 보이는 시기가 있다. 그 시기에 늘 그런 것은 아니지만 지나친 자신감이 도움이 될 때가 있다. 노이만이 그랬던 것처럼 말이다. 그 지나친 자신감이 효과가 있으면 그 자체로 현실을 창조한다. 역시 노이만이 그랬던 것처럼 아주 짧은 순간일지라도 말이다. 사람들이 허풍을 떠는 능력 덕분에 권력과 지위, 부를 일단 손에 넣게 되면 그것은 열망이 아니라 현실이 된다.

펜실베이니아 대학교 연구 팀이 그 허풍이 효과가 좋은 이유를 밝혔다. 사람들은 실제보다 드러나는 모습에 더 신경을 쓴다. 허풍이 거짓으로 밝혀지는지 아닌지는 상관이 없고 자신 있어 보이는 모습을 꾸며낼 수만 있다면 능력에 대한 환상이 만들어지고 지위를 보장받는다. 한 가지 이유는 선명한 목소리, 피하지 않는 눈길, 바른 자세, 단호한 어조와 같은 지나친 자신감의 덫이 우리 뇌의 이성 회로를 무시하는 원초적 지배 신호이기 때문이다. 낯선 사람과 함께 일을 시작할 때 그 이성 회로는 두 가지로 바쁘다. 첫 번째는 함께하는 일 자체이고, 두 번째는 어쩌면 훨씬 더 중요한데, 집단의 다른 구성원이 자신을 어떻게 생각할지 파악하는 것이다.

제한된 뇌의 용량이 이성적이고 의식적인 사고에 전부 쓰이고 있기 때문에 자신감 넘치는 사람이 뿜어내는 신호들을 통해 더 원초적인 지배 관계가 만들어진다. 그 지배 구조가 허풍 떠는 사람의 능력에 대한 어떤 사실적 정보보다 지위 보장에 더 큰 역할을 한다. 그리고 그 지위는 허풍쟁이들에게는 물론 그와 관련된 모든 사람에게 통용되는 화폐가 된다.

자신감 넘치는 사람이 어떻게 지위를 얻었는지와 별개로, 지위를 갖고 있다는 사실 자체가 그가 집단에 제공할 수 있는 사회적 보상의 원천이 된다. 사람들은 지위와 관련되고 싶어 하고 다른 사람들도 그의 의견에 따르는 것을 보며 그 인식은 점차 강화된다.

이것이 사회적 사다리와 지위 찾기 이면의 역동이다. 지위가 높은 사람과 접촉할 수 있다는 사실만으로도 그 힘의 일부가 당신에게 영향을 끼칠 것 같다고 느끼게 된다. 군중은 그런 이유로 유명인 곁에 모여든다. 그들은 유명인에게 실제로 뭔가를 얻을 수 있다고 생각해서 그들과 연결되고 싶어 하는 것은 아니다. 그보다는 그의 지위가 자신에게 조금이라도 영향력을 끼칠 거라고 생각하기 때문이다. 그리고 그것이 바로 지나친 자신감이 수익성 좋은 행동 패턴인 이유다. 지나친 자신감은 사람들을 속여 지위를 보장받게 만들고 결국 엄청난 힘으로 되돌아온다. 일단 지위를 얻으면 실제 무능력이 드러난다고 해도 상황은 변하지 않는다.

지나친 자신감은 타인이 우러러볼 지위를 제공하고 바로 그 지위에서 권력이 나온다.

일의 심각성을 모른다

2017년 9월 말, 아메리칸 에어라인의 최고경영자 더그 파커는 월 스트리트의 분석가들을 만나 항공 산업의 미래에 대해 토론하며 이렇게 말했다. "다시 손실을 입을 일은 없을 거라고 생각합니다. … 우리는 경기가 좋든 나쁘든 수익을 낼 수 있는 산업입니다."

그로부터 30개월 후로 시간을 빨리 돌려보자. 코로나19 팬데믹이 파커의 함대 대부분을 지상에 묶어놓았고 그는 미국 정부에 긴급 지원 로비를 해야 했다. 그의 노력은 58억 달러의 긴급 구제금으로 돌아왔다.

그 거대 항공사가 이와 같은 위기를 한 번도 겪어보지 않아 준비를 못한 거라고 생각할 수도 있다. 하지만 아니다. 겨우 4년 전, 두 번 파산한 그의 전 회사 US 에어웨이스가 파산 신청을 한 아메리칸 에어라인을 사들이면서 두 회사는 채무를 조정하고 새로운 항공사로 거듭났다. 그가 소유했던 아메리카 웨스트 에어라인 역시 1990년대에 3년 동안 파산 상태였다. 그러니 더그 파커는 항공 산업이 얼마나 취약한지 직접 경험한 사람이라고 할 수 있다. 그런데도 어떻게 '다시 손실 입을 일은 없을 거라고 생각합니다'라는 발언을 할 수 있었을까?

《포브스》의 기자 댄 리드는 더그 파커의 그 어처구니 없는 발언 일주일 후, 그에 대한 차분한 불신의 기사를 작성했다. 그는 화산 폭발이든, 핵발전소 누출이든, 대규모 테러 공격이든, 전쟁이든, 더그 파커가 몸담고 있는 산업을 위협하는 사건은 언제든 일어날 수 있다고 말했다. 무슨 일은 '언제든' 일어난다고 리드는 주장했다.[42] 그리고 코로나19가 터졌다.

적당한 월급을 받는 기자가 여덟 자리 숫자 연봉을 받는 최고경영자보다 더 현실적인 시나리오를 쓸 수 있었다는 사실은 몹시 당황스럽다. 파커는 어떻게 그런 어처구니없는 자신감을 보일 수 있었을까?

그에 대한 답이 적어도 두 개는 있다. 하나는 이사회가 파커에게 월급을 주며 시키는 일이 바로 그것이기 때문이다. 파커는 월스트리트 분석가들이 자사 주식에 투자하길 바라는 마음으로 그말을 했을지도 모른다. 그리고 우리도 알다시피 넘치는 자신감은 설득력을 높이고 존경을 이끌어내며 권력과 지위를 제공한다. 두 번째 이유가 바로 그 권력이다.

권력은 이 세상에서 뇌를 바꾸는 가장 강력한 요인이며 권력이 더 많을수록 그 효과는 커진다. 권력은 다른 사람이 원하거나 필요로 하거나 두려워하는 것을 통제할 수 있다는 뜻이며, 고액 연봉을 받는 거대 기업의 최고경영자가 바로 그런 권력을 갖고 있다. 권력이 제공하는 보상에 집중하는 것도 권력의 효과 중 하나다. 힘이 없는 사람이 징벌에 집중하게 되는 것과 반대다. 권력은 뇌의 보상 회로에서 도파민 관련 활동을 증가시켜 자신을 긍정하고 낙관적이고 의욕 넘치게 만든다. 반대로 힘이 없으면 기분이 나빠지고 의욕이 사라진다. 권력은 현재 목표에 집중하게 만들지만 힘이 없으면 수평선 너머의 위협에 대비해야 하므로 관심 대상이 넓어진다. 엄청난 권력은 자기 인식 능력과 공감 능력, 불안을 감소시킨다. 반대로 힘이 없으면 더 불안해지면서 자신을 더 의식하고 타인에게 더 공감하게 된다.

다른 신경 전달 물질과 마찬가지로 도파민의 활동은 종 모양 곡선으로 그려지는데, 이는 곧 도파민이 너무 적거나 너무 많이 방출되면 뇌의 기능이 떨어진다는 뜻이다. 일부 사람에게 권력은, 그리고 많은 사람에게 지나친 권력은 뇌에서 도파민 관련 보상 활동을 급증시킨다. 이는 자아도취적 특성이 유난히 드러나는 상태 혹은 잘못된 판단으로 이어지기도 한다. 자아도취적 사고는 자신의 의견과 판단에 지나치게 가치를 두고 자신의 이익을 우선하게 만드는데, 이는 목표와 보상에만 집중하는 지나친 낙관이 위험을 무시하게 만들기 때문이다.[43]

위에서 언급한 모든 것은 지나친 자신감의 특징이며 권력은 그 가장 큰 원인 중 하나다. 더그 파커가 정확히 그런 경우였는지는 모르겠지만 그도 한 가지는 알고 있었다. '우리가 다시 손실 입을 일은 없을 것이다'라는 그의 말은 위험에 대한 지독한 오판이었다. 그의 관심은 오직 성공에만 맞춰져 있었고 그래서 세상

뉴 컨피던스

모든 일이 심각하게 잘못될 수 있다는 사실을 인지하지 못했다. 허풍 가득한 그의 머릿속에서 과거의 실패에 대한 기억은 접근하기 힘든 곳에 꼭꼭 숨어 있었다.

우리가 지나친 자신감이라고 부르는 그의 왜곡된 판단은 사람들을 설득하는 그의 카리스마와 리더십의 원천이었고 덕분에 그는 그 자리에 오를 수 있었다.

파커에게 그리고 그의 회사에는 분명 효과가 있었다. 결국 일이 생기기 전까지는 말이다.

언제나 곧 재앙이 닥칠 것처럼 살 수는 없다고 주장하는 사람도 있을 것이다. 우리는 코로나19와 같은 흔치 않은 사건에 대한 두려움으로 움츠러들어서는 안 된다. 더 가볍고 낙관적으로 자신감의 파도를 타야 한다. 하지만 팬데믹은 충분히 예측할 수 있었다. 마이크로소프트의 빌 게이츠는 다보스 세계 경제 포럼에서 이미 3년 전에 그와 비슷한 경고를 했다.[44] 충분히 예측 가능했던 위험에 대한 준비 부족은 더그 파커와 같은 기업가와 정치인들이 반복적으로 보여준 지나친 자신감의 결과이기도 했다.

자신감은 비현실적이고 과도한 측면이 어느 정도는 수반될 수밖에 없는 소중한 자산이다. 하지만 과도하게 지나친 자신감이 이 세상에 큰 해를 끼칠 수 있다는 결론은 변하지 않는다. 자신감은 양날의 검이다. 하지만 우리 삶에 꼭 필요하다. 경제적 삶에서 특히 그렇다.

10장

자신감은 경제에
어떻게 작용하는가

The Confident
Economy

런던 하이게이트 힐의 주춧돌 위에 돌 고양이 한 마리가 곧 쥐라도 잡을 듯 긴장한 채 앉아 있다.[1] 그 고양이는 사실 경제적 자신감에 대해 전설로 전해져 내려오는 엄청난 고양이다.

고양이 주인은 가난한 시골에 살던 딕 위팅턴이었는데, 그는 거리에 금이 깔려 있다는 소문을 듣고 런던으로 왔다. 하지만 런던에서 그를 기다리고 있는 것은 해충 가득한 하인 구역과 학대가 끊이지 않는 노예 생활이었다. 결국 고향으로 돌아가기로 결심했지만 성당에서 들려오는 유혹적인 종소리에 이끌려 자기 다락방으로 되돌아올 수밖에 없었다.

그가 돌아섰던 바로 그 자리에 돌 고양이가 앉아 있다. 돌아가지 않기로 한 것은 몹시 다행스러운 결정이었는데, 그의 주인이 귀중품 많은 화물선의 쥐잡기 대장으로 딕의 고양이를 데려갔기 때문이다. 쥐를 너무 잘 잡은 그 고양이를 무어의 왕이 화물선 가치보다 더 많은 돈을 주고 사들였고, 고양이가 가져다준 행운에 기뻐한 주인은 너그러운 마음으로 이를 딕과 나누었다. 딕은 결국 런던 시장까지 되었다.

부자가 될 거라는 그의 생각은 맞았다. 그에게 런던은 금으로 깔린 것이나 마찬가지였다. 이는 런던뿐만 아니라 대부분의 대도시에서도 마찬가지였고, 도시가 클수록 금도 더 많이 깔린다. 더 부유하고 창의적이며 이는 그 도시의 특허권 수로도 측정할 수 있다. 도시가 커질수록 그와 같은 이득은 기하급수적으로 늘어난다.[2]

오늘날, 세계 인구의 55퍼센트가 도시에 살고 있다. 사람들은 계속 도시로 몰려들고 있으며, 2050년에는 인류의 3분의 2가 대도시에 살게 될 것이라고 한다.[3] 전 세계의 딕 위팅턴들이 고요하고 작은 마을을 떠나 정신없고 혼란스러운 대도시로 가는 이유는 무엇일까? 도시에는 부와 창의성도 넘쳐나지만 범죄와 가난도 있지 않은가.

1970년대 미국을 처음 방문했을 때 나는 거리의 트레일러 수를 보고 깜짝 놀랐다. 작은 트레일러가 의자와 램프와 장난감을 가득 싣고 자동차 뒤에 매달려 고속도로를 달리고 있었다. 동쪽이나 서쪽으로, 남쪽이나 북쪽으로, 운전대 너머의 미래로 수많은 가족이 움직이고 있었다. 그 작은 트레일러들이 새로운 도시에 자리 잡을 때까지 가지고 갈 수 없는 큰 물건들 보관 창고를 지나 달리고 또 달렸다.

유럽 사람들은 고향에서 80킬로미터도 떠나기 싫어하는 반면 많은 미국인들은 더 나은 일자리를 위해 대륙을 종횡무진하며 수천 킬로미터를 이동해 낯선 사람들 틈에서 새로운 삶을 꾸린다. 경제학자들에게는 이를 설명하는 용어도 있는데 바로 '노동 이동성'이며 그 노동 이동성이 미국 경제를 성장시킨 요인 중 하나였다. 하지만 40세 미국인의 대다수인 56퍼센트가 여전히 14세 때 살던 도시에 살고 있다. 대학 학위를 갖고 있는 사람을 봐도 그 수치는 40퍼센트다.[4] 그렇다면 딕 위팅턴 같은 사람들은 과연 누구며 그들이 그토록 용감하게 움직이는 이유는 무엇일까?

미국 내 대도시로의 이동에 관한 연구에 따르면 젊음과 교육이 원인인 것처럼 보인다. 젊은 사람이 나이든 사람보다 더 많이 이동했고 학위가 있는 사람이 없는 사람보다 더 많이 이동했다.[5] 하지만 그보다 더 중요한 요인은 어쩌면 능력, 특히 지능이라고 생각할 수도 있을 것이다.

지능은 직장부터 건강, 수명까지 우리 삶의 많은 것을 예측한다. 하지만 미국의 대규모 청년장기연구에 따르면 지능이 이동성의 요인은 아니었다. 연구 팀은 19세 성인 남녀 6천 명의 인지 능력을 측정했고 그들이 직업을 위해 고향에 남거나 고향을 떠나 삶을 꾸려가는 동안 추적 연구를 지속했다. 대도시로 이동하는 사람이 언제나 가장 똑똑한 사람은 아니었다. 연구 팀이 밝힌 또 다른 요소는 바로 자신감이었다.

젊은 성인 남녀는 지능과 상관없이 자신감이 높을수록 대도시로 이동하는 경향이 있었고, 그들은 고향에 남은 사람들보다 보통 더 성공했고 부유해졌다.[6] 지능은 높지만 자신감 없는 사람은 고향에 머물렀지만 능력은 부족해도 자신 있는 사람은 대도시로 이동했고 그곳에서 새로운 아이디어와 네트워크, 기회와 경험과 관계의 소용돌이로 빨려 들어갔다. 그와 같은 요소가 고향에 머무르는 더 똑똑한 친구와 형제자매보다 그들의 부와 전문성을 더 빠른 속도로 높여주었다.

당연히 일부는 고립과 중독, 가족의 와해, 범죄에의 연루 등 대도시의 전형적인 문제로 고통받았다. 하지만 세상의 딕 위팅턴들은 낙관주의자들이며 우리는 그 낙관주의와 자신감이 자매라는 사실을 알고 있다. 그들의 마음은 실패를 예측하기보다 성공을 기대하는 데 맞춰져 있다.

하지만 그 뛰어난 연료가 일찍 첨가되어야 한다. 더 능력 있지만 고향에 남은 사람이 몇 년 후 용기를 내 대도시로 가도 그때는 따라잡을 수 없다. 일찍 움직인 사람은 이미 대도시가 제공하는 성공과 기하급수적 성장의 복리 이자 덕을 보고 있다. 이는 어린 시절의 자신감과 비슷한 방식으로 작용한다. 더 자신 있는 학생이 움직이기 시작하면 능력은 비슷하지만 자신감은 없는 친구와 돌이킬 수 없는 격차가 생긴다.

그 복리 이자는 내적으로(머릿속에서) 그리고 외적으로(능력과 경험, 인맥과 자원, 네트워크와 자금) 불어난다. 경험은 없지만 자신 있게 이동한 사람은 자신감의 성과를 목격한다. 성공이 성공을 낳는다. 이는 다시 자신감을 높여 더 큰 자신감의 씨를 뿌린다. 이는 일에서의 연료 첨가제이자 비교할 수 없는 가치의 원천으로 평생에 걸친 복리 이자로 되돌아온다.

쇼핑센터의 고객이든 회사의 구매 관리자든 자신 있는 사람은 자기가 내리는 결정의 부정적인 면보다 긍정적인 면에 집중한다. 그래서 이 복잡한 세상에서도 더 낙관적인 지표에 집중할 수 있다. 그들은 부정적이고 비관적인 것들에 덜 끌린다. 자신 있는 사람은 불확실한 미래에서 자신감의 '실현 가능' 영역에 집중하기 때문에 더 과감하게 투자한다. 자신 없는 사람은 가능한 위험 요소에 더 집중하고 그래서 돈을 쓰기보다 모으는 경향이 더 크다.

다시 말하면 개인의 '실현 가능' 자신감이 경제를 성장시켜 선순환을 만든다. 그 안에서 자신감은 경제적 성공으로 이어지고 이는 더 큰 자신감으로 되돌아온다. 이를 뒷받침하는 증거도 있다. 2000년과 2014년 사이, 영국과 독일, 프랑스와 스페인을 비롯한 유럽 연합 13개국에서 개인 소비자와 기업 경영자들의 자신감이 각국의 실업률을 정확히 예측했다. 수치는 모두 한방향을 가리키고 있었다. 개개인의 자신감이 궁극적 실업률을 좌우한다. 소비자 지출과 산업 생산 같은 다른 지표는 자신감과 서로 영향

을 주고받는 양방향 인과 관계를 보였다.[7]

우리는 더 자신 있는 사람이 사업을 시작할 가능성이 크다는 사실을 알고 있다.[8] 특히 발명가들도 자신감이 높을수록 상업화할 회사를 더 순조롭게 찾았다.[9] 그리고 2011년, 애리조나 주립대학교 연구 팀에 따르면 직원들에게 자신감을 심어주는 회사가 더 생산성이 증가했다.[10]

그렇게 자신감이 중요하다면 그 자신감은 수백만 국민의 마음속에서 국가 경제에 어떻게 작용하는 것일까?

부와 행복에 관여한다

아래 질문들은 갤럽이 전 세계 160개 국가에서 인간의 행복과 만족을 측정하기 위해 사용하는[11] '캔트릴 척도'다.[12]

맨 아래 칸이 0이고 맨 위 칸이 10인 사다리를 상상해보자.

0은 '당신 최악의 삶'이고 10은 '당신 최고의 삶'이다.

지금 당신의 삶을 떠올려보자. 사다리의 몇 번째 칸에 있다고 하겠는가?

그리고 지금으로부터 5년 후에는 몇 번째 칸에 있을 것 같은가?

당신이 고른 숫자 두 개는 무엇인가? 현재가 7 혹은 그 이상, 5년 후가 8 혹은 그 이상이라면 당신은 성공하고 있는 것이다. 현재가 5나 6, 5년 후가 5, 6, 7 중 하나라면 당신은 실패하고 있는 것이다. 현재가 4나 그 이하, 5년 후가 4나 그 이하라면, 갤럽의 조사에 따라 당신은 고통받고 있는 것이다.

성공하고 있다면 당신은 더 건강하고 부유하며 걱정이나 슬픔, 스트레스는 덜할 것이다. 분노는 적고 행복은 많으며 더 존경받을 것이다. 성공하고 있다고 대답하지 못한 사람보다 덜 아프고 삶은 더 즐거울 것이다.

실패하고 있다면 더 스트레스가 많고 돈에 대해 걱정하며 두 배 정도 더 아플 것이다. 식단이 건강하지 못하거나 담배를 피울 가능성도 높다.[13]

고통받고 있는 상태라면 기본 음식이나 안식처가 부족하고, 신체적 고통과 강도 높은 스트레스, 걱정과 슬픔과 분노로 힘들 것이다. 만성 질병이나 우울을 겪을 가능성이 높다.

3장에서 살펴보았듯이 2016년, 브렉시트가 세계를 충격에 빠뜨렸다. 글로벌 전문가들도 예측하지 못했는데, 그들의 입장을 대변하자면, 경제적 지표는 대부분 정치적 변동을 암시하지 못한다. 영국의 국내 총생산은 2퍼센트 성장하고 있었고 실업률은 4.9퍼센트로 떨어지고 있었다. 상황은 좋아 보였다. 하지만 갤럽은 달랐다. 갤럽은 전 세계 160여 개가 넘는 국가에서 진행하는 연간 조사를 통해 영국의 분위기를 파악하고 있었다.

갤럽의 연구 팀은 꾸준하게 증가하는 경제 지표들을 쫓고 있었다. 2013년, 영국의 1인당 국내 총생산은 38,873달러였고, 2015년은 41,478달러로 거의 7퍼센트 증가했다. 경제학자들에게는 행복한 날들이었다. 하지만 그때 연구 팀은 눈을 크게 뜨고 또 다른 그래프를 보고 있었다. 영국은 전 세계에서 가장 부유한 선진국 중 하나였고 완전 고용에 가까운 상태였으며 경제는 발전하고 있었다. 하지만 갤럽 직원들은 놀란 눈으로 2013년과 2014년 사이 가장 큰 격차로 떨어지는 선을 지켜보고 있었다. 갤럽에서 조사한 어느 나라에서도 본 적 없는 그래프였다.[14]

2013년, 영국 국민의 대다수, 즉 55퍼센트가 자기 삶이 성공하고 있다고 느꼈다. 59퍼센트였던 미국의 수치보다 약간 밑돌았지만 25퍼센트만 성공하고 있다고 느꼈던 러시아보다 한참 높았다.

4장에서 '행복한 라틴 사람들'에 대해 살펴보았듯이 2013년, 콜롬비아 국민의 59퍼센트는 부유하지 않아도 성공한 것 같다고 대답했다. 중국은 21퍼센트였고, 인도는 13퍼센트였다.

하지만 단 2년 만에 55퍼센트에서 40퍼센트로 하락한 영국의 수치는 대략 7백만 명이 갑자기 발 밑에서 자신감의 카펫이 사라진 것 같다고 느꼈다는 뜻이다. 가장 부유한 나라에서의 그 급락은 놀랄 만한 사건이었고, 그것이 2016년 브렉시트 국민 투표라는 중대한 사건에 대한 경고였다는 것은 의심의 여지 없이 분명했다.

어떻게 그렇게 많은 사람이 갑자기 삶이 실패했다고 느끼게 된 것일까? 이민자 수가 브렉시트 국민 투표를 자극한 것이라고 종종 언급되지만, 2013년과 2015년 사이 영국으로 이민한 사람의 수에 미래에 대한 행복과 자신감이 그토록 급격하게 떨어질 만큼의 큰 변화는 없었다. 세계화 또한 브렉시트의 원인으로 지목되기도 하지만 그 2년 동안 세계화 측면에서도 그만큼 갑작스러운 변화는 없었다. 오히려 국내 총생산은 증가하고 실업률은 떨어지고 있었다.

하지만 그 기간 동안 아주 상당히 변한 것이 한 가지 있었다. 바로 영국 보수 정권의 공적 지출에 대한 예산 삭감이었다. 2010년, 데이비드 캐머런 입법부는 공적 지출을 대폭 삭감하기 시작했다. 2013년과 2015년 사이 교육, 복지, 사회 보장 분야의 예산이 급격하게 줄었고 7백만 영국인의 자신감이 무너졌다.[15]

영국 북부와 중부의 소도시 지역 경제는 지방 정부와 공직에 크게 의존하고 있었다. 그래서 국가 경제는 잘 돌아가고 있었지만 지역 공적 지출의 가혹한 삭감은 지역 공동체의 미래에 대한 자신감을 떨어뜨렸다. 예를 들어 거리를 순찰하고 시민을 보호하는 지역 경찰 업무 보조원의 수는 2010년 이후 40퍼센트 급감했다. 경찰 공무원의 수는 15퍼센트 떨어져 전국적으로 2만 명 이

상 감소했다.[16]

심리적으로 동요된 7백만 영국인은 국민 투표를 정부에 한 방먹일 수 있는 기회로 바라보았다. 그들은 브렉시트의 정치적 내용을 온전히 이해하지도 못한 상태에서 찬성표를 던졌다. 자신감을 앗아간 예산 삭감에 유럽 연합이 아무 역할을 하지 않았음에도 말이다.

같은 해, 대서양 건너에서 또 다른 중대한 정치적 사건이 발생했다. 도널드 트럼프의 대통령 당선이다. 브렉시트와 마찬가지로 여론 조사도 이를 예측하지 못했다. 갑작스러운 경기 악화로 설명되는 것도 아니었다. 미국의 1인당 국민 총생산은 2013년 52,742달러에서 2016년 57,436달러로 증가했다. 하지만 영국에서처럼 성공하고 있다고 느끼는 사람이 2014년 59퍼센트에서 2016년 50퍼센트로 약 3천만 명 줄어들었다.[17] 게다가 도널드 트럼프에게 표를 던지게 만든 가장 중대한 변화는 앞선 4년 동안 행복과 자신감이 가장 크게 떨어졌던 주들에서 일어났다.[18]

2014년부터 2016년까지 바로 그 두 해 동안 미국의 기대 수명은 떨어졌는데 이는 역사상 부유한 나라에서는 전례 없는 일이었다. 한 가지 요인은 약물 과다 복용으로 인한 사망률의 급증이었다.[19] 2014년, 그로 인한 사망자는 4만 7천 명이었지만 그 두 해 동안 사망자는 6만 3천 명으로 늘었다. 영국과 미국의 이와 같은 변화는 도대체 무엇으로 설명할 수 있을까?

경제학자들은 오랫동안 부와 행복이 깊은 관련이 있다고 생각했지만 1972년, 리처드 이스틸린이 이제는 널리 유명해진 그의 역설로 경제학자들 사이에 파란을 불러일으켰다. 그는 부와 행복이 연결되어 있지 않은 나라들이 있음을 주목했다. 미국을 예로 들어보자. 1972년과 2016년 사이, 부는 두 배가 되었지만 행복은 약간 떨어졌다.[20] 영국과 미국의 정치적 격변으로 이어진 2년 동안 일어난 일이 바로 그 분리였다. 부는 쌓였지만 행복은 줄어들었다. 7백만 영국인의 미래에 대한 자신감 하락은 2016년 6월, 정치적 출구를 찾았다. 예측과 반대로 51.9퍼센트 대 48.1퍼센트라는 근소한 차이로 영국 사람들은 유럽 연합 탈퇴에 찬성했다.

공적 지출 삭감으로 인한 사회 구조 약화를 제외하고, 사람들이 경제적 이익과 반대되는 브렉시트에 찬성한 이유는 무엇일까? 경제학자들은 그 이유를 어디서 찾았을까? 영국의 연구 팀은 브렉시트 찬성이라는 결과를 예측했던 두 가지 중요한 심리적 요소를 발견했다. 첫 번째는 나이젤 파라지 같은 포퓰리스트 정치인들이 조심스럽게 주입한 국경 너머의 위협이었다. 그와 관련된 파라지의 발언 중 하나는 다음과 같다. '국민 건강 보험의 막대한 예산이 결핵에 투입되고 있으며 이는 대부분 남유럽이나 동유럽에서 온다.'[21]

그와 같은 태도는 영국인이라는 정체성이 특별히 더 강한 애국주의자들과 관련된 것이라고 생각할지도 모르겠다. 하지만 그렇지 않다. 애국주의 강도가 브렉시트 투표 결과로 이어진 것은 아니었다. 탈퇴라는 투표 결과의 전조는 유럽 연합의 일부라는 정체성의 거부였다. 2017년, 링컨 대학교의 연구에 따르면 브렉시트에 찬성한 사람은 영국인이라는 정체성을 좋아하는 정도보다 훨씬 강하게 유럽 연합 구성원이라는 정체성을 싫어했다.[22]

이것이 경제가 발전해도 사람들이 더 불행해지고 자신 없어지는 이유와 무슨 관계가 있을까? 브렉시트 연구가 던진 정체성에 관한 그 질문이 이스털린의 역설에 시사하는 바는 무엇인가?

건강과 행복, 자신감 심지어 기대 수명의 감소라는 미국 붕괴의 한 가지 놀라운 측면은 이를 겪는 인구 집단이 몹시 제한되어 있다는 것이다. 바로 학위가 없는 백인이다. 1999년과 2013년 사이, 그에 해당하는 미국인이 기대 수명보다 더 일찍 죽기 시작했다.[23] 연구자 앵거스 디턴은 대략 50만 명이 그 14년 사이 기대 수명의 역전으로 사망했다는 연구로 노벨 경제학상을 받았다. 이스털린의 역설을 보여준 그 발견에서 놀라운 점은 경제 조건이 객관적으로 더 열악한 다른 인구 집단에서는 그런 현상이 보이지 않았다는 것이다. 라틴계 미국인과 아프리카계 미국인의 기대 수명은 전 세계의 수치에 발맞춰 증가했다.[24] 그들의 행복과 자신감 또한 기대 수명의 증가와 함께 높아졌다.

교육 수준이 낮은 백인들은 라틴계 공동체에 비해 경제적 부담을 더 크게 느꼈다. 평균보다 더 부유한 상태일 경우에도 마찬가지였다. 4장에서 언급했던 은메달리스트 효과다. 우리의 행복은 누구와 비교하느냐에 따라 달라진다.

자신이 부유하다거나 가난하다는 생각은 비교 대상에 따라 언제든 바뀔 수 있다. 학위가 없는 백인은 자신을 부모나 조부모와 비교하는 경향이 있었다. 그 세대는 튼튼한 제조업 기반 노동자 중심 경제에서 다른 인종 집단에 비해 훨씬 잘살았다. 그리고 세계화와 기술 발전, 중공업의 몰락이 있었다. 이는 몇 가지 다른 요소와 함께 백인 노동자 계급의 특권이었던 경제적 지위를 무너뜨렸고, 자신이 부모나 조부모 세대보다 더 가난하다고 느끼게 만들었다. 라틴계와 아프리카계 미국인들 역시 부모나 조부모와 자신을 비교하는 경향이 있는데, 그들은 객관적으로 자식보다 더 가난한 경우가 많았다. 그래서 경제적 품위를 잃게 된 백인에 비해 크게 가난하다고 느끼지 않았다. 부유하거나 가난하다는 '느낌'은 실제로 부유하거나 가난한 것만큼 중요한 요소다.

영국의 브렉시트 국민 투표에서도 그와 비슷한 감정이 작용했다.[25] 중공업의 몰락과 안정적인 직업의 감소로 인한 노동자 경제의 약화는 부모보다 더 가난하다고 느끼는 세대를 양산했다. 이와 같은 생각은 지역 정부의 예산 감축으로 더 강력해졌다. 그리고 미국 대통령 선거에서처럼 교육 수준이 낮은 사람이 기회가 주어졌을 때 집권당에 반대하는 표를 던져 여론 조사에 불복하는 것은 흔히 있는 일이다.[26]

영국과 미국의 투표 모두에서 인종 또한 영향을 끼쳤다. 백인이 지위를 상실하면서 '우리나라를 되찾자'라는 문제의식이 생겼고,[27] 과거에 누렸던 영광과의 부정적인 비교가 두 나라 모두의 행복과 자신감에 균열을 가져왔다. 특히 영국에서는 한때 세계를 지배했던 제국에 대한 향수가 사람들의 마음과 타블로이드 신문에 등장했다.

자기 삶에 대한 느낌은 자신이 속한 사회에 대한 정신적 온도를 토대로 한다. 그 온도계는 자신을 타인과 비교할 때만 작동한다. 대학 교육을 받지 못한 미국의 백인 그리고 브렉시트에 찬성한 수많은 영국인은 자신이 선택한 비교 대상 때문에 더 가난하다고 느꼈고 그래서 덜 행복하고 덜 자신 있다고 느꼈다.

인간의 뇌에서도 그와 같은 부정적 비교를 확인할 수 있다. 부당한 취급을 받았다고 느끼면 기분이 나쁘고 불행하다는 느낌에 따라 보상 회로의 활동이 줄어든다. 그것이 바로 브렉시트와 트럼프에게 표를 던진 많은 사람에게 일어났던 일이다.

성공적인 삶을 이끈다

하나가 된 세계는 곧 모든 사람이 더 큰 연못의 더 작은 물고기라는 뜻이며 그것이 바로 서구 사회를 뒤흔들고 있는 광범위한 불안의 한 가지 요소다.[28] 교육 수준이 높은 사람은 더 큰 연못에서 더 쉽게 성공할 수 있다. 하지만 교육 수준이 높은 특권층이라도 이 사회의 경쟁적인 비교 압력에서 자유로울 수는 없다. 2018년, 튀빙겐 대학교 연구 팀은 미국 고등학생들을 50년간 추적 조사한 방대한 자료를 통해 이를 밝혀냈다.[29]

1960년, '프로젝트 탤런트' 연구를 위해 미국 전역의 천여 개가 넘는 고등학교에서 40만 명에 달하는 10대들이 11세부터 50세까지의 추적 조사에 응했다. 학교는 무작위로 선정되었기에 가장 가난한 지역부터 부유한 지역까지, 공립과 사립이 골고루 섞여 있었다. 연구 팀은 학생들의 학업적 성취와 수입, 직업적 명성 등이 어떻게 펼쳐지는지 알고 싶었다.

거의 모든 나라에서 가난한 지역 아동이 사회경제적 배경이 더 높은 지역 아동보다 그와 같은 면에서 뒤쳐지는 것이 보통이다. 사회경제적 지위는 자신감의 주요 원천이며 그것이 바로 경제적 유리함과 성취가 함께 가는 한 가지 이유다.

하지만 프로젝트 탤런트에서 놀라웠던 점은 학생들의 성공적인 삶에 영향을 끼치는 사회경제적 배경의 효과와 비교할 수 있는 또 다른 요소가 있었다는 것이다. 바로 학교의 학업 성취도라는 연못의 규모였다. 지역이나 학교의 학업 문화 같은 요소가 학교의 학업 성취도에 영향을 끼쳤고 이는 다시 모든 학생이 하게 될 학업적 경쟁의 정도를 결정했다.

그렇다면 연구 팀이 던진 질문은 단순했다. 학업적 연못의 크기는 사회경제적 배경의 효과와 비교해 미국 10대의 성공적인 삶에 어떤 영향을 끼치는가?

또 다른 중요한 척도가 이 연구에서 사용되었는데 그 척도는 바로 10대들이 자신에게 거는 교육적 기대였다. 즉 연구 팀은 교육적 측면에서(학사, 석사, 박사까지) 얼마나 많은 교육을 받을 수 있을 것 같은지에 대한 질문을 통해 학생들의 '자신감'을 측정했다. 가장 놀라운 발견은 학생들이 자신에 대해 갖고 있는 기대, 즉 자신감이 성공을 예측하는 요인이었다는 점이다. 이를 통해 직업적 명성, 수입, 교육 정도 등을 예측할 수 있었다.

자신감이 학업적 성취와 성공의 핵심이라면 사회계층과 학업적 연못은 자신감을 각각 어떻게 형성하는가? 당연히 학교의 사회경제적 수준이 높을수록 학생들의 교육적 기대는 더 높았다. 그렇다면 평균 학업 성취도가 높은 더 큰 연못이 자신감에 끼치는 영향은?

결과는 놀라웠다. 학교의 학업 성취도는 사회계층과 정반대의 효과를 나타냈다. 학교의 평균 학업 성취도가 높을수록 학생들의 자신감은 낮았다. 그리고 교육적 기대가 성공을 추동하기 때문에, 몇십 년 후 큰 연못의 학생들에게 사회계층의 효과가 사라지면 이는 더 낮아졌다.

천여 개가 넘는 학교와 40만 명에 달하는 학생을 대상으로 한 연구였기 때문에 학교의 사회경제적 배경과 학업적 연못 규모의 효과를 통계학적으로 분리할 수 있었다. 보통 학교의 사회경제적 배경과 학업 성취도가 깊이 관련되어 있기 때문에 이는 몹시 중요하다. 통계적으로 사회계층의 효과를 완전히 제거해야 학업적 연못 규모의 효과를 제대로 살펴볼 수 있기 때문이다.

학업 성취도가 높은 학교에 다니는 중산층 학생은 학업 성취도가 보통인 학교에 다니는 중산층 학생보다 자신감이 부족해졌다. 그래서 같은 배경이지만 경쟁이 덜하고 학업적으로 '더 작은' 연못에 있던 10대들에 비해 덜 성공했다. 반대로 사회계층의 덕은 보지 못했지만 더 작은 연못에서 공부했던 10대들은 자신감이 높아졌고 결국 더 성공적인 삶을 살았다.

이에 대한 적절한 설명은 한 가지다. 그리고 바로 그것이 미국과 영국의 정치 혁명도 초래했다. '자신을 누구와 비교하는가?' 더 작은 연못에서는 많은 이들이 나와 비슷하거나 나보다 못하기 때문에 학업 능력에 대한 자신감을 갖기 더 쉽다. 반대로 학업 성취도가 높은 큰 연못에서는 학업 능력에 대한 자신감을 잃기 쉽다.

10대는 뇌의 성장에도 결정적인 시기지만 자아에 대한 감각을 발전시키는 데에도 중요한 시기며, 그 자아에 중요한 것은 바로 자신감이다. 그 중요한 시기에 어떤 사람들과 자신을 비교하는지가 우리 삶 전반에 큰 영향을 끼친다.

최근 영국과 미국에서 이미 확인했듯이 그와 같은 비교가 반드시 10대 시기에만 큰 영향을 끼치는 것은 아니다. 일생 전반에 영향을 끼친다. 우리는 좋든 싫든 훨씬 더 크고 촘촘히 연결된 연못에 살고 있으며 그래서 자신감을 유지하기가 점점 힘들어지고 있다. 기술의 발전은 전 세계에서 가장 가난한 사람이 전 세계에서 가장 부유한 사람과 자신을 비교할 수 있게 만들었다. 우리의 경제적 도전은 이제 물질적일뿐만 아니라 심리적이기도 하며, 여기서 탄생한 것이 바로 에고노믹스라는 개념이다.

개인의 부를 예측한다

무작위의 사람들이 아이큐 테스트를 받았고 자신이 그룹 안에서 평균 이상일지 이하일지 추측했다. 그리고 실제로 평균 이상인지 이하인지 피드백을 받았지만 피드백의 정확도는 75퍼센트뿐이었다. 사람들은 피드백을 토대로 다시 자신이 평균 이상일지 이하일지 결정해야 했다. 이 과정이 네 번 반복되면서 사람들은 자기 아이큐에 대한 부정확한 피드백을 네 번 받고 자신의 위치를 네 번 추측했다. 이는 실생활의 거의 모든 피드백과 비슷하다. 100퍼센트 확실하고 믿을 만한 피드백은 거의 없다는 뜻이다.

그렇다면 네 차례에 걸친 부정확한 피드백을 받은 후 참가자들은 자신의 능력에 대해 어떻게 생각하게 되었을까? 뇌가 선적으로 이성적이라면, 베이지안 통계라는 것을 따를 것이다. 피드백이 75퍼센트만 정확하다는 사실을 고려해 자기 평가를 재조정하는 것이다. 이성적인 뇌는 이를 통해 자신에 대해 정확한 판단을 내리게 된다. 그 판단을 '지적 자신감'이라고 하자. 그렇다면 그와 같은 피드백을 통해 얻은 자신감은 과연 정확한가? 대부분 그렇지 않다.

2장에서 살펴보았듯이 우리 뇌는 나쁜 소식보다 좋은 소식을 더 확실하게 업데이트한다. 그것이 바로 여기서 일어나는 일이다. 사람들은 부정적인 패드백보다 긍정적인 피드백 이후에 자기 아이큐에 대한 판단을 바꾸는 경향이 더 컸다. 사람들은 보수적이기도 했다. 긍정적 피드백 후에는 아이큐를 최대 35퍼센트까지 높였고 부정적 피드백 후에는 15퍼센트까지만 낮췄다.

우리의 지적 자신감은 까다롭다. 쉽게 변하지 않고 나쁜 소식보다 좋은 소식에 더 민감하다. 그리고 평균 이하의 사람들 중 아주 소수는 어떤 부정적인 피드백도 원치 않는다.

우리가 이미 알고 있는 사실이다. 그렇다면 여기서 다른 점은 무엇일까? 그에 대한 답은 로봇을 대상으로 한 같은 테스트 결과에서 찾아볼 수 있다. 로봇의 지능을 대신 측정했을 때 사람들은 베이지안 통계를 완벽히 따르는 것처럼 보였다. 긍정적인 피드백과 부정적인 패드백을 똑같이 업데이트했고 지나치게 보수적이지도 않았다. 사람들은 평균 이상 혹은 이하라고 추정했던 로봇의 지능을 피드백에 맞춰 이성적이고 적절하게 변경했다.[30]

이는 자신감에서 자아를 제외할 때 일어나는 일이다. 보호해야 할 자아가 없을 때 미래로 가는 다리로서의 자신감은 이성적이고 통계적으로 작용한다. 자신감은 미래의 자신에 대한 믿음의 행동이다. '나는 할 수 있다'는 자신감의 믿음은 일종의 내적 코치 역할을 한다. 자신감은 나를 믿고 내가 그 믿음에 따를 수 있게 만들어주는 자애로운 멘토와 같다. 하지만 나에 대한 그 멘토의 믿음에는 한 가지 문제가 있다. 그 마법이 효과를 발휘하려면 '내가' 그 멘토를 믿어야 한다는 것이다. 내 머릿속에만 존재하는 그 멘토의 이름은 바로 자아다.

그래서 경제의 중요한 요소 하나는 에고노믹스다. 부유한가 가난한가, 성공하고 있는가 실패하고 있는가의 상대적 느낌은 우리가 어떤 비교 대상을 선택하느냐에 달려 있다. 또한 자신에 대한 긍정적인 관점을 보호하기 위한 시도의 성패에 달려 있다. 하지만 그 상대적 빈부에 대한 우리 느낌은, 그리고 이를 결정하는 것은 현실만큼 우리의 '인식'이기도 한데, 그 느낌은 대부분의 사람을 불안하게 만드는 무언가에 훨씬 취약하다. 그것은 바로 변화다.

세상은 사회적, 경제적, 기술적 변화의 기하급수적 속도에 따라 몹시 빨리 변하고 있다.[31] 2018년, 툴루즈 대학교 경제학자 로베르타 데시는 '장밋빛 안경'이, 우리를 앞으로 전진시키는 자신감이 변화에 대처하는 데 꼭 필요한 심리적 전략이라고 말했다. 그녀는 인간이 커다란 집단에서 어떻게 함께 행동하는지 예측하는 게임 이론 수학적 모델링 방법을 사용해 자신의 능력과 가능성에 대해 약간 지나친 자신감을 갖는 것이 경제 체계에서 조화로운 균형 상태를 창조한다고 예측했다.[32] 적절하게 넘치는 자신감은 변화하는 세상에서 옛것에 집착하기보다 위험을 감수하고 새로운 프로젝트를 시도해 빛을 볼 수 있게 만든다.

하지만 안정적인 환경에서는 그렇지 않다. 예측 가능성이 높고 변화가 별로 없는 상황에서는 지나친 자신감이 불리하게 작용한다. 그런 조건에서는 지나친 자신감이 잠재적 골칫거리다. 안정적인 환경은 현재 진행 중인 프로젝트의 문제를 드러내 규정하고 현재의 상황을 개선하기 위한 투자와 노력을 망설이게 만든다.

데시와 그녀의 공동 저자 시아오지엔 쟈오는 3천 명 이상의 중국인에게 퍼즐을 풀게 하고 자신의 답이 얼마나 정확할 것 같은지 물어 그들의 자신감을 측정했다. 그리고 살면서 어느 정도의 변화를 겪게 될 것 같은지 물었다. 결과에 따르면 사람들은 삶의 더 큰 변화를 기대할수록 퍼즐의 답에 대해서도 지나친 자신감을 보였다.

그들은 더 나아가 38개 국가의 평균 자신감 척도를 각국의 사회경제적 안정성 지표들과 비교했다. 그리고 최대한 자신감과 긍정적인 상관관계가 있다고 기대되는 안정성 척도에 집중했다. 예를 들면 28년 동안 낮게 유지된 실업률, 국내외 분쟁 정도 등이었다. 하지만 예상과 달리 더 안정적인 국가일수록 국민들의 자신감은 더 낮았다. 그것이 데시와 쟈오의 연구 결과였다. 예를 들어 미국인의 자신감이 17.2점이었다면 일본은 13.3점이었다. 사회경제적으로 몹시 안정적인 스위스는 14.3점으로 역동적으로 변화하고 있는 영국의 16.4점보다 낮았다.

자신감이 극도로 지나치면 심각한 문제가 생긴다. 하지만 적당하게 넘치는 자신감은 빠르게 변하는 세상에서 몹시 유용하다. 자신감은 심리적, 경제적으로도 필요하다. 변화의 폭이 넓어지고 속도가 빨라지고 있다는 점을 생각하면 자신감은 세상의 번영에 심지어 더 소중한 자원이 된다.

하지만 경제는 정치와 별개로 존재할 수 없으며, 자신감은 정치적 삶에 있어서도 그만큼 중요한 역할을 한다.

11장

자신감은 정치에
어떻게 작용하는가

The Politics of Confidence

그렇다면 저는 오늘 밤 국민 여러분께 에너지나 인플레이션보다 더 진지한 주제에 관해 이야기하고 싶습니다. 저는 지금 당장 미국의 민주주의를 근본적으로 위협하는 것에 대해 말하고 싶습니다.

우리의 정치적, 시민적 자유에 대한 이야기는 아닙니다. 그것들은 지속될 것입니다. 누구도 따라올 수 없는 경제적, 군사적 힘과 세계 곳곳에서 오늘 밤에도 평화를 유지하기 위해 노력하고 있는 미국의 힘에 대해 말하는 것도 아닙니다.

그 위협은 쉽게 눈에 띄지 않습니다.

바로 자신감의 위기입니다.

미래에 대한 자신감의 침식은 미국의 정치사회적 구조를 무너뜨리려 하고 있습니다.

자신감은 우리의 앞길을 열어주었고 세대 간의 연결 고리가 되어주었습니다. 우리는 언제나 진보라고 불리는 것을 믿어 왔습니다. 우리 아이들의 미래는 우리의 미래보다 나을 것이라는 신념을 갖고 있었습니다.[1]

1979년 7월 15일, 미국 대통령 지미 카터의 텔레비전 연설이었고 이는 '자신감의 위기' 연설로 널리 알려졌다. 카터의 보좌관들은 그에게 조국의 미래에 대한 미국인들의 믿음이 위기에 처했다고 말했다. 그 집단적 자신감 하락은 존 F. 케네디와 로버트 F. 케네디, 마틴 루서 킹의 암살, 베트남 전쟁 실패와 워터게이트 스캔들 그리고 1970년대 에너지 위기의 영향이 쌓였기 때문이라고 그들은 생각했다. 그 에너지 위기 때문에 자동차들은 쭉 뻗은 미드웨스트 로드를 달릴 때조차 시속 90킬로미터 이하로 속도를 유지해야 했다.[2] 카터의 연설처럼 음울했던 시기였다.[3]

대통령의 연설은 그 당시 미국이 마주하고 있는 경제, 사회, 군사적 도전 모두를 초래한 중요한 요인 한 가지를 지목했다는 점에서 매우 흥미로웠다. 바로 심리적 문제였다. 미국 대통령이 심리학자들을 대동해 수억 국민의 마음 상태를 진단하는 것은 전례 없는 일이었다. 하지만 대통령의 처방이 썩 효과가 좋은 것은 아니었는데, 국민들에게 자기희생과 검소, 물질주의 거부를 요구했기 때문이다. 대통령의 메시지는 뇌의 보상 회로를 활성화시키지 못했고 결국 미국인들에게 몹시 중요한 지점인 자신감 고양에 도움이 되지 않았다.

1980년 대통령 선거의 후보 중 한 명 역시 심리학자들에게 의지했는데, 그는 카터의 처방이 효과를 보지 못하고 있다는 분위기를 감지했다. 영화배우였던 로널드 레이건은 미국인들에게 아무 잘못이 없다고 선언했다. 그는 낙관주의와 자신감을 자기 정치적 메시지의 핵심으로 삼아 수백만 지지자들의 보상 회로에 불을 붙였고 결국 선거에서 승리했다.

레이건 역시 카터처럼 국가가 직면한 문제의 근본 원인을 찾기 위해 정치와 경제 이면을 더 깊이 파고들었다. 그리고 그의 해법은 달랐다. 자신감의 위기는 카터 대통령이 미국인들에게 자신감을 심어주지 못했기 때문이라고 그는 주장했다. 그리고 카터와는 다른 처방을 내렸다. 국민 대부분의 자기 신뢰를 되살릴 수 있는 카리스마 있는 지도자를 선출하는 것이었다. 하지만 일부 국민의 자신감을 유지해주던 공적 프로그램들을 희생하면서 이를 추진했고 결국 오늘날까지도 그로 인한 정치경제적 파문이 영향을 끼치고 있다.[4]

서른일곱의 소비에트 장교가 불안한 표정으로 드레스덴의 KGB 본부 앞에 몰려든 성난 군중을 바라보고 있었다. 1989년 12월 5일이었고 그의 무장 지원 요청에 지직거리는 선을 통해 돌아온 퉁명스러운 대답은 '모스크바는 침묵한다'는 것뿐이었다. 블라디미르 푸틴 중령은 문 앞으로 다가가 들썩거리는 동독 군중에게 억지로 들어오면 발포하겠다고 엄포를 놓았다. 건물 안에 무장 군인도 없었지만 말이다. 엄포는 효과가 있었고 우왕좌왕하던 군중은 동독 비밀 경찰의 다른 사무실을 뒤지기 위해 흩어졌다.[5]

구소련의 충성스러운 KGB 장교는 자신이 알던 세계와 자신의 정체성이 송두리째 무너지고 있다고 느꼈다. 그는 나중에 이렇게 술회했다. "더 이상 조국이 없다고 느꼈다. 조국이 사라져 버렸다."[6] 2005년 4월 25일, 러시아 연방 의회 연설에서 그는 이렇게 말했다. "무엇보다 우리는 소련 연방의 붕괴가 금세기 최고의 지정학적 재앙이었음을 인정해야 합니다. 수백만의 동포가 러시아 영토 바깥으로 밀려났습니다."[7]

푸틴은 조국의 정치경제적 고난에 대한 생각에 사로잡혀 있었던 것은 아니었다. 그는 사랑하는 조국 러시아에 닥칠 심리적 영향에 대해 걱정했다. 그와 같은 반응의 핵심에는 개인적, 국가적 굴욕이 있었고 이는 수백만 러시아 국민에게도 마찬가지인 것 같았다.[8]

러시아 사람들은 전 세계에서 자기 정부에 대한 신뢰도가 가장 낮다.[9] 러시아 국민의 삶의 질은 중국보다 낮은 수준으로 떨어졌다.[10] 하지만 이 글을 쓰고 있을 당시 블라디미르 푸틴은 국민들의 심리를 성공적으로 돌본 덕분에 70퍼센트라는 놀라운 지지

율을 유지하고 있었다. 그는 선조들의 용기와 인내, 위대한 애국 전쟁이라고도 했던 제2차 대전에서의 승리라는 민족 서사를 활용해 국가의 집단적 자신감과 자존감을 재건했다.

1999년, 푸틴은 이렇게 경고했다. "지난 이삼백 년 동안 처음으로 러시아가 글로벌 파워의 두 번째, 혹은 세 번째 국가로 강등될 수 있는 위험을 마주했습니다." 그는 반드시 일등 국가로 남을 수 있도록 국민의 단결을 촉구했다.[11] 그리고 국가적 자신감 회복을 위한 물질적 자기희생이라는 전시 개념을 확립했다. 서구 세계에 대한 몹시 적대적이고 민족적인 태도를 심어서 국가적 굴욕을 개인적으로 받아들인 수백만 국민의 자존감과 자신감을 재건하는 것이 그의 목표였다.

그와 같은 국가의 집단적인 감정이 역사를 통틀어 얼마나 많은 인간사에 영향을 끼쳤는지는 과장하기도 힘들다. 수천 년 동안 왕과 왕자들, 사령관들이 자존감에 입은 모욕 때문에 수백만이 목숨을 잃었다. 명예와 체면이 대량 학살의 원인이 되었고 이는 오늘날까지도 이어진다. 미국 정부는 베트남 전쟁에서 결코 승리할 수 없음을 비밀리에 확신한 후에도 수년 동안 전쟁을 지속했다. 이유는 하나였다. 국가의 체면을 살리기 위해, 즉 국가와 정부의 자존심을 살리기 위해서였다.[12] 1930년대, 히틀러가 독일 국민의 지지를 받은 이유는 가혹했던 베르사유 협정에 수백만 독일 국민이 개인적이고 국가적인 굴욕을 느꼈기 때문이다.

집단 자아의 보호는 인간의 운명을 좌우하는 동력 중 하나다. 살인은 물론 전쟁의 원인이 될 뿐만 아니라 창조성과 혁신, 시민의 의무라는 위업을 달성하게 만드는 지나친 자신감을 자극한다. 그렇다면 집단적 자신감이라는 것은 과연 존재하는 것일까?

공동체 의식을 발전시킨다

축구, 하키, 럭비 등 스포츠 팀에 소속된 선수라면 팀의 자신감은 분명 존재한다고 말할 것이다. 다음과 같은 질문으로 집단적 자신감을 판단하는 과학적 방법도 있다.

다음 시합에서 승리하기 위해 최고의 경기 수행 능력을 발휘할 수 있다는 팀의 자신감은 어느 정도인가.

0 (전혀 자신 없다) – 100 (자신감이 충만하다)

팀원 개개인의 점수 평균이 집단적 자신감이다. 연구에 따르면 집단적 자신감은 개인의 자기 신뢰가 작용하는 방식과 비슷하게 작용한다. 팀에 대한 자신감이 더 높은 선수는 자신을 위해 더 높은 목표를 세우고 더 많이 노력하고 좌절과 역경도 더 잘 극복하고 신체적 지구력도 높아지며 실패에도 쉽게 포기하지 않는다.[13]

그리고 그 집단적 자신감이 있는 팀은 경쟁에서 더 좋은 결과를 얻는다.[14] 모든 선수와 팬들이 인정하겠지만, 2016년 영국 로햄턴 대학교 연구 팀의 논문에 따르면 코치나 매니저가 팀의 자신감을, 결국 팀의 성공을 가져오는 데 몹시 중요하다. 이에 대한 과학적 증거도 있다. 리더는 자신의 자신감을 팀의 집단적 '실행 가능' 정신으로 전달할 수 있다.[15] 새로 꾸린 팀에 갓 부임한 리더라 해도 마찬가지다.

벨기에 농구 선수 백 명을 대상으로 한 실험이 있었다. 선수들은 무작위로 팀에 배정되어 골대에 공을 넣는 시합을 했다. 팀 별로 리더를 한 명씩 지목했는데, 리더는 다른 선수들과 실력이 비슷하기도 했지만 사실 연구 팀의 일부이기도 했다. 리더 중 절반은 팀의 자신감을 높이는 전략으로 팀원들에 대한 믿음을 표현하고 점수를 얻을 때 열정적으로 반응했으며 시종일관 자신 있는 몸짓을 보여주었다. 나머지 절반의 리더는 공을 넣지 못했을 때 신경질적으로 반응했고 잘못을 지적했으며 자신 없고 낙담한 모습을 보여주었다.

자신 있는 리더는 팀의 능력을 확신했고 공동체 의식을 발전시켰다. 집단의 정체성에 어울리는 집단적 자신감이었다. 처음에 두 팀은 비슷한 점수를 기록했다. 하지만 결국에는 집단적 자신감을 확실히 표현했던 리더의 팀이 그렇지 않은 팀보다 30퍼센트 더 많은 공을 넣었다.[16]

집단적 자신감의 작용은 뇌에서도 확인할 수 있다. 집단 안에서 함께 협력할 때 사람들의 뇌는 자신의 역량을 기록하기도 하지만 집단 내 타인의 역량 또한 기록한다. 뇌의 앞부분, '브로드만 영역 9'라는 곳에서 일어나는 일이다. 이는 개인의 뇌가 집단의 성과를 기록하면서 집단적 자신감의 신경 신호를 세우는 과정이라고 할 수 있다.

집단으로 힘을 모으기보다 서로 경쟁할 때는 뇌에서 정반대의 패턴이 관찰된다. 자신을 위한 행동과 타인을 위한 행동이 완전히 나뉘는 것이다. 경쟁에서 가장 원치 않는 것은 뇌가 자기 성과를 상대의 성과로 혼동하는 것일테니 말이다.

'우리'에 대한 자신감은 뇌의 역량, 집중력, 감정과 행동에 긍정적인 영향을 끼쳐 '나'를 더 자신 있는 사람으로 만든다. 그뿐만이 아니다. 사람들이 팀으로 더 잘 일할 수 있게 되면서 생기는 이점도 많다. 그리고 이는 스포츠계에서만 가능한 일도 아니다. 최고경영자가 직원들에게 자신감을 심어주면 회사의 성과도 더 좋아진다.[17] 대도시의 궁핍한 지역도 주민들이 자신의 공동체를 어느 정도 통제하고 있다는 집단적 자신감을 느낄 때 범죄율이 더 낮다.[18]

하지만 집단적 자신감이 그 역량을 제대로 발휘하는 분야는 바로 정치다. 칠레에서 홍콩, 이라크에서 북아프리카까지 전 세

뉴 컨피던스

계에서 사람들을 행동하게 만드는 것이 바로 집단적 자신감이다. 소셜 미디어를 통한 개인의 네트워킹 능력은 전 세계에서 거대하고 전례 없는 시위와 폭동, 동요로 이어졌다.

2017년, 칠레와 미국에서 실시한 연구에 따르면 소셜 미디어에서 정치 활동을 하는 사람이 많아질수록 앞으로의 정치 활동에 대한 그들의 자신감도 높아졌다.[19] 연구 팀은 '충분한 시민이 조직되어 변화를 요구하면 정치인들이 그 문제를 해결하기 위해 나설 것이다'와 같은 발언과 그에 대한 반응을 통해 사람들의 정치적 자신감을 평가했다.

흥미롭게도 한 연구에 따르면 두 개의 주요 소셜 미디어 플랫폼 트위터와 페이스북은 자신감과 그에 따른 행동을 유발하는 방식이 서로 달랐다. 트위터는 공동 혹은 상호 작용이라기보다 개인을 중심으로 팔로워들에게 정보를 전달하는 데 집중한다. 반대로 페이스북은 의견 교환과 사회적 연결망에 더 중점을 둔다. 하지만 그 차이에도 불구하고 정치 관련 정보를 각 플랫폼에 공유하는 사람들은 비록 이유는 다르겠지만 소셜 미디어 바깥에서의 정치 활동에 참여할 가능성도 더 높다. 트위터가 정치적 행동에 대한 개인의 자신감을 북돋는다면 페이스북은 집단적 자신감을 높여준다고 연구는 밝혔다.

그렇다면 자신감은 위에서 아래로 수직으로 퍼지고, 집단을 넘나들며 수평으로 전염된다.[20] 그리고 집단의 응집력이 클수록 더 빨리 전파된다.[21] 자신감은 사람들의 뇌를 연결해 다수가 효율적으로 함께 일할 수 있도록 진화되었다.[22] 그 연결에 도움이 되는 한 가지 방법이 바로 3장에서 살펴보았던 '자신감 휴리스틱'으로, 얼마나 자신 있어 보이는지로 누구와 팀을 이룰 것인지 판단하는 경험 법칙이다.

그렇다면 자신감은 개인의 마음속에만 있는 특성은 아니다. 자신감은 수백만의 사람들 마음속에서 더 커지거나 사라질 수 있다. 그리고 그럴 때 바로 역사가 만들어진다.

집단 내 자신감이 강해진다

1998년 5월 11일, 인도가 열핵폭탄을 터트리면서 라자스탄의 사막이 진동했다. 같은 날, 자갈 많은 땅 아래서 두 번의 폭발이 더 있었는데 이번에는 원자폭탄이었다. 인도는 여섯 번째 핵무장 국가가 되었다. 인도의 유명 정치인이자 편집자, 기자인 찬드란 미트라는 인도의 성취에 대해 다음과 같이 논평했다. "폭탄이 자존감의 화폐로 사용된다는 사실은 분명하다." 그는 그 말을 통해 핵실험이라는 극단적 정치 군사적 행동이 국가의 자신감이라는 심리적 문제임을 분명히 했다.

그로부터 17일 후인 1998년 5월 28일 오후 3시 15분, 비슷한 진동이 국경 너머 파키스탄 발루치스탄의 마른 땅을 뒤흔들었다. 인도의 강력한 라이벌 파키스탄이 지하 핵 실험으로 반응하며 역시 핵 보유국이 되었음을 선언했다.

핵무장 국가가 되는 것은 정치 협상 능력을 높여주는 등의 실질적 효과를 발휘한다. 2019년 미국과의 협상에서 핵을 사용해 전략적 목표를 달성한 북한의 김정은이 이를 효과적으로 보여주었다. 핵은 또 다른 나라의 군사적 침략을 저지하기도 한다. 하지만 찬드란 미트라가 정확히 지적했듯이 그 무시무시한 무기를 소유하는 것에는 심리적 기능도 있다. 국가의 자존감과 자신감을 높여주는 것이다.

그와 같은 사적인 감정을 어떻게 한 나라 전체가 경험할 수 있을까? 이 질문은 식민 지배를 받았던 나라의 국민이 그런 역사가 없는 더 부유하고 특권이 있는 나라의 국민보다 더 쉽게 대답할 수 있을 것이다.

찬드란 미트라는 핵에 대한 자신의 논의를 다음과 같이 확장했다.

200년 동안 마음에 새겨진 열등감을 극복하고 국가적 자신감을 불어넣으며 21세기를 앞둔 20세기 말을 바라보니 폭탄과 같은 것이 세상을 더 잘 다룰 수 있을 것 같아 보인다. 그리고 더 완전한 자신이 된 것 같다고 느낀다.

이 말은 불안과 굴욕에 대해 털어놓으며 상담을 받는 환자의 기록으로도 읽힌다. 하지만 정확히 같은 용어를 사용해 국가를 개인인 듯 바라보며 국가 지도자가 한 말이다. 위대한 정치인이자 뛰어난 편집장이었던 그는 수십억 국민의 심리 상태를 탐구해 대변했다. 그리고 이렇게 이어 말했다.

우리는 외국에 나갈 때나 국제적 토론에서 존재를 증명해야 할 때 목소리를 높여 크게 외쳐야 하기도 하지만, 식민지였던 국가가 이룬 성과를 얕잡아보는 태도 또한 피할 수 없다. ⋯ 어쨌거나 우리는 열등한 나라로 취급받거나 얕잡아보는 시선을 피할 수 없는 문제가 있다.[23]

대부분의 유럽 국가와 일본 등 다른 나라를 침략했던 역사가 있는 나라는 국가적 자존감과 자신감을 당연하게 여기는 경향이 있다. 미국처럼 정치, 경제, 군사적으로 다른 나라에 영향을 끼치고 있는 나라도 마찬가지다. 권력은 뇌를 목표에 집중하게 만들고 그 권력에 좌우되는 나라의 생각과 감정에는 덜 신경 쓰게 만들기 때문이다. 권력은 또 자기 인식 능력을 떨어뜨려 우리를 더 자기중심적으로 만든다.

힘 있는 국가나 집단은 다른 사람이 자신을 어떻게 바라보는지에 대해 힘없는 국가들처럼 자기 탐구를 하지 않는다. 그들은 자신이 다른 집단에 비해 우월한지 열등한지 찬드란 미트라처럼 고민할 필요가 없다. 권력이 있으면 결정하고 명령할 수 있기 때문에 힘없는 사람의 입장을 생각해 볼 필요가 별로 없다. 반대로 힘없는 집단은 힘 있는 집단의 의도와 마음을 읽고 집단 내 자기 지위와 그에 따른 자신감에 대해 고심하는 데 정신적 에너지의 상당량을 사용해야 한다.[24]

하지만 그런 국가나 집단이 권력을 잃으면 분명하고 자신 있는 우월감이 무너진다. 갑자기 고통스러운 자기 인식과 자기 의심이 시작되고, 한때 힘이 있었지만 더 이상 힘없는 자아가 위협받는다. 그렇다면 그 집단적 마음에서 개인의 뇌는 어떻게 작용하는 것일까?

서로 모르는 실험 참가자들이 예술가 두 명의 추상화 슬라이드를 시청했다. 파울 클레와 바실리 칸딘스키였다. 연구 팀은 참가자들에게 어떤 예술가의 슬라이드가 더 좋은지 물은 다음 참가자들을 두 그룹으로 나누었다. 참가자들에게는 선호하는 화가에 따라 칸딘스키를 좋아하는 그룹과 클레를 좋아하는 그룹이라고 했지만 사실 두 개의 무작위 그룹이었다.

이를 '미니멀 그룹'이라고 한다. 역사와 미래, 목적이 없는 그룹이라는 뜻이다. 개인이 잠시 속할 뿐인 임의적이고 단기적인 그룹이다. 우리가 살면서 속하게 되는 대부분의 그룹과는 다르다. 진짜 그룹에는 가족의 보호, 축구 팀의 승리, 종교의 전파, 국가의 명망 등이라는 목적이 있다. 그런 그룹은 역사가 길어 수백 년까지도 거슬러 올라간다. 그리고 다른 집단보다 우위에 서기 위해 노력할 만한 충분한 이유가 있다.

그 집단들은 또한 가족의 미래, 정당의 유산, 조국의 영광스러운 미래, 믿음의 영원한 빛 등 미래를 향한 강력한 지속성이 있다. 그리고 세상은 역사와 미래, 목적이 있는 집단들 사이의 과열 경쟁으로 고통받고 있다. 인도의 힌두와 무슬림, 아일랜드의 가톨릭과 프로테스탄트, 미국의 공화당과 민주당은 몇 가지 예일 뿐이다. 인류의 역사는 그와 같은 집단들이 서로 투쟁하는 이야기일 뿐이라고 말하는 사람도 있다.

그런데 그 실험 참가자들은 목적도 역사도 미래도 없는 완전히 임의적인 집단에 속하게 된 것이다. 그렇다면 사람들은 그 집단이 자기에게 중요하지 않거나 의미가 없다고 생각할까? 1971년, 브리스톨 대학교의 저명한 사회 심리학자 헨리 타즈펠의 '미니멀 그룹' 연구와 그 이후의 많은 연구에 따르면, 그렇지 않았다.

타즈펠 연구 팀은 무작위 그룹에 속하기만 해도 전 인류에게 무서울 정도로 익숙한 일련의 행동과 태도가 사람들에게 나타날 수 있다는 사실을 발견했다. 바로 내집단 선호와 외집단 차별이다. 그리고 그 연구의 놀라운 점은 바로 이것이다. 사람들은 내집단에 보상을 주고 외집단에 제재를 가하는데, 이는 그들의 내집단 선호가 전체적인 비용과 편익 면에서 모든 사람에게 손해가 될 때도 마찬가지였다. 다시 말하면 집단의 마음은 남을 해치려다가 자기도 해치는 방향으로 우리를 이끈다.

그 무서운 사실은 클레와 칸딘스키라는 전혀 경쟁할 필요 없는 집단 사이에서도 마찬가지였다. 두 집단에는 아무 목적도 미래도 없었기 때문에 내가 이기면 상대가 질 수밖에 없는 제로섬 게임의 상황도 아니었다. 하지만 그럼에도 불구하고 인간에게는 즉시 자신을 그 집단 구성원으로 정의하고자 하는 원초적 욕구가 있었고 자동으로 외집단을 희생시키고 내집단을 선호하는 모습이 드러났다.[25] 도대체 왜 이런 일이 일어나는 것일까? 그리고 이와 같은 상황에서 자신감이 집단과 국가에 어떻게 작용하는지 이해하는 실마리를 찾을 수 있을까?

단서는 클레와 칸딘스키 미니멀 그룹 방식을 사용했던 2003년 독일의 한 연구에서 드러났다. 연구 팀은 실험 참가자들이 내집단과 외집단 모두에게 돈을 나누어줄 때 내집단을 얼마나 선호하는지 관찰했다. 그 전에 참가자들은 간단한 테스트를 받았는데 연구 팀은 그 테스트 점수가 '높았다' 혹은 '낮았다'는 피드백으로 참가자들의 자신감을 조작했다. 점수가 '낮았다'는 말을 들은 사람은 외집단에 더 많은 편견을 보였고 내집단을 더 선호했다. 다시 말하면, 자신에 대한 좋지 않은 느낌은 사람들을 더 부정적으로 만들었다. 테스트 결과에 대한 가짜 피드백이 그들의 자아를 위협했고, 마치 그에 대한 보상을 받으려는 듯 내집단의 집단 자아가 보호 본능을 발휘한 것이다.[26]

이 연구는 2016년 영국과 미국의 급격한 정치 변화를 더 잘 이해할 수 있게 해준다. 수백만의 자신감 상실은 자아에 힘을 주는 내집단 선호와 그것의 사악한 쌍둥이인 외집단 차별에 개개인이 몹시 취약하게 만들었다. 2008년 경기 침체 이후 사람들은 자아를 위협하는 자신감 붕괴를 겪었고 그 덕분에 포퓰리스트 정치인들은 수백만의 사람을 자신의 뜻 아래 모이게 만들 수 있었다. 미국의 도널드 트럼프, 영국의 나이젤 파라지, 프랑스의 마린 르펜 그리고 이탈리아의 마테오 살비니가 모두 그와 같은 상황에서 주목받은 정치인들이다. 포퓰리스트들에 의해 움직이는 사람들은 밀려났다는 생각에 자신감에 상처를 입었고 그래서 내집단을 선호하고 외집단을 차별하게 되었다.

하지만 이와 같은 정치적 현상은 내집단 선호 때문만은 아니었다. 자신감을 잃은 수백만의 사람에게 영향을 끼친 것은 그보다 훨씬 강한 감정이 가득 실린 부족주의였다. 2008년부터의 연구에 따르면 무작위로 어느 집단에 속한다는 느낌을 갖기만 해도 뇌의 보상 회로에서 기분을 좋게 만드는 강력한 효과가 발휘되었다.[27] 이는 포퓰리스트들에게 자신을 추종하는 수백만 사람들을 위한 공짜 항우울제나 마찬가지였다. 그리고 극단적 이데올로기 지지자들은 그와 같은 항우울제가 몹시 많이 필요하다고 2019년

암스테르담 자유 대학교 연구는 보여주었다.

극우 혹은 극좌 이데올로기 지지자들은 다른 사람들보다 심리적으로 스트레스를 더 많이 받는다. 극단주의자들의 흑백논리는 복잡한 문제에 단순한 해법을 제시한다. 이는 자신감과 자존감이 낮은 사람들에게 매력적이다. 또 다른 집단에 대한 수용성을 낮추고 자기 판단에 지나친 자신감을 갖게 한다. 강한 내집단 선호와 지나친 자신감은 모두 뇌의 보상 회로를 활성화한다. 그리고 그 보상 회로 활성화는 극단주의자들이 제시하는 지나치게 단순하고 낙관적인 해법에 사로잡힐 때 받는 심리적 스트레스를 완화하는 데 도움이 된다.[28]

집단의 자신감은 그 집단에 속한 개인을 더 자신 있게 만들고 그래서 덜 불안하게 만든다. 그렇다면 집단의 위안을 추구하게 만드는 사람들의 불안 이면에 도사리고 있는 더 근본적인 문제는 과연 무엇일까?

팬데믹도 극복한다

2020년 4월 11일, 코로나19로 인한 위기가 절정일 때 중국 광저우 맥도날드에서 흑인이 출입을 거부당하는 영상 하나가 트위터에 올라왔다.[29] 그보다 몇 주 전인 2월 24일, 런던

옥스퍼드 스트리트에서 싱가포르 출신 학생 스물세 살 조나단이 영국 남성들의 공격을 받았다. 남성 중 한 명은 조나단에게 주먹을 날리기 전에 이렇게 말했다. "우리나라에 코로나 바이러스를 가져오지 마!"[30] 이는 2020년 팬데믹 상황에서 코로나19 감염에 대한 두려움이 외집단이라고 인식되는 사람들에 대한 공격을 촉발했다는 사실을 보여주는 두 가지 예일 뿐이다. 외집단은 곧 위협으로 인식되었다.

2014년, 또 다른 전염병 에볼라 발생률이 서아프리카에서 급격히 치솟았다. 전 세계가 이에 주목했고 곧 미국과 같은 다른 나라로도 퍼져나갈 수 있다는 두려움에 불이 붙었다. 미국에서 에볼라에 감염될 가능성은 아주 낮았음에도 불구하고 수백만의 사람이 그 전염병에 대한 두려움을 표현했다. 산타바바라 캘리포니아 대학교가 미국인 천 명을 대상으로 한 연구에 따르면 에볼라에 더 취약하다고 '느낀' 사람들은 이민자들, 특히 서아프리카에서 온 이민자들에게 더 배타적인 태도를 보였다.[31]

사람들은 두려워지면 불안을 없애주는 내집단의 위안을 추구하게 되고 이는 외집단에 대한 차별로 이어질 수밖에 없다. 그리고 그 두려움은 팬데믹을 훨씬 넘어선다.

월요일 오전 7시, 당신은 신발을 신고 있다. 내가 몇 가지 질문을 할 텐데, 그에 대한 당신의 답도 예상해 보았다.

뉴 컨피던스

무엇을 하고 있니?

신발을 신고 있지.

왜 신발을 신고 있지?

나가려고.

왜 나가는데?

출근해야지.

왜 출근하는데?

사장님이 내가 출근하길 기다리고 있을 테니까.

왜 사장님 생각에 신경을 써?

일을 잘해서 성공하고 싶으니까.

왜 성공하고 싶은데?

가족과 걱정 없이 살고 싶으니까.

왜 걱정 없이 살고 싶은데?

그래야 좋은 부모가 된 느낌일 테니까.

왜 그런 느낌을 갖고 싶은데?

나는 좋은 사람이니까.

왜 좋은 사람이 되고 싶은데?

세상에, 그만 좀 물어봐. 늦었단 말이야!

상상 속 대화의 막다른 질문은 결국 '왜?'이다. 이는 그 모든 노력과 분주함이 무엇을 위한 것인지 묻는 존재론적 질문이다.

그리고 대부분의 시간 동안 우리가 회피하는 질문이기도 하다. 자아의 또 다른 수호자 '부정'의 도움을 받아서 말이다.

우리가 하는 모든 일에는 사다리처럼 이어진 몇 가지 목적이 있다. 이는 동기 부여 연설가들이 사랑해 마지 않는 다음 이야기로 가장 잘 이해될 것이다.

일꾼들이 벽돌을 쌓고 있다. 재판관이 첫 번째 일꾼에게 무엇을 하고 있는지 묻자 그가 고개를 들어 대답했다. "벽돌을 쌓고 있습니다." 두 번째 남자에게 묻자 그는 이렇게 대답했다. "벽을 쌓고 있습니다." 세 번째 남자는 이렇게 대답했다. "저는 성당을 짓고 있습니다." 세 명 모두 바른 대답을 했다. 각각의 목표가 러시아 인형처럼 차례차례 드러나는데, 전문 용어로 말하자면 이를 '목표 사다리'라고 한다.

하지만 사다리를 계속 올라가면 위의 문답에서 살펴보았던 것처럼 우리는 언젠가 죽어야 할 운명이라는 존재론적 천장에 부딪힐 수밖에 없다. 우리는 대부분의 시간 동안 건강한 부정의 도움을 약간 받아 그에 대한 생각을 그럭저럭 회피한다. 목표 사다리의 꼭대기에 관심을 기울이지 않으려는 것은 지극히 정상적인 일이다. 우리는 연봉 인상, 새 집 구매, 관계 확장, 오래 꿈꿔왔던 여행 계획 등 기분이 좋아지는 중간 정도의 목표에 집중한다. 부정은 궁극적으로 내가 이 일을 하는 이유인 더 골치 아픈 질문으로부터 우리의 주의를 돌린다. 수십 년 후에 내가 존재하지 않을 거라는 상황을 고려하면 더더욱 그렇다.

많은 국가와 대륙에 적합한, 이를 설명할 하나의 이론은 다소 무시무시한 이름의 '공포 관리 이론'이다.

죽음에 대한 생각이 들면 슬퍼지거나 속상할 수 있지만 우리는 때때로 죽음을 상기하는 것들을 마주할 수밖에 없다. 한 가지 실험의 예를 들어 보자. 연구 팀은 실험 참가자들이 자신의 죽음을 인식하게 만들기 위해 다음과 같은 질문을 했다. '자신의 죽음에 대해 생각할 때의 감정을 묘사해 보세요', '신체적 사망에 이르면 무슨 일이 일어날까요?'

공포 관리 이론에 따르면 삶의 유한성을 상기할 때, 예를 들면 팬데믹과 같은 상황에서, 우리는 특정한 반응을 겪게 된다. 대부분 미래의 소멸에 대한 무서운 인식으로부터 자아를, 결국 자존감을 보호하려는 무의식적 시도다. 이는 삶의 목표 사다리 꼭대기에 올라가는 것과 비슷한 효과를 발휘한다. 일상을 꾸려가는 궁극적인 목표에 대해 고심하다 보면 필연적으로 인간은 언젠가 죽는다는 생각을 하게 될 수밖에 없다.[32]

수많은 나라에서 실시한 수백 개의 연구에 따르면 우리는 죽음을 떠올릴 때 특정한 방식으로 생각하고 느끼고 행동하게 된다.[33] 그리고 무엇보다 자신을 내집단과 그 세계관에 속하게 만들어 서둘러 자존감을 높이려고 한다. 이론에 따르면 자존감을 높이려는 시도는 한낱 우주의 먼지에 불과할지도 모르는 개인의 무

가치함에 대한 공포로부터 자신을 보호하는 것이다.[34] 대부분의 사람은 삶의 유한함을 의식하게 될 때 자신을 정치적 혹은 문화적으로 소속된 내집단의 가치를 실현하는 수단으로 바라보기 위해 무의식적으로 노력한다. 자신이 열렬히 속하고자 하는 더 넓은 선의 일부로 자신을 바라보는 것은 자아의 지속성을 느끼게 만들어준다. 그 정신적 가치가 죽음이 위협하는 자존감에 상징적인 영원함을 제공한다.

대부분의 종교는 소멸의 공포로부터 자아를 보호하기 위해 상징이 아닌 실제의 영원함을 약속한다. 죽음에 대한 생각이 의식의 가장자리에 끼어들 때 가장 독실한 사람의 뇌에서조차 전형적인 반응이 일어나고 그 심리적 반응은 거대한 정치적 결과를 초래한다.

2007년, 캐나다 학생들을 대상으로 한 알버타 대학교의 연구에 대해 살펴보자. '캐나다인이라는 정체성이 나에게 중요한 가치다' 혹은 '캐나다 사람인 것이 자랑스럽다'와 같은 문장에 '몹시 그렇다'고 대답한 그룹을 구성했다. 그들을 다시 두 그룹으로 나누어 각기 다른 기사를 읽게 했다. 한 그룹은 미국인이 캐나다의 의료 제도와 캐나다 시민의 공손함과 같은 특성을 조롱하거나 비난한 기사였다. 다른 그룹은 호주에 대한 부정적인 기사를 읽었다.

그리고 학생들은 완성되지 않은 단어의 빈 칸을 채워 넣는 게임을 했다. w__dow(window)나 p_p_r(paper)처럼 대부분 하나의 답만 있는 문제였다. 하지만 여섯 문제는 적어도 두 개의 답이 가능했고 그중 하나는 죽음과 관련된 단어였다. bur__d(buried 혹은 burned), de__(dead 혹은 deal), gra__(grave 혹은 grape), ki__ed (killed 혹은 kissed), sk__l(skull 혹은 skill), coff__(coffin 혹은 coffee).

캐나다의 문화와 국가 정체성을 폄하한 기사를 읽은 애국심 가득한 캐나다 학생은 호주 관련 기사를 읽은 학생보다 죽음과 관련된 단어로 빈 칸을 더 많이 채웠다. 이는 집단 혹은 국가와 관련된 우리의 자존감이 죽음에 대한 두려움을 누그러뜨리는 일종의 항불안제로 작용한다는 뜻이다.

그렇다면 그와 반대 방향으로도 마찬가지일까? 자존감이 높아지면 죽음에 대한 불안한 생각들로부터 보호받을 수 있을까? 1992년, 애리조나 대학교 연구 팀은 이를 밝혀내기 위해 사람들에게 가짜 성격 검사를 받게 했다. 그리고 실험 참가자들은 자기 성격에 대한 가짜 피드백을 받았다. 피드백은 '당신의 어떤 꿈은 약간 비현실적일지도 모른다'처럼 중립적일 수도 있고 '당신의 꿈은 대부분 현실적이다' 혹은 '당신은 근본적으로 강한 성격이다'처럼 긍정적일 수도 있었다.

그리고 각 그룹의 절반은 실제 사체 장면이 포함된, 사람이 죽을 수 있는 다양한 방법에 관한 다큐멘터리 〈죽음의 얼굴들〉을 시청했다. 나머지 절반은 죽음과 상관없는 중립적인 영상을 시청했다.

결국 네 개의 그룹이 생겼다. 죽음에 관한 영상을 본 자존감 높아진 그룹/죽음에 관한 영상을 본 자존감 중립 그룹/죽음과 상관없는 영상을 본 자존감 높아진 그룹/죽음과 상관없는 영상을 본 자존감 중립 그룹이다.

연구 팀은 높은 자존감이 죽음에 대한 영상 시청으로 생긴 불안을 누그러뜨려 주는지 알고 싶었다. 중립적인 영상을 본 그룹은 자존감과 상관없이 더 불안해지지 않았다. 불안 평가에서 80점 만점에 평균 44점이었다. 하지만 자존감은 그대로인 상태로 죽음 관련 영상을 본 그룹은 불안이 54점으로 치솟았다.

그렇다면 자존감이 높아진 상태에서 죽음 관련 영상을 본 그룹은? 그들은 영상의 영향을 받지 않았고 불안은 44점으로 낮게 유지되면서 공포 관리 이론의 핵심을 뒷받침했다. 우리는 자존감을 높이기 위해 열심히 일하고 존재론적 불안을 물리치기 위해 세계관을 구축한다.[35] 그리고 이는 효과가 있다.

의식의 가장자리에 매달려 있는 그와 같은 죽음에 대한 느낌은 더 걱정스러운 반응도 유발한다. 이란의 대학교 학생들을 대상으로 한 실험에 대해 살펴보자. 학생들은 자신의 죽음에 대한 생각을 불러일으킨 감정에 대해 묘사하라는 질문에 자신의 유한함을 인식하게 되었다. 그리고 비슷한 나이의 젊은 이란 사람들이 정치적 순교라는 주제에 관해 썼다는 문답을 읽었는데 답변에는 '알라의 이름으로 죽는 것은 서구에서 실행되고 있는 제국주의를 끝장낼 것이다'처럼 자살 폭탄을 지지하는 내용도 있었고 '인간의 삶은 변화를 위한 수단으로 사용되기에는 너무 가치 있다'와 같은 다른 내용의 답변도 있었다.

그리고 그 대답에 얼마나 동의하는지, 그렇게 대답한 사람을 얼마나 좋아하는지 학생들에게 물었다. 죽음에 대해 미리 생각했던 학생들은 자살 폭탄에 찬성하는 응답자들이 더 친근하다고 평가했다. 또한 죽음에 대해 생각하지 않았던 학생들보다 그 의견에 더 동의했다.

비슷한 연구가 미국의 학생들을 대상으로도 진행되었는데, 자신의 죽음에 대해 생각한 학생들은 수천 명의 시민을 죽일 수 있는 군대의 극단적 폭력을 지지할 가능성이 더 컸다.[36]

우리는 시리아를 비롯해 전쟁으로 파괴된 도시의 비참한 광경을 목격한다. 그런 광경을 목격하기만 해도 인간은 자신의 유한성을 더 인식하게 된다. 그리고 그 때문에 더 독단적이 되고 군사적 공격이나 타인에 대한 테러를 지지할 가능성이 커진다.[37] 이는 끔찍한 분쟁이 더 만연해지도록 우리 뇌를 바꾸는 심각한 악순환이다. 죽음에 대한 두려움은 자존감을 보호하기 위해 자신의 관점을 수호하게 만든다. 캐나다의 언론인 제시카 스턴은 힌두교, 유대교, 무슬림, 기독교 등 다양한 종교의 테러리스트들을 인터뷰해 집필한 2003년 저서에서 개인적이고 집단적인 굴욕의 결

과로 손상된 자존감이 그들을 테러리스트로 만들었다고 결론내렸다.[38]

수백만의 사람이 같은 집단의 일원임을 느끼기는 쉽지 않지만 이를 위한 확실한 방법 한 가지는 두려움과 위협으로 삶의 유한성을 상기시키는 것이다. 개인이 굴욕을 느껴 자존감이 손상되면 전체의 집단적 자존감 역시 손상될 수 있다. 그리고 그런 상황에서는 죽음의 신에 대항할 정신적 방어 체계가 파괴되어 자신의 유한함을 떠올릴 수밖에 없다. 결국 부족으로 갈라지고 외부인에게 비인간적인 적대감을 보이게 된다.

죽음의 두려움에 맞서기 위한 전략은 치러야 할 대가가 크다. 자아를 보호하기 위한 노력에 에너지를 낭비하게 되고 이는 더 중요한 문제 해결을 위한 집단행동과 이에 필요한 자신감을 약화시킨다. 자존감은 자신감과 달리 미래를 위한 행동으로 이어지는 않는다.

정치인의 가장 큰 자산은 자신이 제공하는 국가의 미래에 자신감을 갖는 사람들이다. 지미 카터 대통령은 정확하게 진단했지만 처방은 실패했다. 그 처방이 효과를 보려면 어느 정도의 자기 부정과 자기반성이 필요했지만 대다수의 국민이 이를 수용하지 못했기 때문이다. 로널드 레이건은 카터의 진단에는 동의했지만 적어도 일부 국민에게 더 효과 좋은 약을 처방했다. 바로 규제 완화와 낙관주의, 2008년 금융 위기와 2020년 코로나19 팬데믹 전까지의 경기 확장이었다. 레이건의 금융 규제 완화는 자신을 지지하는 사람들의 경제적 이익에는 도움이 되었지만 미국 사회의 불평등을 증가시키고 수백만을 빈곤으로 몰아넣으며 미국의 정치 위기를 초래하는 데 큰 역할을 했다.

2020년의 주도적인 감정은 탐욕에서 두려움이 되었다. 그리고 앞에서 살펴보았듯이 그 무엇도 불안만큼 자신감을 깎아내리지 못한다. 자신감이라는 값진 자원을 상실했다는 것은 정치인들이 국민의 기분을 좋게 만들기 위해 더 위험한 방법에 의지해야 한다는 뜻이다. 집단의 마음을 돌보는 위험한 약으로 그들의 자존감을 높여야 한다.

그 약의 효과는 강력하다. 외집단보다 우월하다는 감각으로 사람들을 하나로 묶는다. 기분이 좋아지고 불안이 낮아지고 우리는 하나라는 내집단의 유대감으로 위안받는다. 그와 같은 애국주의, 인종이나 종교의 약국이 전 세계에서 영업 중이다. 인도의 수상 모디, 터키 대통령 에르도안, 러시아 대통령 푸틴, 미국 대통령 트럼프, 헝가리 수상 오르반 그리고 다른 많은 정치 지도자들에 의해서 말이다.

자존감을 높여주는 그와 같은 약의 문제는 기분을 좋게 해주는 모든 것들의 문제와 똑같다. 효과는 점점 없어지고 부작용이 나타나기 시작한다. 브렉시트 투표 전 영국에서 급격하게 하락했던 '성공하고 있다'고 느끼는 수치가 인도에서는 나렌드라 모디가 수상이 된 2014년 14퍼센트에서 2017년 3퍼센트로 떨어졌다.[39] 자존감을 높이기 위해 집단의 마음을 활용하는 것은 결국 국가의 자신감을 파괴한다. 사람들은 자신감을 높여주는 '행동'에서 멀어지고, 외집단에 대한 내집단의 우월성을 유지하면서 자아를 보호하는 데만 집중한다. 자아 보호는 합리적 사고가 아니다. 이는 우리 문명을 만들어낸, 자신감을 심어주고 문제를 해결하는 창의성이라는 자원을 앗아간다.

내가 이 문장을 쓰기 시작했을 때 7,779,263,050명이던 세계 인구는 이 문장을 끝마칠 때 7,779,263,300명으로 증가했다. 집단적 자신감을 높이는 대신 자존감을 보호하는 데만 집중하면 팬데믹과 기후 위기를 비롯해 인류가 해결해야 할 다른 많은 문제를 결코 해결할 수 없다. 우리는 개인과 집단의 공동선을 위해 자신감을 활용하는 방법을 알아야 한다.

12장

어떻게 자신감을 연마할 것인가

How to Harness
Confidence

2019년 12월 29일, 겨울 오후의 어둠 속에서 한 남자가 도쿄의 집을 떠나 800미터를 걸어 한 호텔에 도착했다. 그곳에서 남자 두 명을 만났고, 세 사람은 오사카로 가는 고속열차를 탔다. 그리고 두 남자가 거대한 컨테이너 두 개를 끌고 오사카 간사이 공항 근처 호텔을 나와 이스탄불로 가는 전용기에 탑승했다. 이틀 후인 그 해의 마지막 날, 카를로스 곤은 고향 레바논의 베이루트에서 아내와 재회했다.[1]

약 일 년 전 일본에서 구금된 자동차업계의 거물은 감옥에 갇혔다가 풀려나 가택 연금 상태에서 재판을 기다리고 있었다. 그는 편향적 사법 제도와 정치적 동기에 의한 고발에서 벗어나기 위해서였다고 자신의 불법 탈출을 정당화했다. 일본과 범죄인 인도 조약이 체결되지 않은 나라로 돌아간 그는 자유의 몸이 되었다.

곤의 극적인 일본 탈출은 그가 사업에서 이룬 뛰어난 성취보다 전 세계의 더 큰 관심을 받았다. 그의 자신감은 분명하게 드러났다. 그는 글로벌 자동차 산업의 미래에 관해서뿐만 아니라 범죄의 기소 앞에서도 자기 운명을 결정할 만큼의 자기 신뢰를 갖고 있었다.

몹시 자신감 높은 사람은 종종 규칙을 따르기보다 어기는 사람들이며, 카를로스 곤의 이야기가 바로 자신감의 양날의 검 효과를 제대로 보여주는 예다. 자신감은 미래를 향한 다리가 될 수도 있지만 공식적이든 비공식적이든 규칙을 어기는 것은 분쟁과 악감정을 유발하기도 한다. 거대 금융 기관의 진취적인 여성 리더 사샤 로마노비치와 캐시 엥겔베르트 역시 자신의 계획에 대한 회사의 반응에서 이를 경험했다. 콩고의 의사 데니스 무퀘게는 보다 강렬하게 그와 같은 반응을 겪었다. 그리고 야지디 여성들의 권리를 옹호했던 나디아 무라드는 자신의 운동을 반대하는 보수 세력의 압력에 대해 정확히 알고 있었다.

세상을 변화시키려면 그 변화에 대한 반발에도 불구하고 이를 지속할 수 있게 만들어주는 자신감이 필요하다. 수년 동안 자신감이 없어 고생했던 킴도 자신을 바라보는 가족의 관점을 바꾸기 위해 노력할 때 오빠의 저항을 느꼈다. 자신감의 항불안 효과와 기분 상승 효과는 그와 같은 저항에 대처할 수 있게 도와준다. 자신감과 함께 오는 낙관주의 역시 이를 돕는다. 곤, 로마노비치, 엥겔베르트, 무퀘게와 무라드는 전부 각자의 영역에서 기존의 틀을 깼고, 이를 위해 불안을 없애주고 기분을 좋게 해 줄 그 자신감이 필요했다.

자신감은 성공을 낳고 성공은 권력을 보장한다. 권력과 자신 감은 서로 강화하며 뇌를 변화시키는 형제들로, 건강한 욕구와 그렇지 못한 욕구를 동시에 일으킨다. 위험에 대한 내성은 성공에 대한 갈증과 짝을 이룬다. 목표에 대한 집중은 눈가리개를 한 말처럼 시야를 좁게 만든다. 확실한 자기 신뢰는 타인에 대한 공감을 약화시키고, 외부 세계에서 무언가를 바꾸려는 충동은 자기 인식에 방해가 될 수 있다. 카를로스 곤은 닛산의 일본 동료들이 자신의 계획과 행동에 어떻게 반응할지 생각하지 않았고 이는 권력이 뇌를 변화시켰기 때문일 것이다. 아니면 그의 체포에 관한 《블룸버그》의 기사 제목대로 '그는 결코 이를 예상하지 못했다'는 편이 맞을지도 모른다.[2]

세상에는 자신감이 필요하고, 수많은 사람의 자기 신뢰를 높여줄 수 있는 자신 있는 지도자도 필요하다. 하지만 많은 리더들이 부족주의 강조와 같은 파괴적이고 해로운 방식으로 사람들에게 자신감을 심어주었다. 그렇다면 그 양날의 검을 제대로 쓸 수 있는 자신 있는 지도자는 어떻게 만들 수 있을까?

자신의 가치를 사랑한다

"싫습니다. 저는 그것에 대해 생각하고 싶지 않습니다." 단토니오가 삶의 의미에 대해 묻자 그는 이렇게 대답했다. "결과가 마음에 들지 않을 수도 있으니 내 자신을 분석하고 싶지 않습니다."[3]

미국 대통령으로 선출되기 2년 전인 2014년, 도널드 트럼프가 자신의 전기 작가에게 한 말이었다. 그 말은 도널드 트럼프가 한 명으로 존재하는 것이 아니라 적어도 두 가지 버전으로 존재한다는 사실을 보여준다. 한 명은 회피했고, 또 한 명은 회피하고 있다. 우리가 살펴보았듯이 트럼프는 지나친 자신감에 대해서라면 몹시 특별한 사람이었고 그렇다면 우리는 '바라보는 사람'과 '보여지는 사람'의 그 구분이 지나치게 자신 있는 사람의 특징인지 물어야 한다.

2010년, 매사추세츠 공과대학교 연구 팀은 그것이 사실임을 밝혔다. 연구 팀에 따르면 사람들은 자신에 대한 주장이 자신의 믿음과 달라질 때 일상적으로 자신을 기만했다.[4] 위의 대답에서 트럼프는 대부분의 상황에서 능력에 대한 과장으로 그럭저럭 회피해왔던 자신에 대한 의심을 드러냈다. 그가 드론부터 은행까지, 사회 기반 시설부터 핵무기까지 그리고 ISIS부터 환경 영향까지 다양한 주제에 대해 '나보다 더 많이 아는 사람은 없다'고 주

장하는 영상도 있다.[5]

지나친 자신감은 위협적으로 으르렁거리는 개처럼 타인을 설득하고 지배하기 위한 엄포의 한 형태라고 연구 팀은 주장했다. 하지만 이를 해내기 위해서는 먼저 자신을 설득해야 하기 때문에 자신을 기만해야 한다. 자신의 진짜 능력을 기만하지 않으면 그 의심이 표정과 자세, 말하는 방식으로 드러날 것이고, 이는 자신을 슈퍼맨이라고 주장할 수 있는 능력을 방해한다.

자신에 대한 그와 같은 과장된 관점이나 주장은 2003년 요크 대학교 심리학자가 연구한 '방어적 열정'의 한 가지 예다. 신념에 대한 극도의 확신과 열렬한 선언이 특징인 방어적 열정은 종종 '호언장담'으로 융합된다. 연구 팀에 따르면 허약한 자신감을 의식적으로 보호하고 있는 사람은 다른 사람보다 방어적 열정을 표현할 가능성이 훨씬 컸다. 자신을 불안하게 만드는 불확실한 상황에서 특히 그랬다. 자신에 대한 분명한 선언이 완전하게는 아니지만 이면의 불안을 잠재우는 데 도움이 되기 때문이다.[6]

자신감은 미래로 가는 확실한 다리가 아닐 때도 있으며 그 확신이 없기 때문에 언제나 지나친 자신감이 개입될 수 있다. 하지만 극도로 지나친 자신감은 일상생활에 필요한 정도보다 훨씬 강력한 자기기만을 필요로 하는 거대한 허풍이다. 자신감이 과도하게 넘치려면 비대한 자아가 필요하고 그런 자아는 종종 자기애로 바뀐다. 지나친 자신감은 자기애적 성격의 핵심 재료며 그 자기

애적 성격에는 미래의 모든 지도자가 세심히 살펴야 할 일곱 가지 징후가 있다.[7]

권위 : 나는 사람들에게 영향을 끼치고 그들이 나를 따르게 만들 수 있다. 나는 리더가 되는 것을 좋아한다.

자만 : 나는 일을 해결하기 위해 다른 사람에게 별로 의존하지 않는다. 내가 더 잘하기 때문이고 나는 결정을 내리는 것도 좋아한다.

우월 : 나는 특별하고 사람들도 그렇게 말한다. 사람들의 찬사를 받는 것도 좋다. 언젠가 누가 나의 전기를 쓸 것이다.

과시 : 나는 자랑하기 좋아하고 관심을 좋아한다. 겸손은 나의 것이 아니다.

착취 : 나는 타인을 쉽게 조종할 수 있기 때문에 내가 원하는 대로 타인이 믿게 만들 수 있다. 나는 문제가 생겨도 대부분의 상황에서 교묘히 빠져나올 수 있다.

허영 : 나는 거울 속 내 멋진 모습을 보는 것이 좋다. 내 몸을 뽐내는 것도 좋아한다.

자격 : 나는 내가 누려야 할 모든 것을 얻을 때까지 만족할 수 없다. 그래서 타인에 대한 나의 기대는 몹시 높다. 그리고 내가 나서면 세상은 더 좋아질 것이다.

극도로 지나친 자신감은 엉뚱한 다리를 자르게 하고 회사를 망하게 하는 등 거의 언제나 문제를 일으킨다. 자기애가 극도로 높은 사람은 자기 능력을 과대평가하고 자신과 조직의 관심 차이를 보지 못하기 때문에 집단을 책임질 때 큰 피해를 초래할 수 있다.

리더의 자기애에 대한 2015년의 한 연구에 따르면, 자기애가 높을수록 리더의 자리로 올라갈 가능성이 컸다. 주로 더 외향적인 성격 때문이었다. 하지만 일단 그 자리에 오르면 상사와 동료, 부하 직원의 평가로 측정되는 자기 능력과 자기애의 정도 사이에서 아무런 관계도 찾지 못했다. 자기애 덕분에 높은 자리에 올라갈 수 있었지만 자기애가 능력을 높여주지는 못했다(그 사실이 여성 리더에게는 얼마나 적용되는지 아직 밝혀지지 않았다).[8]

하지만 이 단순한 결론에도 빠져나갈 구멍은 있다. 일리노이대학교 연구 팀은 리더의 역량과 자기애의 관계가 종형 곡선을 그린다는 증거를 찾았다. 다시 말하면 자기애가 넘칠 경우 문제가 되지만 적당한 자기애는 분명 더 나은 리더를 만드는 데 도움이 된다는 것이다.

그렇다면 약간의 자기애는 리더에게 긍정적인 영향을 끼치는 것일까? 지그문트 프로이드는 그렇게 생각했다. 그는 《나르시시즘에 관하여On Narcissim》라는 책에서 '리더는 자기 이외의 누구도 사랑할 필요가 없다. 그는 자신을 완벽하게 사랑하는 오만하고 자신감 넘치며 독립적인 인물일 것이다'라고 말했다.[9]

1997년의 한 연구에 대해 살펴보자. 연구 팀은 미국 대통령들의 성격에 대한 자료를 만들어 심리학과 학생들에게 철저한 기준에 따라 그들의 자기애를 평가하게 했다. 누구인지 알 수 있는 확실한 정보는 하나도 없었다. 그리고 그 결과를 대통령 각각의 역량 혹은 '위대함'과 카리스마에 대한 역사학자들의 평가와 비교했다. 카리스마 있는 지도자는 자신을 추종하는 사람들에게 영향을 끼치는 매력을 뿜어내는 자기만의 방법이 있다. 이는 자동차업계의 카를로스 곤에게도 해당되는 말이었다. 사샤 로마노비치와 캐시 엥겔베르트의 금융계에서도 마찬가지였으며 그들의 여성적 카리스마가 남성 중심 업계에서 선호하는 방식은 아니었다고 추측할 수 있을 것이다.

연구에 따르면 대통령의 자기애는 실제로 카리스마와 역량 발휘 모두와 관련이 있었다. 자기애가 가장 높은 20세기의 대통령은 프랭클린 루스벨트였으며 그는 카리스마로 유명한 동시에 대공황과 제2차 세계대전 중이던 재임 기간 동안 널리 존경받았다.[10]

이는 자기애가 지나친 자신감이 덕이 되는 상황도 있다는 뜻이겠지만 그가 세 차례 이상 집권한 마지막 대통령이었던 것도 우연은 아닐 것이다. 그는 네 차례 대통령에 당선되었고 그의 권력은 재위 기간이 길어질수록 커졌다. 그리고 커지는 권력은 자신감 넘치는 자기애가 종형 곡선의 반대편으로 넘어갈 수 있는 가능성을 부풀린다.

이것이 자기애 넘치는 지나친 자신감의 양면성이다. 자기애는 많은 사람에게 긍정적인 변화를 창조하는 커다란 자신감을 심어줄 수 있다. 하지만 자기애 넘치는 지도자의 지나치게 낙관적인 판단과 자기중심적이고 자신의 이익만 추구하는 결정은 수백만의 삶의 질을 대폭 낮출 수도 있다. 자기애의 목적은 자아를 강화하는 것이고, 커져가는 권력과 성공으로 비대해진 자아는 모욕과 굴욕에 더 취약해진다. 자기애가 넘치는 지도자의 주된 동기가 공동의 선인 경우는 거의 없다. 그는 언제나 허약한 자신의 자아를 보호하려는 생각에만 사로잡혀 있다.

하지만 자신을 정치인으로 바라보는 지도자의 관점이 가끔 공동의 선 수호와 자신의 자아 보호라는 두 가지 임무를 동시에 수행할 수 있는 엄청난 에너지를 제공하기도 한다. 자기애 넘쳤던 루스벨트의 넘치는 자신감이 수백만의 사람에게 영감을 주는 강력한 힘이 된 것처럼 말이다. 하지만 이는 위험한 전략이며 권력을 그처럼 성공적으로 사용했던 리더는 거의 없었다. 자기애 넘치는 리더의 허풍 뒤에는 언제나 약점이 도사리고 있다. 바로 '눈앞에 보이는 것을 싫어하게 될지도 모르는' 불안한 관찰자다. 결코 마음 놓을 수 없는 그 긴장을 유지하고 우리 마음 안팎으로 존재하는 비대해진 자아라는 적을 무찌르기 위해서는 엄청난 정신적, 감정적 에너지가 필요하다. 그렇다면 자신감을 악용하지 않고 사람들에게 영감을 주는 지도자는 어떻게 찾을 수 있을까?

'엄마 리더십'이 필요하다

2020년, 전 세계의 정부는 팬데믹처럼 리더의 자질을 평가하는 상황은 없다는 사실을 깨달았다. 대만, 독일, 핀란드, 덴마크, 아이슬란드 그리고 뉴질랜드 같은 나라들은 사망률로 볼 때 첫 번째 유행에 몹시 잘 대처했지만 미국, 브라질, 러시아, 영국처럼 그렇지 못한 나라도 있었다.

여기서 놀라운 점은 사망자 수가 낮게 유지되도록 잘 대처한 나라의 지도자가 전부 여성이었다는 점이다. 최악의 결과가 발생한 4개국에는 자기애와 자신감이 지나쳤던 포퓰리스트 지도자가 있었다. 이는 인구수와 같은 여러 가지 조건을 고려하지 않은 관찰일 뿐 결정적 증거는 아니다. 그럼에도 불구하고 질문은 생긴다. 여성의 리더십이 자신감의 부정적인 면을 최소화하고 긍정적인 면을 잘 활용하는 한 가지 대안이 될 수 있는지 말이다.

리더는 권력을 갖게 되고 여성 리더도 그와 같은 자기애적 성격 변화의 희생양이 될 수 있다. 예를 들어 영국의 전 외무 장관이자 신경과학자 데이비드 오언에 따르면 영국의 전 수상 마가렛 대처는 이에 굴복했다.[1] 하지만 여성은 권력이 뇌에 끼치는 중독적이고 성격마저 바꾸는 효과에 남성보다 덜 취약하다.[2] 여기에는 몇 가지 이유가 있다.

남성들만 '뜨거운 손 효과'의 영향을 받는다는 사실을 앞에서 이미 살펴보았다. 여성은 다른 사람을 밟고 올라선 후, 말하자면 우위에 선 후 남성만큼 호르몬의 폭발을 경험하지 않는다. 그 호르몬의 변화는 뇌 보상 회로의 도파민과 테스토스테론 활동을 증가시킨다. 그와 같은 호르몬 폭발이 반복되고 상당해지면 이는 코카인 같은 중독 물질이 초래하는 것과 같은 반중독 상태로 이어진다. 하지만 여성은 그와 같은 과정에 비교적 덜 노출되어 있다.

상대와 경쟁할 때 나오는 호르몬 폭발의 또 다른 특징은 '초킹choking'이다. 너무 긴장한 나머지 생각이나 행동이 얼어붙는 현상이다. 이기고자 하는 욕망이 지나치면 뇌는 과도한 도파민을 내뿜고 이는 역량 발휘를 방해한다.[13] 경제학자들의 연구에 따르면, 예를 들어 부담이 큰 시합을 하는 테니스 선수들은 그렇지 않은 시합을 할 때보다 중요한 순간에 얼어붙어 주도권을 잃게 될 가능성이 더 컸다.[14] 하지만 경기를 분석해 보면 여성 선수는 부담감에 얼어붙을 가능성이 훨씬 적었다. 여성들은 '뜨거운 손 효과'를 보지 못하지만 그 효과가 반드시 초래할 수밖에 없는 '초킹'에 굴복할 가능성도 더 적은 것이다.

얻을 때를 즐기기보다 잃을 때를 더 싫어하는 '손실 회피' 역시 위험을 감수하지 못하게 한다. 보통 여성이 남성보다 손실 회피 성향이 강하고 그래서 위험에 더 조심스럽게 접근한다.[15] 그 조심스러운 접근은 9장에서 살펴보았던 아마추어 주식 거래자들에게도 도움이 되었다. 더 잦은 거래는 곧 더 큰 손실을 뜻했고, 여성보다 훨씬 자주 거래를 한 남성은 결국 여성보다 50퍼센트 이상 손해를 보았다.[16] 사샤 로마노비치는 도덕성이 부족한 고객을 받을 때 기업이 감수해야 할 위험 요소를 잘 인식하고 있었고 이를 줄이기 위한 행동을 취했다. 그녀가 물러나야 했던 이유는 위험을 감수할 의지가 없어서가 아니라 동료들과 가치가 충돌했기 때문이다.

글로벌 팬데믹 상황에서 지도자들은 위험을 정확하게 인식하고 이를 줄이기 위해 적절한 조치를 취할 것을 요구받고 있다. 보우소나루, 트럼프, 푸틴 대통령은 팬데믹을 미연에 방지할 수 있었을 때 코로나19의 위협을 진지하게 받아들이지 않았다. 팬데믹 상황이 걷잡을 수 없이 심각해지던 2020년 3월 3일, 영국 수상 보리스 존슨은 이렇게 말했다. "저는 계속 악수할 것입니다. … 저는 지난밤 병원을 방문했고 그곳에 실제로 몇 명의 코로나 바이러스 환자가 있었지만 그들 모두와 악수를 했습니다."[17]

한 달 후, 존슨은 집중 치료실에 입원했고 그곳에서 코로나와 사투를 벌여야 했다.[18] 그 경험 후 코로나19의 위험에 대한 그의 인식은 증가했다. 영국을 이끈다는 그 똑똑한 남자의 의식과 행동이 변하기까지 그렇게 끔찍하고 위험한 경험이 필요했다는 사실은 놀랍기만 하다. 존슨이 전 세계에서 들려오는 엄청난 소식들을 토대로 더 기꺼이 위험을 고려했다면, 그래서 영국 봉쇄를 일주일만 앞당겼다면 2만 명의 목숨을 구했을 거라고 영국 정부

과학 자문은 말했다.[19] 미국과 브라질, 러시아에서도 지도자의 지나친 자신감과 위험에 대한 태평한 태도 때문에 수백만이 목숨을 잃었다.

남성의 지나친 자신감은 위험하다. 카를로스 곤에게는 효과가 있었을지도 모르지만 그가 결국 도쿄에서 체포된 사실이 위험을 무시했던 그의 태도를 정확히 보여주는 것인지도 모른다. 그는 자신의 계획과 행동이 일본에서는 정반대의 결과를 초래할 수 있다는 가능성을 전혀 고려하지 않았고 결국 대가를 치러야 했다.

지도자들은 반드시 위험을 감수해야 한다. 그렇지 않으면 미래를 향한 다리는 짧을 수밖에 없다. 하지만 자신감을 활용하려면 목표를 향해 전진하면서도 가능한 위험을 예상하며 균형을 잡아야 한다. 보통 여성들이 그 균형을 더 잘 잡는데, 이는 경쟁과 권력에 대한 뇌의 반응 때문일 것이다. 여성은 타인을 물리칠 때 호르몬 폭발을 겪지도 않고 부담이 큰 상황에 짓눌릴 때도 쉽게 흔들리지 않는다. 넘치는 자신감과 자기애에 취약하지 않은 것은 아니지만 남성보다 그 영향을 덜 받는다.

물론 권력을 손에 쥔 많은 남성이 보상과 위험의 균형을 잘 유지해왔다. 이는 성별에 따른 평균 차이일 뿐이며 권력에 대한 남성과 여성의 반응에는 겹치는 부분도 상당하다. 하지만 6장에서 살펴보았듯이, 보상과 위험의 균형을 잡고 자신감을 잘 활용하는 여성의 능력은 남성과의 상호 작용에서 제도적으로 감소되어 왔다. 여성도 가차 없이 경쟁할 수 있지만 남성이 참여할 때는 경쟁을 피하는 경향이 있다. 이는 자신감이라는 묘약으로 여성이 얻을 수 있는 능력을 감소시킨다.

여성이 부작용을 최소화하는 방향으로 권력을 다룰 수 있는 또 다른 이유가 있다. 서구 문화권에서 남성이 독립적 자아 개념을 갖고 있는 반면 여성은 관계에 속한 자아 개념을 갖고 있는 경향이 크기 때문이다. 여성이 경쟁을 힘들어하는 한 가지 이유는 다른 사람을 이기거나 우위에 서는 것이 관계와 얽혀 있는 자신의 자아를 위협하기 때문이다.

2005년, 미시간 대학교 연구 팀에 따르면 여성은 관계 중심적 자아 개념 때문에 뇌와 행동에 왜곡을 덜 끼치는 방향으로 권력을 수용한다. 어떤 성별이든 자아의 추동 때문이 아니라 가족이나 집단, 대의나 조직 등 공동체를 위해 권력을 가지려 할 경우에는, 권력을 사용할 때 잠재적으로 중독될 수 있는 호르몬의 분출이 더 적었다.[20] 그와 같은 성별 차이는 보우소나루, 트럼프, 푸틴, 존슨 같은 리더들의 위험을 무시하는 허풍이 여성 리더십과 관련 없는 남성 리더십의 특징이라는 사실을 설명해준다.

리더십의 효과에 대한 수백 개의 연구를 살핀 두 개의 리뷰에 따르면 여성도 남성만큼 훌륭한 리더가 될 수 있다.[21] 그중 2014년에 발행된 최근 리뷰에 따르면, 리더의 능력이 전적으로 동료의 평가에 달려 있다면 평균적으로 여성이 남성보다 훨씬 훌륭한 리더였다. 남성과 경쟁하는 것은 어렵겠지만 여성도 남성만큼 경쟁적일 수 있다. 그리고 7장에서 살펴보았듯이 여성도 자극을 받으면 남성만큼 공격적일 수 있다. 여성이 위험을 더 회피하는 것도 아니다.

지나친 자신감의 긍정적인 영향은 취하되 부정적인 영향은 피할 수 있는 한 가지 방법은 전 세계에서 여성 지도자의 수를 확실하게 늘리는 것임이 분명해 보인다.

다름을 구분한다

우리가 서로 의지할 수밖에 없는 사회적 동물이라고 자신을 재정의한다면, 그리고 그 안에 수치심과 굴욕, '여성화'가 없다면, 나는 우리가 서로를 대하는 방식이 달라질 거라고 생각한다. 자아에 대한 개념이 개인의 이기심에 좌우되지 않을 것이기 때문이다.[22]

학자이자 작가 주디스 버틀러의 이 말은 7장에서 설명한 '관계적 자아'의 개념을 잘 보여주고 있다. 관계에 깊이 엮여 있는 자아는 권력과 지나친 자신감, 자기애의 왜곡에 덜 취약하다. 그래서 평균적으로 권력은 여성에게 있을 때 더 안전하다.

전 세계 수백만의 남성 또한 문화적 영향으로 관계적 자아 개념을 갖고 있다. 그들은 미국과 같은 개인주의적인 나라가 아니라 집단적으로 사고하는 나라에 살고 있다.

집단주의적 사고방식을 가진 사람은 개인주의를 지향하는 사람과 생각이나 관점이 근본적으로 다르다. 그 차이를 살펴볼 수 있는 한 가지 방법이 있다.

다음 간단한 테스트를 해보자. 단어가 세 개씩 짝지어져 있다. 각 줄에서 더 잘 어울리는 단어 두 개를 골라보자.

기차	버스	기찻길	_____	_____
판다	바나나	원숭이	_____	_____
샴푸	컨디셔너	머리카락	_____	_____
의자	쿠션	테이블	_____	_____
지갑	핸드백	지폐	_____	_____

답을 살펴보기 전에 먼저 할 일이 있다. 종이와 펜을 꺼내 원을 여러 개 그린다. 하나의 원 안에 자기 이름을 적고 나머지 원 안에 친구들의 이름을 적는다. 친구들이 서로 연결되어 있으면 직선으로 원을 연결하자. 당신은 이미 모든 친구와 연결되어 있으므로 당신의 원은 다른 원과 연결하지 않는다.

이제 퀴즈의 답을 살펴보자. 기차와 버스, 판다와 원숭이, 샴푸와 컨디셔너, 의자와 테이블, 지갑과 핸드백을 골랐는가?

그렇다면 당신은 '위어드WEIRD'일 것이다. 얼른 덧붙이자면 이상하다는 뜻의 위어드가 아니라 서구의Western 교육 수준 높고Educated, 산업화되고Industrialized, 부유한Rich, 민주주의 국가 출신Democratic이라는 뜻이다. 혹시 중국에 살고 있다면 쌀을 재배하는 남쪽이 아니라 밀을 재배하는 북부 지역 출신일 것이다. 반대로 기차와 기찻길, 바나나와 원숭이, 샴푸와 머리카락, 의자와 쿠션, 지갑과 지폐를 선택했다면 당신은 동아시아 국가 출신일 것이고 중국 사람이라면 쌀을 재배하는 남부 출신일 것이다.

혼란스러운가? 곧 설명하겠지만 먼저 당신이 그린 원들을 살펴보자. 자를 대고 당신의 원 크기과 친구들의 원 크기를 비교해보자. 미국 사람이라면 자신의 원이 친구의 원보다 평균 6밀리미터 더 클 것이다. 유럽 사람들은 보통 3.5밀리미터 더 크게 그린다. 그렇다면 일본 사람들은? 자기 원이 친구의 원보다 살짝 작았다.

이것은 무슨 뜻일까? 개인적인 사고방식과 집단적인 사고방식은 문화가 좌우한다. 미국, 유럽, 호주와 같은 서구 문화는 개인에 집중하는 사회인 반면 일본과 한국 등 동아시아 국가는 더 집단 지향적이다. 그리고 그 차이가 인종이나 경제적 요소로 인한 것이 아님은 밀 지배 지역과 쌀 재배 지역이 서로 다른 중국을 보면 알 수 있다.

쌀은 밀보다 적어도 두 배 이상 노동집약적인 작물이다. 관개 시스템을 만들고 지속적으로 관리해야 하고, 모내기를 하고 옮겨 심는 작업이 특정 시기에 몰려 있으며, 그 밖의 다른 일손도 많이 필요하기 때문에 공동체의 집단 노력으로만 가능하다. 반대로 밀은 집단적인 노력이 크게 필요한 작물이 아니다.

거의 모든 중국 사람이 더 이상 밀이든 쌀이든 농사를 짓지 않는다. 하지만 역사가 문화를 결정했고 그 안에서 대부분의 사람이 개인적이거나 집단적인 사고방식을 갖게 되었다. 그리고 이는 다시 문화의 일부가 되어 다음 세대로 전해졌다.[23]

개인적인 '나' 중심 사회는 '위어드'한 경향이 있고, 더 분석적으로 사고하는 반면, 집단적인 '우리' 중심 문화는 더 전체적이다. 분석적 사고는 '원숭이와 판다'처럼 추상적인 단어 짝짓기로 드러나며 이는 '원숭이와 바나나'라는 더 일상적이고 강력한 조합에서 자유롭다. 분석적으로 사고하는 사람은 구체적이거나 특정한 것 너머의 추상적이고 관념적인 특징을 더 잘 파악한다.

분석적 사고의 또 다른 예는 작은 네모와 큰 네모 안의, 실제로는 같은 선의 길이를 비교하는 것이다. 분석적으로 사고하는 사람은 큰 네모가 그 안의 선을 더 짧아 보이게 한다는 맥락을 훨씬 잘 파악한다. 그래서 네모의 크기와 상관없이 두 선의 길이가 같다고 정확하게 판단하는 경향이 있다. 전체적으로 사고하는 사람은 이를 훨씬 어려워한다. 그들은 네모의 크기에 영향을 받아 두 선의 길이가 다르다고 판단할 경향이 높다.

이 차이는 감정에도 적용된다. 분석적으로 사고하는 사람은 개인적인 목표 달성에 성공하거나 실패하면 자부심과 분노, 좌절 같은 개인적인 감정을 경험할 가능성이 더 크다. 전체적으로 사고하는 집단주의 문화 사람은 반대로 죄책감과 수치심, 타인에 대한 다정함 같은 사회적 감정을 더 분명하게 느낀다.[24]

그와 같은 관계 중시는 전체주의 문화에서 족벌주의로 이어지기도 한다. 쌀 재배 지역 중국인은 북쪽의 밀 재배 지역 사람보다 친구를 더 좋아하는 경향이 있다. 그들은 친구가 잘못된 행동을 할 때 눈감아줄 가능성이 더 높다. 반대로 분석적으로 사고하는 사람은 친구가 나쁜 행동을 할 때 공정함이라는 개념을 적용해 이를 처벌할 가능성이 훨씬 높다.

중국 남부와 북부의 이와 같은 차이는 서양과 동양 문화의 차이와 거울처럼 닮았고 전체적인 사고가 더 보통인 다른 나라도 많다. '위어드' 문화에서 발명 특허 등으로 드러나는 혁신 비율이 더 높은 것 또한 흥미롭다. 분석적 사고방식이 새로운 아이디어로 더 순조롭게 이어졌기 때문일 것이다. 하지만 개인주의 때문에 이혼율도 높다. 이 같은 특성은 서구 자본주의 사회의 특성만은 아니다. 특허와 이혼율은 도시화나 부와 상관없이 중국 내 밀 재배 지역에서도 쌀 재배 지역에서보다 높다.

서양의 자유주의자들은 어디에 살든 중도주의자나 보수주의

자보다 '위어드'한 사고방식을 보여주는 경향이 있다.[25] 자유주의
자들은 중국 밀 재배 지역의 전형적인 특성처럼 분석적 사고방식
을 보여준다. 다시 말해 공정성과 호혜주의에 관심이 많다. 반대
로 보수주의자들은 쌀 재배 지역의 전체적인 사고와 관련 있는 일
련의 가치를 지지한다. 첫 번째는 집단이나 부족에 대한 '충성'이
고 두 번째는 '권위'에 대한 존경과 존중이다. 조직과 리더가 사회
질서 유지에 꼭 필요하기 때문이다. 마지막 가치는 모독으로부터
보호되어야 하는 사람과 사물, 사상에 대한 '존엄'이다. 예를 들면
깃발이나 지도자, 사람들을 하나로 묶는 중요한 믿음 등이다.[26]

브렉시트와 트럼프 당선이라는 정치적 격변도 이와 같은 관점
에서 보면 더 확실히 이해할 수 있다. 두 경우 모두 나이 많고 보
수적이고 교육 수준 낮고 가난한 사람들이 정치인들의 더 분석적
이고 '위어드'한 사고방식에 대한 분노를 표심으로 드러낸 경향
이 있었다.

유럽 연합은 '위어드'한 사고방식의 극치였다. 유럽 연합은 공
정성과 호혜주의를 기반으로 국가를 초월하는 이성적이고 규범
적인 제도이자 가장 가난한 국가와 지역을 함께 발전시키려는 제
도였다. 도널드 트럼프와 대결했던 힐러리 클린턴 역시 '위어드'
사고방식의 전형적인 예였다. 냉정하고 이성적이며 부족 중심의
외집단 차별이라는 감정적인 요소에 기대지 않았다.

밀과 쌀은 각기 다른 사고방식뿐만 아니라 완전히 서로 다른

가치를 대변한다. 밀 재배 지역의 분석적인 사람은 모두를 위한 공정성과 취약 계층에 대한 돌봄에 가치를 두고, 쌀 재배 지역의 전체주의적인 사람은 충성과 권위, 존엄에 가치를 둔다. 후자는 외집단에 대한 적대감과 차별에 더 익숙하고 전자는 이에 반대한다.

브렉시트 찬성파와 반대파, 트럼프 지지자들과 반대자들의 강력한 적대감은 이와 같은 맥락에서 이해할 수 있다. 이는 이성적인 정치 토론이 아니라 근본적인 가치 충돌로 인한 '부족' 전쟁이었다. 그와 같은 분쟁은 인간의 보편적인 집단행동 중 하나다.

일본과 중국 남부 같은 지역에서는 '개인'이 모인 '우리'가 더 중요하다. 미국처럼 개인주의적인 국가에서는 '개인'이 기본이다. 일본 사람은 개인의 자존감과 자신감을 크게 중시하지 않기 때문에 어쩌면 카를로스 곤이 일본에서 몰락했는지도 모른다. 일본 사람의 평균 자존감과 자신감은 서양 국가 국민보다 낮다. 하지만 2004년 브리티시 컬럼비아 대학교의 연구에 따르면 일본으로 이주한 캐나다 사람의 자신감은 낮아졌지만 캐나다로 이주한 일본 사람의 자신감은 높아졌다. 인종이 그와 같은 국가적 차이의 원인은 아니라는 뜻이다.[27]

개인을 중시하는 자아나 집단을 중시하는 자아는 기억에도 편향을 가져온다. 미국과 일본에서 진행한 실험 참가자들은 타인에게 영향을 끼쳤거나 타인의 상황에 맞춰야 했던 기억을 떠올렸다. 전자의 예는 '여동생을 설득해 형편없는 남자와 데이트하지 못하게 했다' 등이었고, 후자의 예는 '룸메이트 한 명의 남자친구가 우리 집으로 들어와 졸업 전 마지막 해에 새로 적응해야 했다' 등이었다. 미국인은 자신이 영향력을 끼쳤던 상황을 훨씬 많이 기억했고, 일본인은 타인에게 맞춰줘야 했던 상황을 훨씬 많이 떠올렸다. 그와 같은 기억 편향 때문에 미국 사람은 일본 사람보다 훨씬 자신 있다고 느꼈다. 반대로 일본 사람은 상대의 상황에 맞춰가면서 타인과 더 가깝게 연결되어 있다고 느꼈지만 미국 사람은 그렇지 않았다.[28]

자신감이 작용하는 한 가지 방법은 바로 왜곡 렌즈며 그 렌즈에서 우리 뇌는 자아를 위협하는 정보보다 자아를 북돋아주는 정보에 더 잘 반응한다. 예를 들면 통계학적으로 불가능한 수치의 사람들이 운전 능력 같은 영역에서 자신을 '평균 이상'이라고 믿는 것도 그렇다.[29] 이 자기 고양 효과는 일본과 한국 같은 집단주의 문화권에서보다 미국과 서유럽 같은 개인주의 문화권 사람에게 훨씬 높다. '우리'를 중시하는 집단 구성원은 '나'를 중시하는 개인보다 자아를 높여야 할 필요를 덜 느끼고 자신의 능력에 대해서도 더 현실적이다.[30]

이처럼 서로 다른 자아는 성공과 실패에도 몹시 다르게 반응한다. 예를 들면 캐나다 학생은 자신이 잘해왔다고 믿는 과제를 계속할 것이고, 일본 학생은 잘못했다고 생각하는 과제에 더 힘을 쏟을 것이다.[31]

3장에서 자녀의 실패에 대한 부모의 태도가 자기 능력에 대한 자녀의 이론을 형성하는 데 중요하다는 사실에 대해 살펴보았다. 자녀의 실패를 무능력의 증거가 아니라 배울 수 있는 기회로 바라보는 부모는 자녀의 성장 이론에 불을 붙인다. 일본 사람이 명백한 실패에도 불구하고 계속하는 이유는 개인의 실패가 집단의 자아에 별 위협이 되지 않기 때문이다. 그래서 그들은 연습하고 개선할 수 있는 기회로 실패를 바라본다. 자신에 대한 이론이 고정된 것이 아니라 유연하게 상호 연결된 것이기 때문에 실패를 자기 발전의 수단으로 바라볼 수 있는 것이다.

반대로 개인적이고 독립적인 캐나다 학생의 자아는 실패에 더 취약하다. 그래서 그들은 실패를 회피하고 자신이 잘한다고 믿는 일을 개선하는 데 집중하면서 독립적인 자아를 보호하려 한다.

이 모든 사실을 고려하면서 닛산의 전 회장 카를로스 곤과 2017년 위기 이후 그 자리에 오른 히로토 사이카와의 서로 다른 반응을 살펴보는 것도 흥미롭다. 닛산은 충분한 검사를 하지 않아 120만 대의 자동차를 리콜해야 했고 2주 동안 공장을 닫아야 했다. 사이카와가 최고경영자가 되었지만 리콜 문제는 곤이 그 자리에 있을 때 벌어진 일이었다. 그럼에도 불구하고 불명에스럽게 공식 사과를 하고 곤에 비하면 이미 새발의 피였던 월급을 자진 삭감한 사람은 바로 사이카와였다.

기자들에 따르면 곤은 하지도 않은 자문 활동 명목으로 여동생에게 매년 십만 달러를 지급했고 가족 여행 경비는 물론 파리와 도쿄, 암스테르담, 베이루트와 리우데자네이로에 다섯 개 고급 주택을 구입할 때도 닛산의 돈을 사용했다.[32] 2018년, 일본 외교정책 연구소 소장은 《재팬 타임스》의 논평에서 우리가 위에서 언급했던 그 사고방식의 충돌에 대해 언급했다. 그는 곤이 엄청난 보상을 받는다 해도 '근면의 가치, 금욕적인 삶, 미래를 위한 저축과 공동체에 대한 헌신'을 존중했다면 환영받았을 거라고 말했다. 그리고 이렇게 말을 이었다. "… 지금까지 드러난 곤의 업무와 사생활에 대한 많은 사실이 닛산의 일본 직원들 심기를 불편하게 했다."[33] 곤은 부정행위에 대한 모든 의혹을 부인하면서 이는 전부 자신을 몰아내기 위한 음모라고 주장했다.[34]

곤은 극단적 개인주의자였고 자신감 넘치는 업계의 거물이었으며 그와 같은 그의 사고방식이 일본의 집단주의 문화와 크게 충돌해 결국 감옥까지 가게 되었다. 물론 그 밖의 다른 정치경제적 요인이 작용했겠지만, 누구도 부인할 수 없는 성취로 이어진 그의 거대한 자신감이 그의 기업적 몰락 또한 초래했다는 사실은 분명하다. 그는 지나친 자신감의 긍정적인 측면과 부정적인 측면을 보여주었을 뿐만 아니라 개인의 자신감이 집단주의 문화에서 어떻게 작용하는지에 대한 훌륭한 사례 연구도 되어주었다. 그렇다면 다음과 같은 질문이 생긴다. 집단적 자기 신뢰를 활용해 자신감을 '함께' 키우는 것이 과연 가능할까?

생각의 힘을 기른다

킴은 10대에서 20대 초반까지 소셜 미디어에 많은 시간을 썼고 이는 '실패자'라는 킴의 느낌을 악화시켰다(킴이 직접 선택한 단어다). 킴은 초대받지 못한 파티, 가지 못한 여행, 이루지 못한 성취를 목격했다. 페이스북과 인스타그램에서는 타인의 성공에서 달아날 수 없고 그래서 킴처럼 자신감이 부족하고 불안으로 괴로워하는 사람은 자신이 실패자라는 증거를 언제나 쉽게 모을 수 있다.

데이터 사이언스 회사 스타카운트와 케임브리지 대학교의 2019년 공동 연구에 따르면, 10대 여학생은 소셜 미디어에서 여성보다 남성 유명인을 더 많이 팔로우하고 있었다.[35] 하지만 자신감을 주는 성공한 여성을 팔로우하라는 '더 피메일 리드The Female Lead' 캠페인으로 10대 여학생들에게 용기를 주자 상황은 변했다. 개인적인 흥미나 직업적 열망과 관련 있는 다양한 여성 롤 모델을 팔로우하면서 10대 여학생들의 소셜 미디어 활동은 향상되었다. '꿈, 동경, 열정' 등 자신감과 관련된 단어들이 사용되기 시작했다.

이는 여학생들이 새롭게 팔로우한 여성들과 그 피드 변화로 달라진 알고리즘 덕분이었다. 자신감을 높여주는 방향의 예와 기사들이 그들의 소셜 미디어 안에 넘쳐나기 시작했다. 이는 여학생들의 온라인 커뮤니티를 변화시켜 집단적 자신감을 성취했다는 감각을 심어주었다.[36] 모든 집단은 그 구성원의 수가 아무리 많아도 집단적 자신감을 가질 수 있다. 그리고 리더가 집단적 자신감 고취에 중요한 역할을 한다. 그렇다면 집단적 자신감은 배울 수 있는 것인가? 2014년 에티오피아의 가난한 지역에서 실시한 연구에 따르면, 가능하다. 지역의 가난은 공동체 전체의 '실행 가능'과 '실현 가능'에 대한 기대를 형성한다. 주변의 모든 사람이 힘들어하고 있을 때 변하지 않을 것처럼 보이는 현실에 맞춰 기대가 조정되는 것은 충분히 있는 일이다.

경제정책 연구센터 연구자들이 역경에도 불구하고 스스로 행복을 찾은 사람들의 이야기를 수소문했다. 그리고 10명을 찾아 그들의 성취에 대한 짧은 다큐멘터리 10편을 만들었다. 그들이 이룬 성공은 작은 사업의 시작부터 수입원의 다각화까지 다양했다. 그들의 배우자와 멘토 등 주변 사람들이 인내와 끈기, 믿음직함 등과 같은 그들의 개인적 특성에 대해서도 증언해 주었다. 외부의 도움을 조금 받긴 했지만 노력을 통해 성공했다는 사실을 강조하면서 말이다.

즉, 그 다큐멘터리의 목적은 '실행 가능'과 '실현 가능'의 두 가지 측면 모두에서 자신감을 고양시키는 것이었다. 한 시간 동안 그 짧은 다큐멘터리 10편을 시청한 사람들은 다른 재미있는 영화를 본 통제 집단에 비해 시청 6개월 후 막대한 행동 변화를 보여주었다.[37]

첫째, 자신의 포부, 즉 '실현 가능'의 기대가 높아져 저축액을 늘렸고 재정적으로 더 안정되었다. 아이들을 학교에 보냈고, 자신감에 중요한 요소인 삶에 대한 통제감도 높아졌다.

자신감은 배울 수 있으며 이는 국가를 포함한 대규모 집단의 자신감도 마찬가지다. 데니스 무퀘게와 나디아 무라드는 자신이 속한 보수적인 사회에서 여성에 대한 태도를 바꾸기 위해 그 집단적 자신감을 사용했다.

그렇다면 개인주의 문화와 집단주의 문화의 긍정적인 면을 더해 개인과 집단의 자신감을 동시에 높일 수 있을까?

교육은 개인을 성장시키고 그래서 그들이 사는 나라를 더 부유하고 건강하게 만든다. 교육 수준이 높은 나라는 고급 기술이 필요한 가치 있는 산업을 유치해 경제를 발전시킬 수 있다. 하지만 잘 드러나지 않는 또 다른 근거가 있다.

먼저 건강에 대한 다음의 짧은 대화 두 개를 살펴보자.

[대화 1]
어떻게 하면 더 건강해질까?
규칙적으로 운동하면 되겠지.
어떻게 더 규칙적으로 운동을 할 수 있을까?
달리기를 하면 어떨까.

달리기는 어떻게 시작하지?

출근하기 전에 달릴 시간을 정해보면 좋겠다.

[대화 2]

왜 더 건강해지고 싶은데?

살을 빼서 더 예뻐 보이려고.

왜 살을 빼고 싶은데?

과체중은 몸에 안 좋으니까.

그게 몸에 안 좋은지 왜 걱정하는데?

내 삶을 즐기고 싶으니까. 아프면 힘들잖아.

두 대화의 차이에 대해 살펴보자. [대화 1]은 '어떻게'에 관한 질문으로 점점 구체적으로 좁혀지고 [대화 2]는 '왜'라는 질문으로 점점 추상적이고 광범위해진다. '어떻게'라는 질문은 구체적인 행동에 집중하고 '왜'라는 질문은 추상적인 개념에 집중한다.

[대화 2]처럼 추상적인 언어를 사용하기만 해도 우리는 더 강해지고 결국 더 자신 있어 진다. 추상적인 단어와 개념은 구체적인 사례를 모아 정리해주는 상위 카테고리다. 가구/의자, 감정/분노, 목표/금연 등이다. 추상적인 단어로 사고하면 눈앞의 과제에서 벗어나 카테고리 안의 구체적인 예들이 제공하는 다양한 가능성을 고려하게 된다. 선택의 폭이 넓어지고 통제감을 느끼면서

더 강하고 자신 있어 진다.

추상적 사고는 또한 구체적인 상황에 매몰되지 않고 시계를 넓혀주기 때문에 미래의 자신을 그려보는 데 도움이 된다. 건강을 포함해 아주 먼 미래의 가능성과 위협에 대해서도 고려하게 된다. 교육이 금연과 올바른 식생활, 장수 등 건강한 생활 양식을 가장 분명하게 예측하는 한 가지 요인인 이유다.[38]

추상적 사고는 아주 가까운 사람들이나 공동체 너머로 관계를 확장해 주기도 한다. 인간의 권리, 공동의 인류애, 유럽 공동체와 같은 개념을 통해 사람들을 하나로 묶어준다.

훌륭한 교육을 통해 배운 그와 같은 사고방식은 우리를 강하게 만들기도 하지만 우리의 행동 양식을 바꾸기도 한다. 한 실험에서 한 그룹의 사람들에게 새로운 조직을 만들고 그 안에서 각자의 역할을 배분하라고 했다. 그리고 참가자 절반에게는 [대화 1]처럼 구체적 사고를 주문했고, 나머지 절반에게는 [대화 2]처럼 추상적 사고를 주문했다. 교육 정도와 상관없이 추상적 사고를 지시받은 사람이 새로 만들어가는 조직에서 자신에게 더 책임 있고 힘 있는 자리를 배정했다.[39]

구체적으로 사고할 때 우리는 상황의 디테일에 집중한다. 언어가 구체적인 것들로 당신을 이끈다. 예를 들어 자국의 이민자 수에 대해 걱정한다면 구체적으로 사고하는 사람은 이민자 수를 줄이기 위해 국경 수비를 강화하자고 할 것이다. 트럼프의 말을 빌리자면 벽을 세우자고 말이다. 추상적 언어는 구체적인 사항을 넘어 다양한 가능성을 상상하게 만든다. 그들이 제시할 수 있는 해법은 이민자들의 본국 경제 발전을 돕거나 불법 이민을 어렵게 만드는 신원 조회 시스템을 도입하는 것 등이 될 것이다.

결국 당면 문제의 구체적인 사항에서 자유로워지면 통제감이 증가하고 이는 자신감과 권력으로 이어진다. 그리고 그 가능성과 권력, 자신감 덕분에 추상적 사고는 더 큰 가능성에 집중하는 열정적인 마음 상태로 이어진다. 반대로 구체적 사고는 정확한 실행 방법이나 잠재적 장애물 등에 대한 집중으로 연결된다. 그렇긴 하지만 모든 기업의 실행 단계에서는 그 현실적이고 구체적인 사고의 역할도 분명히 있다는 사실은 기억해야 한다.

자신감은 세상을 바꾼다

네덜란드의 73개 회사에 대한 2008년의 한 연구에 따르면, 윤리적, 도덕적 태도가 확실한 최고경영자가 더 훌륭한 리더가 된다. 직속 부하 직원들의 평가에 따르면 도덕성 강한 매니저가 팀을 더 효과적으로 이끌었다. 그리고 직원들도 회사의 미래에 대해 더 낙관적이었다.[40]

자기 가치 확인에 대한 논의를 고려하면 놀라운 일은 아니다.

가장 중요한 가치를 떠올리는 것은 위협과 굴욕으로부터 자아를 보호한다. 이는 또 외집단에 대한 편견과 부족주의를 줄인다. 자기 가치 확인으로 자아가 위협을 덜 받기 때문에 권력을 갖고 있는 사람도 이를 방어하기 위해 정신적 에너지를 쓸 필요가 없다. 권력을 가진 리더뿐만 아니라 모든 사람에게 해당되는 말이기도 하다. 가치와 도덕은 밤이나 낮이나 혼자 위협을 감시해야 하는 자아보다 더 안전하게 자아를 보호한다. 또한 뇌에서 권력의 해독제로 작용하며 지나친 자신감의 부정적 효과를 감소시킨다.

윤리적 가치는 더 큰 무언가에 소속된 느낌을 제공하며 자아를 길들인다. 자아를 제한하면서 동시에 자유롭게 한다. 자아의 날개를 꺾는다. 더 큰 무언가에 소속된 느낌은 위협과 굴욕에 덜 노출되게 만들어 자아를 자유롭게 한다.

부유한 사람은 가난한 사람보다 권력과 자신감이 많고 또 가난한 사람보다 도덕성이 부족하고 더 이기적으로 행동한다고 버클리의 캘리포니아 대학교 연구 팀은 밝혔다. 하지만 이는 물질주의가, 즉 돈과 소유가 그들의 최고 가치일 때만 사실이다.[41]

2007년, 갤럽은 132개국 사람들에게 다음과 같은 질문을 했다. '삶에 중요한 목적이나 의미가 있다고 느낍니까?' 놀랍게도 더 부유한 나라일수록 '그렇다'고 대답한 사람 수가 적었다. 자기 삶이 의미 있다고 대답한 사람 수가 가장 많은 나라는 시에라리온, 에콰도르, 앙골라, 챠드, 라오스였다. '그렇다'고 대답한 사람 수

가 가장 적은 나라는 일본, 스페인, 프랑스, 벨기에, 홍콩이었다.[42]

이는 종교적 독실함의 차이일 수도 있다. '종교가 당신 삶에 큰 의미가 있나요?'라는 질문에 '그렇다'고 대답했다면 당신은 삶에 중요한 목적이나 의미가 있다고 대답할 가능성이 더 크다. 가치는 대부분의 종교가 존재하는 이유며, 삶에 목적이 있다고 느끼는 사람은 그렇지 않은 사람보다 더 건강하게 오래 산다.[43] 가치는 권력자의 자기애 넘치는 자신감의 위험을 완화시키고 더 가난하고 지위가 낮은 개인의 자신감 부족 효과 또한 감소시킨다.

그렇다면 건강한 자신감을 쌓기 위해 개인주의와 집단주의 각각의 장점을 어떻게 조합하면 좋을까? 한 가지 방법은 지도자의 윤리적 가치가 자신을 따르는 사람들의 가치에 영향을 끼치는 것이다. 가치를 중시하는 지도자는 심리학적으로 말하자면 집단주의적인 성향이 있다. 그들의 자아는 자신의 자아보다 더 큰 틀에 포함되어 있으며 그래서 제한되어 있다. 그런 지도자는 내집단 선호와 외집단 차별에 사로잡힌 집단이 아니라 일련의 가치가 자신의 '부족'이기 때문에 부족적 사고를 할 가능성이 더 낮다. 지도자는 또 교육을 통해 추상적 사고를 발전시켜 사람들에게 힘을 실어줄 수 있다. 또한 품위가 손상된다고 느낄 때, 그래서 그대로 갚아주고 싶은 욕구에 심리적으로 저항하기 위해 자기 가치 확인의 도움을 받을 수 있다. 그리고 개인의 자신감이 창의성과 혁신에 제공하는 모든 이점을 활용할 수 있다.

뉴 컨피던스

서양의 거의 모든 기업의 최고경영자와 마찬가지로 카를로스 곤은 엄청난 돈을 벌었다. 그와 같은 부는 중독과 비슷한 영향을 끼치고 그런 상황에서 윤리적 가치를 지키는 것은 몹시 어려운 일이다. 지나친 자신감은 조심하면서 여전히 자신감의 이점을 누리기 위해서는 뇌를 바꾸는 위험한 수준의 부와 부패로부터 정치인과 기업가를 보호하는 방법을 찾아야 한다.

다가올 몇 십 년 안에 반드시 벌어질 한 가지는 바로 변화다. 변화는 기술의 기하급수적 발전과 기후 변화, 팬데믹의 가속화로 점차 빨라질 것이다. 인공지능과 로봇공학, 정보통신은 우리가 지금까지 보지 못했던 방식으로 우리 삶을 방해할 것이다. 글로벌 지구 온난화와 함께 그와 같은 변화는 수천만의 사람을 이주하게 만들고 모든 산업을 없애버릴 것이다. 그리고 이를 억제하지 않으면 지속 가능하지 않은 수준까지 불평등이 심화될 것이다.

변화는 긍정적인 결과와 부정적인 결과를 동시에 초래할 수 있으니 위험이 커진다면 기회도 함께 커질 수 있다. 빠른 과학 발전은 천연두와 소아마비를 박멸했고 기아를 감소시켰으며 가장 가난한 나라의 수명도 획기적으로 연장했다. 하지만 이와 같은 급격한 변화의 장점을 활용하기 위해서는 이 지구상 모든 인간에게 꼭 필요한 한 가지 근본적인 특성이 필요한데 그것이 바로 자신감이다. 자신감이 제공하는 미래를 향한 다리가 없으면 우리는

다가오는 변화의 쓰나미에 휩쓸려버리고 말 것이다.

변화는 우리를 불안하게 만든다. 선진국에서 불안이 급격하게 퍼져나가고 있는 현상이 그 증거다. 불안은 자신감을 약화시키고 불안에 가장 좋은 해독제는 바로 자신감이다. 변화를 받아들인다는 것은 우선순위를 정하는 것이다. 한 세기 정도를 살아갈 우리 아이들에게 눈앞의 변화를 잘 헤쳐나갈 수 있는 자신감을 심어주어야 한다. 미국을 비롯한 몇 개의 나라에서 아동의 자존감을 높이기 위해 수십 년 동안 노력했지만 애초에 목표가 잘못된 것이었다. 자신감이야말로 자존감이 할 수 없는 방식으로 우리를 움직이게 만든다.

자신감은 몹시 안정적인 사회에서 자산 가치가 덜하지만 기하급수적 기술 발전은 그 안정성을 뒤흔들 것이다. 인류는 변화에 더 준비된 상태여야 한다. 이를 위해서는 개인적으로 그리고 집단적으로 반드시 자신감이 필요하다.

안나는 이 세상 어느 대도시에 사는 열네 살 소녀다. 어마어마한 변화를 마주한 상황에서 자신감을 갖고 살아가기 위해 안나에게 필요한 것은 무엇일까?

가장 먼저 사랑받고 있다고 느끼게 해 줄 가족이 필요하다. 가족이 자신의 관심사와 미래를 중요하게 여길 거라는 믿음이 필요하다. 그리고 스포츠, 음악, 드라마, 춤이나 다른 영역에서 자신감을 높여주는 성공 경험이 필요하다. 안나의 가족과 교사들은 성격과 능력은 고정된 것이 아니라 충분히 변할 수 있다고 말해주어야 한다. 안나는 불안과 좌절이 평범하고 건강한 감정이며 이를 통해 발전할 수 있다는 사실을 배워야 한다. 부모가 학교 성적에 관심을 두면 안 된다. 안나가 세운 자기만의 기준에서 무엇을 배우고 있는지에 더 집중해야 한다.

안나는 사람들의 머릿속에서 여성의 능력 발휘를 방해하는 편견이 어떻게 작용하는지 일찍 깨닫는다. 과학과 수학, 컴퓨터, 기술 등의 과목도 남학생보다 충분히 잘할 수 있다. 편견이 방해하지만 않는다면 안나의 시공간 인지 능력도 훌륭하다.

가정과 학교에서는 확실한 가치를 배워야 한다. 그리고 그 가치를 지켜내는 것이 영혼을 파괴하는 비판과 굴욕, 괴롭힘을 막아내는 가장 좋은 방법이라는 사실을 알아야 한다. 안나는 교육을 통해 추상적 사고를 연마하고 그로 인해 더 힘 있고 자신 있는 사람이 된다. '더 피메일 리드' 같은 힘 있는 플랫폼 덕분에 멋진 여성 롤 모델이 안나의 소셜 미디어 피드를 장식한다.

안나는 세상이 변하는 방식에 영향을 끼치기 위해서는 타인과 힘을 모아야 하고 그 변화를 이끌어내기 위해 집단적 자신감이 필요하다는 사실을 안다. 안나는 여성 리더에게 표를 던져 과거의 틀을 깬 조직이나 국가에서 영감을 받고, 개인의 힘이 모이면 거대한 목표도 이룰 수 있다는 사실을 안다.

안나는 너무 쉬운 해결책을 퍼트리는 포퓰리스트 정치인이 집단을 이용할 수 있다는 사실을 잘 인식하고 있다. 안나는 (대부분 남성인) 그들이 모든 사람에게 존재하는 기본적인 부족 충동을 교묘하게 이용할 수 있다는 사실을 이해한다. 그들은 내집단 선호와 외집단 차별을 이용해 힘을 빼앗긴 사람들이 더 자신 있고 강하다고 느끼게 만든다. 하지만 안나는 그 자신감이 가짜임을 이해한다.

안나는 빈부 격차가 큰 나라에서 자랄수록 뒤쳐지고 자신 없는 사람들이 부족 본능을 기꺼이 활용할 더 강한 지도자를 찾게 될 거라는 사실을 이해한다. 그리고 여성과 비슷한 생각을 가진 남성이 힘을 모아 자신감이 지나치거나, 위험을 보지 못하거나, 권력에 중독될 가능성이 적은 리더를 지지해야 한다고 생각한다. 또한 이를 위해서는 기술의 발전으로 이룬 부와 저렴하고 깨끗한 미래 에너지가 더 평등하게 분배되어야 한다고 생각한다.

안나는 삶에 대한 '위어드' 접근 방식에 장점과 단점이 공존한다는 사실을 이해한다. 삶의 의미 상실과 외로움은 지나치게 분석적인 접근법으로 인한 것일 수 있다. 안나는 자기 나라 사람보다 가난한 나라 사람이 어떻게 더 심오한 삶의 의미를 갖고 있을 수 있는지 이해한다. 안나는 자기 나라의 영혼 없는 물질주의가 친구들을 불행하게 만들고 심지어 약물에 의존하고 싶어 하게 만든다는 사실을 이해한다. 하지만 삶에 대한 관념적, 부족적 접근에도 문제가 많다는 사실을 알고 있다. 그래서 기후 변화와 팬데믹 같은 인류 공동의 적을 함께 물리치고 모두를 위한 가치를 추구하는 지도자를 찾는다. 안나는 자아의 덫에 걸린 리더십을 정확하게 인식하고 있으며 진실한 가치가 그 위험으로부터 우리를 보호하는 데 몹시 중요하다는 사실을 알고 있다.

안나가 이 세상 어디에 살든 우리는 끔찍하게 많은 것을 그녀에게 요구한다. 하지만 남성이든 여성이든 이 세상의 모든 안나와 친구들에게 도전에 맞서는 것 말고 다른 선택지는 없다. 그래서 안나와 친구들에게 가장 필요한 것은 바로 자신감이다. 자신감을 갖고 미래를 향한 '실행 가능'과 '실현 가능'의 다리를 세워야 한다. 그리고 그 자신감을 제대로 활용하려면 외부 세계뿐만 아니라 자신은 물론 타인의 내면세계까지 이해해야 한다. 마지막으로 자신감이 제공하는 위협과 기회를 모두 인식해야 이를 제대로 활용할 수 있을 것이다.

주

서문

1 2018년 8월 30일, 《인스타일》, 리드 S., '지나치게 밀어붙이는 기자를 막아주는 열네 살 비너스 윌리엄스 아빠의 응원'

2 2018년 12월 6일, 《뉴욕 타임스》, 비너스 윌리엄스, '비너스 윌리엄스:자신감은 배울 수 있다'

3 《경제학 연구 리뷰》, 쥴리아노 P., 스필림베르고 A., '불경기 시대의 성장', 2014; 81(2):787-817.

4 2020년 9월, 《프린스 트러스트》, '열망의 차이:희망과 야망을 잃어버린 세대', http://www.princes-trust.org.uk/about-the-trust/news-views/aspiration-gap-research

5 《심리학 저널》, 류보머스키 S., 킹 L., 디너 E., '빈번한 긍정적 정서의 이점:행복이 성공으로 이어지는가?', 2005; 131(6):803-55.

6 《가족 심리학 저널》, 로울바우프 M. J., 쇼함 V., 코인 J. C., 크랜포드 J. A., 소네가 J. S., 니클라스 J. M., '자기 효능감의 자신을 넘어:배우자의 자신감이 심장병 이후 환자의 생존을 예측한다', 2004; 18(1):184-93.

7 《뉴로 이미지》, 코르테스 A., 아마노 K., 코이즈미 A., 라우 H., 카와토 M., '기능적 자기공명영상의 뉴로피드백 해독이 참가자 내의 쌍방향 자신감 변화를 초래할 수 있다', 2017; 149:323-37.

8 《성격 및 사회 심리학 저널》, 비덴펠트 S.A., 오리어리 A., 반두라 A., 브라운 S., 레빈 S., 라스카 K., '면역 체계 구성의 스트레스 요인에 대처하는 자기 효능감의 효과', 1990; 59(5):1082-94.

1장. 자신감이란 무엇인가

1   2018년 6월 15일, 《파이낸셜 타임스》, 칼라프 R., '비용 도살자:카를로스 곤의 거침없는 질주'

2   영화《전기차의 복수》, 페인 C., 미국, 2011.

3   2011년 5월 4일, 《예일 환경 360》, '닛산의 카를로스 곤, 전기차에 복수하다', https://e360.yale.edu/features/nissans_carlos_ghosn_seeks_revenge_for_the_electric_car

4   2018년, 《일렉트렉》, 램버트 F., https://electrek.co/2018/10/01/electric-vehicle-sales-new-record-norway-telsa

5   무라드 N., 크라제스키 J., 《더 라스트 걸 The Last Girl:노벨 평화상 수상자 나디아 무라드의 전쟁, 폭력 그리고 여성 이야기》 북트리거, 2019.

6   2018년 4월 3일, 《포브스》, 발레 V., '"당신의 커리어는 직선이 아니다":딜로이트 CEO 캐시 엥겔베르트가 최고의 자리에 오르기까지'

7   2018년 9월 21일, 《파이낸셜 타임스》, 매리지 M., '그랜트 손톤의 최고경영자, 파트너들의 반대에 부딪히다'

8   《대뇌 피질》, 보넬레 V., 마노하르 S., 베흐렌스 T., 후사인 M., '뇌의 전운동 회로 개인차가 행동 무감동을 초래한다', 2015; 26(2):807-19.

9   《인지 신경과학 저널》, 오쉬너 K. N., 번지 S. A., 그로스 J. J., 가브리엘리 J. D. E., '감정에 대한 재사고:감정의 인지적 통제에 관한 기능성 자기공명영상 연구' 2002; 14(8):1215-29.

10 《심리학 리포트》, 마혼 N. E., 야르체스키 A., 야르체스키 T. J., 행크스 M. M., '청소년기의 스트레스, 우울, 불안과 낮은 좌절 내성 믿음의 관계', 2007; 100(1):98-100.

11 《심리과학 동향》, 소콜-헤스터 P., 루트리지 R. B., '손실 회피성의 심리학, 신경학적 토대', 2019; 28(1):20-7.

12 《네이처 뉴로사이언스》, 하미드 A. A., 페티본 J. R., 마브로우크 O. S., 해트릭 V. L., 슈미트 R., '변연계 도파민 신호가 일의 가치를 암시한다', 2016; 19(1):117-26.

13 《성격 및 사회 심리학 저널》, 로빈스 R. W., 헨딘 H. M., 트레스니에스키 K. H., '글로벌 자존감 측정:한 가지 항목 측정의 타당성 검증과 로젠버그 자존감 척도', 2001; 27(2):151-61.

14 《사회 심리학적 성격 과학》, 쿠스터 F., 오스 U., 메이에르 L. L., '높은 자존감이 장기적으로 더 나은 업무 환경과 결과를 예측한다', 2013; 4(6):668-75.

15 《발달 심리학》, 에롤 R. Y., 오스 U., '부부의 자존감 발달과 관계 만족도', 2014;

50(9):2291-3003.

16 《학습과 개인차》, 디세스 A., 멜란드 E., 브레이다블릭 H. J., '학생들의 자기 신뢰:자존감, 자기 효능감, 지능에 대한 암묵적 이론에 따른 성적과 성별 차이', 2014; 35:1-8.

17 《직업건강 심리학 저널》, 짐머슨 N. L., 테리 D. J., 칼란 V. J., '조직 변화에 따른 직원 적응에 대한 종적 연구:변화와 관련된 정보와 변화와 관련된 자기 효능감의 역할', 2004; 9(1):11-27.

18 《비즈니스와 심리학 저널》, 모이니한 L. M., 로엘링 M. V., 레핀 M. A., 보스웰 W. R., '구직 자기 효능감, 구직 인터뷰 그리고 고용 결과의 관계에 대한 종적 연구', 2003; 18(2):207-33.

19 《스포츠과학 저널》, 우드만 T., 하디 L., '스포츠 역량에서 인지 불안과 자신감의 상대적 효과', 2003; 21(6):443-57.

20 《BMC 근골격 장애 저널》, 무가트로이드 D. F.,해리스 I. A., 트란 Y., 캐머론 I. D., '자동차 사고와 관련된 정형외과 외상 이후 직장 복귀 예측 요소', 2016; 17(1):171.

21 《성격 및 사회 심리학 저널》, 에롤 R. Y., 오스 U. '14세와 30세 사이의 자존감 발달:종적 연구', 2011; 101(3):607-19.

22 《정신 과학》, 사츠데바 S., 일리에브 R., 메딘 D. L., '죄 짓는 성인들과 성스러운 죄인들:도덕적 자기 통제의 역설' 2009; 20(4):523-8.

2장. 자신감은 어떻게 작용하는가

1 2018년 7월 19일, 《아이리시 이그재미너》, 빌 S., '캐디가 가져다준 승리:파드리그 해링턴, 2007년의 영광을 되살리다'

2 캠벨 B. A., 처치 R. M., 《징벌과 회피 행동Punishment and Aversive Behavior》, 뉴욕, 애플톤-센추리-크로프츠, 1969 중 pp. 157-81, 와그너 A. R, '보상 없음에 대한 좌절:징벌의 다양성'

3 《실험 심리학 저널》, 브룩스 A. W., '흥분하기:실행 전 불안을 흥분으로 재해석하기', 2014; 143(3):1144-58.

4 《스포츠와 운동 심리학 저널》, 바커 J.,존스 M., 그린리스 I., '자기 효능감과 축구 기술 수행에 대한 최면의 즉각적이고 지속적인 효과 평가', 2010; 32(2):243-52.

5 2019년 8월 1일, 《데일리 메일》, 탭스필드 J., '영국 은행 총재 마크 카니, 노딜 협정으로 인한 경기 침체와 급격한 인플레이션, 파운드 가치 하락 경고'

6 'ifo DICE 보고서', 베커 S., 펫저 T., 노비 D., '누가 브렉시트 찬성표를 던졌나?'

2017; 15(4):3-5.

7   2018년, 《BBC 뉴스》, 커티스 J., '청년층과 장년층이 지금 브렉시트 투표를 한다면', https://www.bbc.com/news/uk-politics-45098550

8   《인지과학 동향》, 샤롯 T., 가렛 N., '신뢰 형성:유발성이 중요한 이유', 2016; 20(1): 25-33.

9   《사고 분석과 예방》, 맥케나 F. P., 스타니어 R. A., 루이스 C., '남성과 여성의 운전 실력에 대한 환상적 자기 평가의 요소들', 1991; 23(1):45-52.

10 《영국 왕립외과대학 연보》, 팬데이 V., 울프 J., 블랙 S., 카이롤스 M., 리아피스 C., 베르크비스트 D., '수술 기술에 대한 자기 평가:전문적인 피드백의 필요성', 2008; 90(4):286-90.

11 《성격과 사회 심리학 저널》, 와인스타인 N. D., '미래에 일어날 사건에 대한 비현실적 낙관주의', 1980; 39(5):806-20.

12 《신경과학 저널》, 미첼 D. G., 루오 Q., 애브니 S., 카스패러스키 T., 굽타 K., 첸 G. 외, '역동적 자극-반응 평가 수용:전액골 피질의 하전두회, 배내외 측면 영역이 의사 결정 과정에 끼치는 서로 다른 역할', 2009; 29(35):10827-34.

13 《심리과학》, 데빗 A. L., 샥터 D. L., '낙관적인 관점이 장밋빛 과거를 만든다:이후 기억에 대한 단편적 자극의 효과', 2018; 29(6):936-46., 《네이처 뉴로사이언스》 샥터 D. L., 애디스 D. R., '낙관적인 뇌' 2007; 10(11):1345-7.

14 《네이처 뉴로사이언스》, 샤롯 T., 콘 C. W., 돌란 R. J., '비현실적 낙관주의가 현실 앞에서 어떻게 유지되는가', 2011; 14(11):1475-9.

15 《인간신경과학 프론티어스》, 가렛 N., 샤롯 T., 포크너 P., 콘 C. W., 로이저 J. P., 돌란 R. J., '장밋빛 유리 상실:우울증에 대한 편견 없는 신뢰 갱신의 신경학적 기질', 2014; 8:639.

16 《인지과학 동향》, 샤롯 T., 가렛 N., '신뢰 형성:유발성이 중요한 이유', 2016; 20(1): 25-33.

17 만화 《행운의 토끼 오스왈드》, 란츠 W., 미국, 1933, https://www.youtube.com/watch?v=VjGTCchapOk

18 《임상심리과학》, 포브스 M. K., 크루거 R. R., '미국의 대침체와 정신 건강', 2019; 7(5):900-13.

19 《영국 정신의학 저널》, 리브스 A., 맥키 M., 스터클러 D., '유럽과 북아메리카의 대침체 시기의 경제적 자살', 2014; 205(3):246-7.

20 《일반정신의학회지》, 던롭 B., 네메로프 C. B., '우울의 병태생리학에서 도파민의 역할', 2007; 64(3):327-37.

21 《국제 심리학 저널》, 쉰 I., 모르티머 J., '젊은 세대와 대침체: 가치, 성취 지향, 미래에 대한 관점이 영향을 끼쳤는가?', 2017; 52(1):1-8.

22 《재무계량분석 저널》, 카플란스키 G., 레비 H., 벨드 C., 벨드-메르콜로바 Y., '행복한 사람이 낙관적인 투자자가 되는가?', 2015; 50(1-2):145-68.

23 2017년 6월 21일, 《데일리 비스트》, 사익스 T. '해리 왕자의 공황 장애:"우리 모두 정신적 문제가 있다"', https://www.thedailybeast.com/prince-harry-on-panic-attacks-were-all-mental

24 2016년 8월 11일, 《엔터테인먼트 위클리》, 빌코머슨 S., '휴 그랜트《플로렌스》의 스타, 연기 도중 공황 장애 언급', https://ew.com/article/2016/08/11/hugh-grant-panic-attacks-acting

25 1977년 8월 21일, 《뉴욕 타임스》, 브라우디 S., '그는 우디 앨런의 썩 조용하지 않은 파트너다'

26 《성격 저널》, 아일랜드 M. E., 헤플러 J., 리 H., 알바라신 D., '19개국에서의 신경증과 행동에 대한 태도', 2015; 83(3):243-50.

27 《성격과 사회 심리학 저널》, 반두라 A., 리스 L., 애덤스 N. E., '자아 효능감 인식 정도 차이 기능으로서의 행동과 두려움 촉발 미시 분석', 1982; 43(1): 5-21.

28 《미국 교육연구 저널》, 짐머맨 B. J., 반두라 A., 마르티네즈-폰즈 M., '학업 성취를 위한 자기 동기 부여:자기 효능 신뢰와 개인적 목표 설정의 역할', 1992; 29(3): 663 - 76.

29 《성격 저널》, 밀리오니 M., 알레산드리 G., 아이젠베르그 N., 카스텔라니 V., 주피아노 A., 베키오네 M. 외, '감정적 자기 효능 신뢰와 에고 회복 탄력성의 시간에 따른 상호 관계', 2015; 83(5):552 - 63.

3장. 자신감은 어떻게 하락하는가

1 《심리학과 노화》, 하슬람 C., 모튼 T. A., 하슬람 S. A., 반스 L., 그레이엄 R., 가마즈 L. '"나이가 개입할 때 위트는 사라진다": 노화 관련 자기 분류와 기대 감소가 치매 평가 임상 시험 점수를 낮춘다' 2012; 27(3):778 - 84.

2 《성격과 사회 심리학 저널》, 스틸 C. M., 애론슨 J., '아프리카계 미국인에 대한 편견의 위협과 지능 테스트 결과', 1995; 69(5):797 - 811.

3 《학습과 개인차》, 뢰 A. '남성이 심적 회전에서 언제나 여성보다 더 뛰어난가? 성별에 대한 편견의 원인 탐구', 2009; 19(1):21 - 7.

4   《사회 인지 및 감정 신경과학》, 레가 M., 헬트 M., 제이콥E., 설리반 K., '편견에 따른 여성의 심적 회전 능력 변화의 신경학적 토대', 2007; 2(1):12 – 9.

5   《미국 사회학 저널》, 멀포드 M., 오르벤 J., 샤토C., 스토커드 J., '일상 대화에서의 신체적 매력과 기회, 성공', 1998; 103(6):1565 – 92.

6   《응용 심리학 저널》, 저지 T. A., 케이블 D. M., '직장에서의 성공과 수입에 대한 신체적 키의 효과:이론 모형 예비 실험', 2004; 89(3):428 – 41.

7   《심리 과학》, 발라드 T., 스웰 D. K., 코스그루브 D., 닐 A., '보상과 징벌에 따른 정보 처리 차이', 2019; 30(5):757 – 64.

8   《실험 심리학 저널》, 폴포드 B. D., 콜맨 A. M., 부아방 E. K., 크로코우 E. M., '지식의 설득력:자신감 휴리스틱 실험', 2018; 147(10):1431 – 44.

9   2019년 9월 15일, 《가디언》, 데이비스 C., '데이비드 캐머런 자서전의 다섯 가지 교훈'

10 아킨 R., 올슨 K., 캐롤 P.,《불확실한 자아의 핸드북 *Handbook of the Uncertain Self*》, 뉴욕, 사이콜로지 프레스, 2010 중 pp. 13 – 35, 브리뇰 P., 디마레 K. G., 페티 R. E., '자신감 (대 의심)이 자아에 영향을 끼치는 과정'

11 이즐러 J.《해군 특수부대와 함께:지구상에서 가장 힘센 남자들과의 31일 훈련 *Living with a SEAL: 31 days training with the toughest man on the planet*》, 런던, 아셰트, 2015.

12 《스포츠훈련 심리학》, 하퍼 L. R., 밴쿠버 J. B., '신체 활동 지구력에 끼치는 자기 효능감의 영향:모호한 피드백의 조절 효과', 2016; 22:170 – 7.

13 《응용 스포츠 심리학 저널》, 허친슨 J. C., 셔먼 T., 마르티노빅 N., 테네바움 G., '지속적 인지 노력에 끼치는 조절된 자기 효능감 효과', 2008; 20(4):457 – 72.

14 《노인학 저널》, 스테판 Y., 샬라바에브 A., 카터-그룬 D., 자코넬리 A., "젊게 느끼면 힘이 세진다":노인의 주관적 연령과 신체 기능에 대한 실험 연구', 2013; 68(1):1 – 7.

15 《스포츠와 훈련에서의 의학과 과학》, 블랜치필드 A. W., 하디 J., 디모레H. M., 스타이아노 W., 마코라 S. M., '탈진 시 자신에게 말걸기:지구력 수행에 관한 자기 대화 효과', 2014; 46(5):998 – 1007.

16 《신경과학 저널》, 살로몬스 T. V., 존스톤 T., 백코냐 M.-M., 데이비슨 R. J., '통제 가능성에 대한 인식이 고통에 대한 신경 반응을 조절한다', 2004; 24(32): 7199 – 203.

17 《통증 임상 저널》, 샘웰 H. J., 에버스 A. W., 크롤 B. J., 크라이맛 F. W., '만성 통증 환자의 무력감, 고통에 대한 두려움, 고통에 대한 수동적 대처의 역할', 2006; 22(3):245 – 51.

18 《걸음걸이와 자세》, 리우 B., 후 X., 장 Q., 판 Y., 리 J., 조우 R. 외, '노인의 평소 걷는 속도와 전 원인 사망률:체계적 문헌 고찰과 메타 분석', 2016; 44: 172 – 7.

19 《노인학 저널》, 화이트 D. K., 너기 T., 네빗 M. C., 펠로퀸 C. E., 주 Y., 부드로 R. M.

외, '걸음걸이 속도 궤적이 건강한 노인의 사망률을 예측한다:건강과 노화, 체성분 연구', 2013; 68(4):456 - 64.

20 《미국 공공과학 온라인 학술지 PLoS ONE》, 로버트슨 D. A., 사바 G. M., 킹-칼리마니스 B. L., 케니 R. A., '노화에 대한 부정적 인식과 걷는 속도 감소:자기실현적 예언', 2015; 10(4):e0123260.

21 《심리학과 노화》, 로버트슨 D. A., 킹-칼리마니스 B. L., 케니 R. A., '노화에 대한 부정적인 인식이 인지 기능의 장기적 감소를 예측한다', 2016; 31(1):71 - 81.

22 《국제신경정신학회 저널》, 스니츠 B. E., 스몰 B. J., 왕T., 창 C.-C. H., 휴스 T. F., 강굴리 M., '주관적 기억 문제 호소가 객관적 인지 변화의 원인인가 결과인가? 시간의 영향에 대한 5년 인구 조사', 2015; 21(9):732 - 42.

23 《미국 국립과학원 회보》, 리 L. O., 제임스 P., 지본 E. S., 킴 E. S., 트루델-피츠제랄드 C., 스피로 A. 외, '낙관주의는 남녀 감염병 코호트 두 곳에서 예외적인 장수와 관련이 있었다', 2019; 116(37):18357 - 62.

4장 무엇이 우리를 자신 있게 만드는가

1 《진화와 인간행동》, 페이지 L., 코츠 J., '경쟁에서의 승자와 패자 효과:실력이 비슷한 테니스 선수들을 통해', 2017; 38(4):530 - 5.

2 2018년 10월 30일, 《오픈 사이언스 프레임워크》, 밀러 J., 산후르호 A., '뜨거운 손의 차가운 샤워 오류:뜨거운 손 효과에 대한 믿음이 정당하다는 확실한 증거', https://osf.io/pj79r/

3 《경제적 행동과 조직 저널》, 로센크비스트 O., 스칸스 O. N., '자신감이 수행 능력을 증가시키나? 전문 골프 토너먼트의 미래 경기 수행 능력 성공에 대한 인과관계', 2015; 117:281 - 95.

4 《스포츠과학 저널》, 헬센 W. F., 반 윈켈 J. 윌리엄스 A. M., '유럽 청소년 축구단에서의 상대적 나이 효과', 2005; 23(6):629 - 36.

5 《스포츠 정량 분석 저널》, 아도나 V., 예이츠 P. A., '국가 하키 리그에서의 상대적 나이 효과 집중 분석', 2010; 6(4):1 - 9.

6 《교육 경제학 리뷰》, 필리핀 A., 파카그넬라 M., '가정 환경과 자신감과 경제적 성공', 2012; 31(5):824 - 34.

7 《종적 생애 주기 연구》, 그레그 P., 와쉬브룩 E., '11세의 성취에 대한 사회 경제적 차이 설명에서의 행동과 태도의 역할', 2011; 2(1):41 - 58.

8 《인지 요법과 연구》, 카바나 D. J., 바우어 G. H. '기분과 자기 효능감:인지 능력에 대한 기쁨과 슬픔의 효과', 1985; 9(5):507 – 25.

9 《심리 작용 학회 회보》, 델딘 P. J., 레빈 I. P., '위험한 의사 결정 과정에서의 기분 유도 효과', 1986; 24(1): 4 – 6.

10 2018년 3월 14일, 삭스 J. D., 라야드 R., 헬리웰 J. F., '세계 행복 보고서', https://worldhappiness.report/ed/2018/

11 《비교 경제학 저널》, 단코프 S., 니코로바 E., 질린스키 J., '동유럽의 행복 격차', 2016; 44(1):108 – 24,《심리과학 전망》, 잉글하트 R., 포아 R., 피터슨 C., 벨첼 C., '발전, 자유, 그리고 증가하는 행복:전 지구적 관점에서(1981 – 2007)', 2008; 3(4):264 – 85.

12 스자블로스키 W.,《춤추는 곰: 독재 치하에서의 삶을 그리워하는 사람들의 진짜 이야기Dancing Bears: True stories of people nostalgic for life under tyranny》, 뉴욕, 펭귄 랜덤하우스, 2014.

13 《정신 약리학》, 베리지 K. C., 크링엔바흐 M. L., '기쁨의 감정 신경과학:인간과 동물의 보상', 2008; 199(3):457 – 80.

14 《분자 정신의학》, 볼코우 N. D., 토마시 D., 왕 G.-J., 파울러 J. S., 트랑 F., 골드스테인 R. Z. 외, '긍정적인 감정은 안와전두피질과 기본 신경망 영역의 기초 대사와 관련이 있다', 2011; 16(8):818 – 25.

15 《미국 국립과학원 회보》, 헬러 A. S., 존스톤 T., 샥만 A. J., 라이트 S. N., 피터슨 M. J., 콜덴 G. G. 외, '주요 우울증에서의 긍정적 감정 유지 능력 감소는 전두나선 뇌 활동 유지 감소를 반영한다', 2009; 106(52): 22445 – 50.

16 《심리 과학》, 헬러 A. S., 반 리쿰 C. M., 쉐퍼 S. M., 라페 R. C., 래들러 B. T., 리프 C. D. 외, '지속적 선조체 활동이 자아실현적 행복과 코르티솔 생산량 증가를 예측한다', 2013; 24(11): 2191 – 200.

17 프리디 V. R. (편집),《약물중독과 물질남용의 신경 병리학Neuropathology of Drug Addictions and Substance Misuse》2권, 산디에고, 아카데믹 프레스, 2016, 중 pp. 229 – 36, 그리어 A. M., 마틴 G., 주르덴스 C., 맥도널드 S., '흡입 코카인 사용 동기'

18 《AJOB 신경과학》, 사이노프직 M., 슐레퍼 T. E., 핀스 J. J., '어느 정도가 지나친 행복인가? 극도의 행복과 신경윤리, 그리고 측좌핵의 깊은 뇌 자극', 2012; 3(1): 30 – 6.

19 《생리학과 행동》, 베르나르 P. C., 댑스 주니어 J. M., 필덴 J. A., 루터 C. D., '스포츠 경기의 팬들 사이에서 승리와 패배의 간접 경험 도중 테스토스테론 변화', 1998; 65(1): 59-62.

20 《생물 정신의학》, 마르티네즈 D., 올로스카 D., 나렌드란 R., 슬리프스테인 M., 리우 F., 쿠마르 D. 외, '선조체의 도파민 2/3 수용체 가동률과 자원 봉사자들의 사회적 지

위', 2010; 67(3):275 - 8.

21 《병진정신의학》, 체르벤카 S., 헤드만 E., 이코마 Y., 쥬펠드 D. R., 뢱 C., 할딘 C. 외, '도파민 D-2 수용체 결합은 사회불안 장애의 심리치료 후 증상 완화와 관계가 있다', 2012; 2(5):e120.

22 2009년 11월 7일, 《더 로컬》, '베를린 장벽을 연 남자', https://www.the-local.de/20091107/23091

23 《성격과 사회 심리학 저널》, 외팅겐 G., 리틀 T. D., 린덴버거 U., 발테스 P. B., '동베를린과 서베를린 아동의 인과성과 주체성, 통제 믿음: 환경의 역할에 대한 자연 실험', 1994; 66(3):579 - 95.

24 반두라 A.(편집), 《변화하는 사회에서의 자기 효능감 Self-efficacy in Changing Societies》, 뉴욕, 케임브리지 대학교 출판부, 1995 중 pp. 177 - 201, 예루살렘 M., 미타그 W., '스트레스가 많은 생애 전환기의 자기 효능감'

25 《인텔리전스》, 본 스툼 S., 게일 C. R., 배티 G. D., 디어리 I. J., '세대 간 사회 이동 결정 요인으로서의 아동의 지능과 통제 소재, 행동 장애:1970년 영국 코호트 연구', 2009; 37(4):329 - 40.

26 《성격과 사회 심리학 저널》, 라흐만 M. E., 위버 S. L., '건강과 행복의 사회계급 차이 조절 요인으로서의 통제감', 1998; 74(3):763 - 73.

27 《계간 아동기 연구》, 버거 K. '초기 어린 시절 양육과 교육이 인지 발달에 어떻게 영향을 끼치는가? 다양한 사회적 배경의 아동에 대한 초개 개입의 효과에 대한 국제 연구', 2010; 25(2):140 - 65, 《사이언스》, 바넷 W. S., '초기 교육적 개입의 유효성', 2011; 333(6045):975 - 8.

28 《사이언스》, 다이아몬드 A., 리 K., '4세에서 12세 사이 아동의 실행 기능 발달에 도움이 되는 개입', 2011; 333(6045):959 - 64.

29 《행동 의사 결정 저널》, 바운 N. J., 리드 D., 서머스 B., '선택의 유혹', 2003; 16(4):297 - 308.

30 《인지 과학 동향》, 레오티 L. A., 이옌가 S. S., 오쉬너 K. N., '선택에 대한 선천적 욕구:통제 필요의 기원과 가치', 2010; 14(10):457 - 63.

31 2018년 3월 14일, 삭스 J. D., 라야드 R., 헬리웰 J. F., '세계 행복 보고서', https://worldhappiness.report/ed/2018/

32 《재정과 정량 분석 저널》, 카플란스키 G., 레비 H., 벨드 C., 벨드-메르코올로바 Y., '행복한 사람들이 낙관적인 투자를 하는가?', 2015; 50(1 - 2):145 - 68.

33 《공익에서의 심리 과학》, 디너 E., 셀리그만 M. E., '돈을 넘어서:경제적 행복을 향해' 2004; 5(1):1 - 31.

34 《경제적 행동과 조직 저널》, 베르메 P., '행복과 자유와 통제', 2009; 71(2):146-61.

35 2008년 3월 14일, 삭스 J. D., 라야드 R., 헬리웰 J. F., '세계 행복 보고서' https://worldhappiness.report/ed/2018/

36 《미국 사회학 저널》, 히틀린 S., 커크패트릭 존슨 M., '생애 과정 내에서의 재개념화 작용:예견 능력의 힘', 2015; 120(5):1429-72.

37 《인구와 개발 리뷰》, 글레이 D. A., 골드만 N., 와인스타인 M., '인식이 현실을 창조한다:경제적 곤경의 주객관적 척도', 2018; 44(4):695-722.

38 《노인학 저널: 시리즈 B》, 헬머 C., 바버거-개토 P., 레터너 L., 다르티그 J.-F., '프랑스 남녀 노인의 주관적 건강과 사망률', 1999; 54(2):S84-S92.

39 《미국 국립과학원 회보》, 리벤바크 J., 아스노 L., 카스피 A., 대니스 A., 피셔 H. L., 모핏 T. E. 외, '가족의 사회적 지위에 대한 사춘기의 인식은 건강과 삶의 기회들과 관련이 있다:쌍둥이의 차이에 대한 장기적 코호트 연구', 2020; 11(38):23323-8.

40 《실험 사회심리학 저널》, 맥그로 A. P., 멜러 B. A., 테틀록 P. E., '올림픽 선수들의 기대와 감정', 2005; 41(4):438-46.

41 《사이언스》, 플리스바흐 K., 웨버 B., 트라우트너 P., 도멘 T., 순데 U., 엥글러 C. E. 외, '사회적 비교가 복부선조체의 보상 관련 뇌 활동에 영향을 끼친다', 2007; 318(5854):1305-8.

5장. 어떻게 실패를 자신 있게 포용하는가

1 2009년 11월 27일, 《ESPN》, '타이거 우즈 교통사고로 부상', https://www.espn.co.uk/golf/news/story?id=4693657

2 2017년 8월 16일, 《뉴욕 타임스》, '타이거 우즈, 체포 후 혈액에서 다섯 가지 약물 검출'

3 2018년 9월 24일, 《BBC 스포츠》, 포다이스 T., '타이거 우즈 복귀:믿기 힘든 재기의 이야기', https://www.bbc.com/sport/golf/45625712

4 《뇌 연구의 발전》, 하디 L. 외, '위대한 영국의 메달리스트들:올림픽 출전 슈퍼 엘리트와 엘리트 선수들의 심리 사회적 일대기', 2017; 232:1-119.

5 2015년 5월 13일, 《BBC 스포츠》, '타이거 우즈:말더듬으로 괴롭힘 받던 청소년에게 편지를 쓰다', https://www.bbc.com/sport/golf/32717455

6 2015년 5월 5일, 《허핑턴 포스트》, 피트만 T., '정신질환을 앓고 있는 10대들에게 보내는 마라 윌슨의 중요한 메시지', https://www.huffington-post.co.uk/entry/

mara-wilson-project-urok_n_7213598?ri18n=true

7   《성격과 사회 심리학 저널》, 반두라 A., 세르보네 D., '자기 평가와 자기 효능감 방식이 목표 시스템의 동기 부여 효과를 좌우한다', 1983; 45(5):1017 – 28.

8   2012년 8월 23일, 《뉴욕 타임스 매거진》, 설리반 J. J., '세상과 맞서 싸운 비너스와 세레나', https://www.nytimes.com/2012/08/26/magazine/venus-and-serena-against-the-world.html, 2016년 12월 19일, 《언디피티드》, '세레나 윌리엄스, 인종과 정체성에 대해 말하다', https:// theundefeated.com/features/serena-williams-sits-down-with- common-to-talk-about-race-and-identity/

9   《유아와 아동 발달》, 콜맨 P. K., '중기 아동기의 부모자녀 애착, 사회적 자기 효능감, 또래 관계에 대한 인식', 2003; 12(4):351 – 68.

10 《성격과 개인차》, 코이불라 N., 하스만 P., Fallby J., '엘리트 선수들의 자존감과 완벽주의:경쟁 불안과 자신감의 효과', 2002; 32(5):865 – 75.

11 《심리과학 동향》, 나크비 N., 쉬브B., 베차라 A., '의사 결정에서 감정의 역할:인지 신경과학의 관점에서', 2006; 15(5):260 – 4.

12 《불안과 스트레스, 대처 방법》, 크럼 A. J., 아키놀라 M., 마틴 A., 파스 S., '어렵고 위협적인 스트레스에 대한 인지적, 감정적, 생리적 반응을 형성하는 스트레스 사고방식의 역할', 2017; 30(4):379 – 95.

13 《심리과학 동향》, 드웩 C. S., '성격은 바뀔 수 있는가? 성격과 변화에 대한 믿음의 역할', 2008; 17(6):391 – 4.

14 《아동 발달》, 예거 D. S., 미우 A. S., 파워스 J., 드웩 C. S., '적대적 의도의 성격과 자질에 대한 암묵 이론:메타 분석, 실험, 장기적 개입' 2013; 84(5):1651 – 67.

15 《성격과 개인차》, 슈뢰더 H. S., 옐치 M. M., 대우드 S., 캘러란 C. P., 도넬란 M. B., 모이저 J. S., '불안에 대한 성장 사고방식이 삶의 스트레스 요인과 심리적 괴로움, 대처 전략 사이의 관계를 완화시켜준다', 2017; 110:23 – 6.

16 《인지행동 치료》, 드 카스텔라 K., 골딘 P., 자자이에리 H., 헤임버그 R. G., 드웩 C. S., 그로스 J. J., '사회불안장애를 위한 감정 믿음과 인지 행동 치료' 2015; 44(2):128 – 41.

17 《심리 과학》, 하이모비츠 K., 드웩 C. S., '무엇이 아동의 지능에 대한 고정 사고방식과 성장 사고방식을 예측하는가? 부모의 지능에 대한 관점이 아니라 부모의 실패에 대한 관점이다', 2016; 27(6):859 – 69.

1 2018년, 《멜매거진닷컴》, 맥더모트 J., '아내나 여자친구의 수입이 더 많은 남성들은 어떨까?', https://melmagazine.com/en-us/story/what-its-like-for-guys-whose-wives-or-girlfriends-earn-more-than-they-do

2 《성격과 사회 심리학 회보》, 시르다 J., '배우자의 상대적 수입과 남성의 심리적 괴로움' 2019; 46(6):976-92.

3 《계간 경제학 저널》, 버트란드 M., 카메니카 E., 판 J., '가족 구성원의 성별 정체성과 상대적 수입', 2015; 130(2): 571-614.

4 《정치 심리학》, 피셔 R., 한케 K., 시블리 C. G., '사회적 지배 성향의 문화적, 제도적 결정 요인:27개 사회의 다문화 메타 분석', 2012; 33(4):437-67.

5 2019년 5월 3일, 《가디언》, 버크 J., '캐스터 세메냐 판결은 선수들의 '위엄을 짓밟은 것'이라는 남아프리카 공화국 발언'

6 《호르몬과 행동》, 아이스니거 C., 쿰스타 R., 네프 M., 그로몰 J., 하인리히 M., '테스토스테론과 안드로겐 수용체 유전자 다형성은 남성의 자신감과 경쟁심과 관련이 있다', 2017; 92: 93-102.

7 《정신신경 내분비학》, 한 A. C., 피셔 C. I., 코비 K. D., 디브루인 L. M., 존스 B. C., '여성의 타액 테스토스테론과 같은 성별 간 경쟁의 중단 분석', 2016; 64: 117-22.

8 《미국 국립과학원 회보》, 카사르 A., 월도파 F., 장 Y. J., '자녀를 위한 경쟁이 경쟁에서의 성별 격차를 없앤다', 2016; 113(19):5201-5.

9 《공격 행동》, 베텐코트 B. A., 커너핸 C., '폭력 신호가 있을 때의 공격성에 대한 메타 분석:혐오 자극과 성별 차이의 효과', 1997; 23(6):447-56.

10 《응용심리학 저널》, 저지 T. A., 케이블 D. M., '직장에서의 성공과 수입에 끼치는 신체적 키의 영향:이론적 모형의 예비 실험', 2004; 89(3):428-41.

11 《사이언스》, 안토나키스 J., 달가스 O., '선거 예측:아동의 놀이!', 2009; 323(5918):1183.

12 《사회문제 저널》, 브로버만 I. K., 보겔 S. R., 브로버만 D. M., 클락슨 F. E., 로젠크란츠 P. S., '성 역할 편견:현재의 판단', 1972; 28(2):59-78, 《성격과 사회 심리학 저널》, 스펜스 J. T., 하인리히 R., 스타프 J., '성 역할 특성에 대한 자기/동료 평가와 남성성과 여성성의 개념, 자존감과의 관계', 1975; 32(1):29-39.

13 《경영 과학》, 그레이엄 J. R., 하비 C. R., 퓨리 M., '기업 미인 대회', 2017; 63(9):3044-56.

14 《미국 공공과학 온라인 학술지 PLoS ONE》, 스토커 J. I., 개러첸 H., 스프루어

스 L. J., '최고경영자의 얼굴 표정:능력이 아니라 얼굴이 선택을 암시한다', 2016; 11(7):e0159950.

15 《계간 리더십》, 와이어트 M., 실베스타 J., '유권자는 옳은가? 정치 엘리트들의 리더십 귀속성 실재성 자질 이론 검사', 2018; 29(5):609 – 21.

16 윌리엄스 J. E., 베스트 D. L., 《성별 편견 측정: 다국가 연구*Measuring Sex Stereotypes: A multination study*》(개정판), 뉴욕, 세이지 출판, 1990.

17 《심리 과학》, 오 D., 벅 E. A., 토도로브 A., '능력 있어 보이는 인상에 대한 숨겨진 성별 편견 드러내기', 2019; 30(1):65 – 79.

18 《계간 여성 심리학》, 펠란 J. E., 모스-라쿠신 C. A., 루드만 L. A., '능력 있지만 차가운: 채용 조건의 변화가 비주체적 여성을 향한 반발을 반영한다', 2008; 32(4):406 – 13.

19 《조직행동 연구》, 루드만 L. A., 펠란 J. E., '조직에서의 성별 편견 부당성 증명의 반발 효과', 2008; 28:61 – 79.

20 《미국 이코노믹 리뷰》, 밥콕 L., 르깔데 M. P., 베스터룬드 L., 와인가트 L., '승진 가능성이 낮은 업무 수용에 대한 남녀 차이', 2017; 107(3):714 – 47.

21 《사이언스》, 비안 L., 레슬리 S.-J., 심피언 A., '지능에 대한 성별 편견은 일찍 나타나 아동의 흥미에 영향을 끼친다', 2017; 355(6323):389 – 91.

22 2011년 3월 3일, 《아이리시 인디펜던트》, '교육부 장관, 렌스터 하우스 계단으로 돌진'(영상), https://www.independent.ie/irish-news/video-td-drives-down-leinster-house-steps-26710125.html

23 《심리 과학》, 타람피 M. R., 헤이다리 N., 헤가르티 M., '조망 수용의 두 가지 형태에 대한 이야기:공간 능력에 대한 성별 차이', 2016; 27(11):1507 – 16.

24 《뇌와 인지》, 루커트 L., 네이바 N., '공감에 대한 성별 차이: 우반구의 역할', 2008; 67(2):162 – 7.

25 《인간공학학회 회보》, 판 M. H., 하르디나 J. R., 호일 S., 샤패로 B. S., '비디오 게임 사용, 선호도, 행동에서의 성별 역할 탐구', 2012; 56:1496 – 500.

26 《심리 과학》, 펭 J., 스펜스 I., 프랏 J., '액션 비디오 게임이 공간 인지에 대한 성별 차이를 줄인다', 2007; 18(10):850 – 5.

27 《사이언스》, 다르-님로드 I., 하이네 S. J., '과학 이론에의 노출이 여성의 수학 능력에 영향을 끼친다', 2006; 314(5798):435.

28 《심리학 회보》, 엘스-퀘스트 N. M., 하이드 J. S., 린 M. C., '수학에서의 성별 차이에 대한 국가 간 패턴:메타 분석', 2010; 136(1):103 – 107.

29 《학습과 개인차》, 디세스 Å., 멜렌드 E., 브레이다블리크 H. J., '학생들의 자기 신뢰:자존감, 자기 효능감과 지능에 대한 암묵 이론에서의 학년과 성별 차이', 2014;

35:1 – 8.

30 《심리학 회보》, 페인골드 A., '성격의 성별 차이:메타 분석', 1994; 116(3):429 – 56.

31 《성격과 사회 심리학 저널》, 코스타 Jr P. T., 테라차노 A., 매크레이 R. R., '다양한 문화의 성별에 따른 성격 차이:확실하고 놀라운 발견', 2001; 81(2): 322 – 331.

32 2018년 11월 6일, 《복스》, 저우 L., '여성들이 한 해 동안 정치에서 세운 신기록을 보여준 12개 차트', https://www. vox.com/2018/11/6/18019234/women-record-breaking-midterms

33 《미국 정치과학 리뷰》, 폭스 R. L., 로우리스 J. L., '정치적 야망에서의 성별 차이의 기원 발견', 2014; 108(3):499 – 519.

34 2018년 1월 10일, 브루킹스 연구소, 갤스톤 W. A., '미국 정치를 바꿀 수 있는 여성 정치 활동의 새로운 흐름 측정값', https://www.brookings. edu/blog/fixgov/2018/01/10/a-new-wave-of-female-political-activism/

35 《경제심리학 저널》, 휘겔샤퍼 S., 아흐찌거 A., '자신 있는 남성과 이성적인 여성에 대하여:전부 마음에 달렸다', 2014; 41(C):31 – 44.

36 《경영 과학》, 니슨-루엔지 A., 루엔지 S., '성별이 중요하다:뮤츄얼 펀드 사업에서의 성별에 대한 편견', 2019; 65(7):3001 – 25.

7장. 남녀의 자신감은 어떤 차이가 있는가

1 2018년 9월 6일, 《가디언》, 샘플 I., '노벨이 무시한 영국 천체 물리학자, 펄서 연구로 3백만 달러의 상금을 받다', https:// www.theguardian.com/science/2018/sep/06/jocelyn-bell-burnell-british-astrophysicist-overlooked-by-nobels-3m-award-pulsars

2 《사이코테라피: 이론, 연구, 실습》, 클란스 P. R., 이메스 S. A., '성공한 여성들의 가면 현상:역동과 치료적 중재' 1978; 15(3):241 – 7.

3 《성격과 사회 심리학 저널》, 에링거 J., 더닝 D., '자신에 대한 부정적 관점이 능력 발휘에 어떻게 영향을 끼치는가?', 2003; 84(1): 5 – 17.

4 《성격과 사회 심리학 저널》, 스몰 D. A., 겔판드 M., 밥콕 L., 게트만 H., '누가 협상 테이블에 앉는가? 협상의 시작에 성별과 구조화가 끼치는 영향', 2007; 93(4):600 – 13.

5 2018년 4월 12일, 《와이펄스Ypulse》, '10대 여자아이들은 남자아이들보다 자신감이 부족하고 이는 미래에 영향을 끼친다', https://www.ypulse.com/article/2018/04/12/teen- girls-are-less-confident-than-boys-its-affecting-their-

futures/

6 《성격과 사회 심리학 저널》, 블레이돈 W., 아슬란 R. C., 데니슨 J. J., 렌트프로우 P. J., 게바우어 J. E., 포터 J. 외, '나이와 성별에 따른 자존감 차이:비교 문화적 창', 2016; 111(3): 396 – 410.

7 2018년 9월 6일, 《가디언》, 샘플 I., '노벨이 무시한 영국 천체 물리학자, 펄서 연구로 3백만 달러의 상금을 받다', https://www. theguardian.com/science/2018/sep/06/jocelyn-bell-burnell-british- astrophysicist-overlooked-by-nobels-3m-award-pulsars

8 《성격과 사회 심리학 회보》, 싱겔리스 T. M., '독립적이고 상호의존적인 자기 해석 측정' 1994; 20(5):580 – 91.

9 《연간 심리학 리뷰》, 키타야마 S., 우스쿨 A. K., '문화와 마음과 뇌:현재의 증거와 미래의 방향', 2011; 62:419 – 49.

10 《심리학 회보》, 크로스 S. E., 매드슨 L., '자아 모델:자기 해석과 성별', 1997; 122(1): 5 – 37.

11 《진화와 인간행동》, 페이지 L., 코츠 J., '경쟁에서의 승자와 패자 효과:실력이 비슷한 테니스 선수들을 통해', 2017; 38(4):530 – 5.

12 《스포츠과학 저널》, 우드만 T., 하디 L., '스포츠 수행 능력에 대한 자신감과 인지 불안의 상대적 효과:메타 분석', 2003; 21(6):443 – 57.

13 맥코비 E. E., 재클린 C. N., 《성별 차이의 심리학 *The Psychology of Sex Differences*》, 캘리포니아, 스탠퍼드 대학교 출판부, 1974.

14 맥코비 E. E., 재클린 C. N. 《성별 차이의 심리학 *The Psychology of Sex Differences*》 캘리포니아, 스탠퍼드 대학교 출판부, 1974

15 《노동경제학 저널》, 오르스 E., 팔로미노 F., 페이라쉬 E., '수행 능력의 성별 차이:경쟁이 중요한가?', 2013; 31(3): 443 – 99.

16 《경제학 연구》, 개라트 R. J., 바인베르거 C., 존슨 N., '스테이트 스트리트 마일:실전에서의 경쟁 혐오에 대한 나이와 성별 차이', 2013; 51(1):806 – 15.

17 《성격과 사회 심리학 저널》, 에링거 J., 더닝 D., '자신에 대한 부정적 관점이 능력 발휘에 어떻게 영향을 끼치는가?', 2003; 84(1):5 – 17.

18 《연간 경제학 리뷰》, 니어드럴 M., 베스트룬드 L., '성별과 경쟁', 2011; 3(1):601 – 30.

19 《미국 경제학 리뷰》, 그니지 U., 루스티치니 A., '어린 나이의 성별과 경쟁', 2004; 94(2): 377 – 81.

20 《계간 경제학 저널》, 그니지 U., 니어드럴 M., 루스티치니 A., '경쟁적인 환경에서의

수행 능력:성별 차이', 2003; 118(3):1049 - 74.

8장. 자신감은 어떻게 학습하는가

1 《교육 심리학 저널》, 스나이더 K. E., 말린 J. L., 덴트 A. L., 린넨브링크-가르시아 L., '메시지가 중요하다: 학업적 자기 불구화 현상에서 재능과 실패 경험에 대한 암묵적 믿음의 역할', 2014; 106(1):230 - 41.

2 《교육 심리학 저널》, 슈웡어 M., 워스와인 L., 레머 G., 스타인메이어 R., '학업적 자기 불구화 현상과 성취:메타 분석', 2014; 106(3):744 - 61.

3 2013년 11월 27일, 《데일리 메일》, 촐리 M., 그로브즈 J., '보리스 존슨, 자신의 '무례하고 부주의한 엘리트주의'에 관한 불꽃 튀는 설전 '어떤 사람들은 너무 어리석어서 살아가기조차 힘들다''

4 《미국 국립과학원 회보》, 덕워스 A. L., 퀸 P. D., 리남 D. R., 뢰버 R., 스타우트해머-뢰버 M., '지능 테스트에서 의욕의 역할', 2011; 108(19):7716 - 20.

5 《네이처》, 예거 D. S., 한셀만 P., 월톤 G. M., 머레이 J. S., 크로스너 R., 퓰러 C. 외, '성장 사고방식이 성취를 증가시킨다는 사실을 보여준 국가적 실험', 2019; 573(7774): 364 - 9.

6 《성격 저널》, 아일랜드 M. E., 헤플러 J., 리 H., 알바라신 D., '19개 국가에서의 신경증과 행동에 대한 태도', 2015; 83(3):243 - 50.

7 2016년 9월 6일, 《포브스》, 웰레이븐스 S., '실리콘 밸리, 셰릴 샌드버그가 자신감을 키우기 위해 하는 다섯 가지 운동'

8 듀이 J., 《민주주의와 교육: 교육철학 개론Democracy and Education: An introduction to the philosophy of education》, 뉴욕, 맥밀란, 1923.

9 《성격과 사회 심리학 회보》, 뷔트너 O. B., 위버 F., 슐츠 A. M., 바이어 U. C., 플로랙 A., 골위처 P. M., '시각주의와 목표 추구: 숙고 상태와 실행 상태가 집중의 폭에 영향을 끼친다', 2014; 40(10):1248 - 59.

10 스캇 R., 코슬린 S.(편집), 《사회행동 과학 최신동향Emerging Trends in the Social and Behavioral Sciences》, 뉴욕, 윌리, 2015 중 pp. 1 - 14, 골위처 P. M., '행동에 집중하기:목표를 위한 사전 노력 계획'

11 《건강심리학 리뷰》, 벨랑거-그레이블 A., 고딘 G., 아미롤트 S., '신체 활동에 대한 실행 의도 효과의 메타 분석 리뷰', 2013; 7(1):23 - 54.

12 《심리학과 건강》, 머터 E. R., 외팅겐 G., 골위처 P. M. '흡연 행동 변화 치료로서의 실

행 의도 있는 심리적 대조 온라인 무작위 제어 시험', 2020; 35(3): 318 – 45.

13 《사이언티픽 리포트》, 오툴레 S., 뉴튼 T., 모제스 R., 하산 A., 바틀렛 D., '다이어트와 관련된 행동 실행 계획 효과 탐구를 위한 무작위 제어 임상 시험', 2018; 8(1):1 – 6.

14 《영국 임상심리학 저널》, 톨리 A., 웹 T. L., 하디 G. E., '실행 의도 형성이 정신 건강 문제가 있는 사람의 목표 성취를 돕는가? 임상 및 유사 샘플의 실험 연구 메타 분석', 2016; 55(1):69 – 90.

15 《유럽 사회심리학 리뷰》, 외팅겐 G., '미래에 대한 생각과 행동 변화', 2012; 23(1):1 – 63.

16 《실험 사회심리학 저널》, 캐프스 A., 싱만 H., 외팅겐 G., '심리적 대조는 현실의 장애물과 도구적 행동을 연결시킴으로써 목표 추구를 추동한다', 2012; 48(4):811 – 8, 보 K. D., 바우메이스터 R. F.(편집), 《자기 통제 핸드북: 연구, 이론, 적용 Handbook of Self-regulation: Research, theory, and applications》, 뉴욕, 길포드 프레스, 2011 중 pp. 162 – 85, 골위처 P. M., 외팅겐 G., '계획이 목표를 위한 노력을 촉진한다'

17 《사회인지 및 감정 신경과학》, 카시오 C. N., 오도넬 M. B., 티니 F. J., 리버만 M. D., 테일러 S. E., 스트레쳐 V. J. 외, '자기 가치 확인은 뇌의 자기 관련 처리 및 보상 회로를 활성화시키고 미래의 지향에 의해 강화된다', 2016; 11(4):621 – 9.

18 《연간 심리학 리뷰》, 코헨 G. L., 셔먼 D. K., '변화의 심리학:자기 가치 확인과 사회 심리학적 조정', 2014; 65:333 – 71.

19 《심리 과학》, 크레스웰 J. D., 웰치 W. T., 테일러 S. E., 셔먼 D. K., 그루인발드 T. L., 만 T., '개인의 가치 확인이 신경내분비계와 심리적 스트레스 반응을 완화시켜준다', 2005; 16(11):846 – 51.

20 《미국 공공과학 온라인 학술지 PLoS ONE》, 크레스웰 J. D., 두처 J. M., 클라인 W. M., 해리스 P. R., 레빈 J. M., '자기 가치 확인이 스트레스 상황에서의 문제 해결 능력을 증가시킨다', 2013; 8(5):e62593.

21 《미국 국립과학원 회보》, 포크 E. B., 오도넬 M. B., 카시오 C. N., 티니 F. J., 캉 Y., 리버만 M. D. 외, '자기 가치 확인은 건강한 메시지와 그에 따른 행동 변화를 향한 뇌의 반응을 변화시킨다', 2015; 112(7):1977 – 82.

22 《심리 과학》, 레걸트 L., 알킨디 T., 인즐리흐트 M., '능력 발휘에 대한 위협 앞에서 온전함 유지하기:자기 가치 확인이 실수에 대한 신경 생리학적 반응을 증가시킨다', 2012; 23(12):1455 – 60.

23 가트만 J. M., 머레이 J. D., 스완슨 C. C., 타이슨 R., 스완슨 K. R., 《결혼의 수학:역동적 비선형 모델 The Mathematics of Marriage: Dynamic nonlinear models》, 케임브리지, 매사추세츠 공과대학 출판부, 2005.

24 《사이언스》, 미야케 A., 코스트-스미스 L. E., 핀켈스타인 N. D., 폴락 S. J., 코헨 G. L., 이토 T. A., '대학 과학 수업에서의 성별에 대한 성취도 차이 감소:교실 내 가치 확인 연구', 2010; 330(6008): 1234 - 7.

25 워런 E., '상원의원 엘리자베스 워런의 2016년 서포크 대학교 졸업식 축사', https://www.graduationwisdom.com/speeches/0207-Elizabeth-Warren-Commencement-Address.htm

26 《미국 국립과학원 회보》, 보만 G. D., 로젝 C. S., 파인 J., 한셀만 P., '학업적 사회적 역경의 재평가가 중학생의 학업 성취도와 행동, 행복을 증가시킨다', 2019; 116(33):16286 - 91.

27 《실험 사회 심리학 저널》, 해리스 P. S., 해리스 P. R., 마일스 E., '자기 가치 확인이 실행 기능과 관련된 업무 역량을 개선한다', 2017; 70:281 - 5.

28 2012년 7월 19일, 《CNN》, 호아레 R., '마리사 메이어:야후의 최고경영자로서 배운 삶의 여섯 가지 교훈', https://edition.cnn.com/2012/07/17/tech/mayer-yahoo-career-advice/index.html

29 《심리 과학》, 시리 M. D., 레오 R. J., 루피엔 S. P., 콘드락 C. L., 알몬테 J. L., '역경의 이점? 살면서 누적되는 중간 정도의 역경이 통제된 스트레스 요인 앞에서의 회복 탄력성 반응과 관계가 있다', 2013; 24(7):1181 - 9.

30 《뉴로 이미지》, 프루스너 J. C., 볼드윈 M. W., 데도빅 K., 렌윅 R., 마하니 N. K., 로드 C. 외, '청장년층의 자존감, 통제 소재, 해마의 크기, 코르티솔 조절', 2005; 28(4):815 - 826.

31 《행동연구 및 치료》, 그롤 M., 슈엔즈파이어 A. K., 스트리커 J., 부스 C., 템플-맥쿤 A., 디락샨 N. 외, '걱정하는 마음 통제하기:걱정에 취약한 개인의 조절 작업 기억 훈련과 인지 편향', 2018; 103: 1 - 11.

32 《미국 공공과학 온라인 학술지 PLoS ONE》, 리 W., 킴 S., '도전 추구와 피드백 처리의 성취 목표 효과:행동과 기능적 자기공명영상 증거', 2014; 9(9):e107254.

33 2013년 4월 25일, 《ABC 뉴스》, 포피 N., '비너스 윌리엄스, 패션과 재미 … 테니스에서 성공을 거두다', https://abcnews.go.com/blogs/headlines/2013/04/venus-williams-courts-success-in-fashion-fun-and-tennis/

34 《심리 과학》, 랜힐 E., 드레버 A., 요하네슨 M., 레이버그 S., 술 S., 웨버 R. A., '파워 포즈의 강건성 평가:다수의 남녀에서 호르몬과 위험 감수 능력에 영향을 끼치지 않았다', 2015; 26(5):653 - 6.

35 2018년 4월 30일, 《가디언》, 빌람 M., '사지드 자비드와 토리 파워 포즈의 귀환', https://www.theguardian.com/politics/2018/apr/30/sajid-javid-tory-

power-stance

36 《심리과학 전망》, 엘케어 E., 미켈슨 M. B., 미차락 J., 멘닌 D. S., 오툴레 M. S., '자세와 행동의 확장 및 수축:감정적 행동적 반응에 대한 움직임 시연 효과의 체계적 고찰과 메타 분석', 2020; 1745691620919358.

37 《사회 심리학 및 성격 과학》, 슬레피안 M. L., 페버 S. N., 골드 J. M., 룻칙 A. M., '정장의 인지적 중요성' 2015; 6(6):661 - 8.

38 《실험 사회심리학 저널》, 애덤 H., 갈린스키 A. D., '착용자 인식', 2012; 48(4): 918 - 25.

39 《불안장애 저널》, 렉터 N. A., 캄카르 K., 카신 S. E., 아이어스트 L. E., 라포사 J. M., '불안 장애에서 과도한 위한 구하기 평가', 2011; 25(7):911 - 7.

9장. 지나친 자신감은 어떤 모습인가

1 2019, '본:노동경제학 협회', 제림 J., 파커 P., 슈어 D., '허풍쟁이들:그들은 누구며 그들의 삶에 대해 우리가 알고 있는 것은 무엇인가?', Contract No.: IZA DP No. 12282.

2 《성격과 사회 심리학 저널》, 크루거 J., 더닝 D., '무능력과 그에 대한 인식 부족:자신의 무능력 인식에 대한 어려움은 어떻게 자기 평가 고양으로 이어지는가?', 1999; 77:1121 - 34.

3 2006년 2월 2일, 《SSRN》, 몬티어 J., '부적절하게 행동하기', http://dx.doi.org/10.2139/ssrn.890563

4 《행동연구 및 치료》, 스트룬크 D. R., 로페즈 H., 디루비스 R. J., '우울 증상은 미래의 사건에 대한 비현실적이고 부정적인 예측과 관련이 있다', 2006; 44(6):861 - 82.

5 《영국의학 저널》, 매커리 M. A., 다니엘 M., '의료 사고, 미국 제3대 사망 원인', 2016; 353:i2139.

6 2009년 2월 19일, 《ABC 뉴스》, 차일드 D., '의료 사고, 과거와 현재', https://abcnews.go.com/Health/story?id= 3789868&page=2

7 《미국 의학 저널》, 크로스케리 P., 노만 G., '의료 결정에서의 지나친 자신감', 2008; 121(5): S24 - S9.

8 존슨 D. D., 《지나친 자신감과 전쟁:긍정적 환상의 영광과 피해 Overconfidence and War: The havoc and glory of positive illusions》, 케임브리지 매사추세츠, 하버드 대학교 출판부, 2004.

9 《성격과 사회 심리학 저널》, 윈터 D. G., '권력, 소속 그리고 전쟁:의욕 모델의 세 가지 실험', 1993; 65(3):532 – 45.

10 존슨 D. D., 《지나친 자신감과 전쟁: 긍정적 환상의 영광과 피해*Overconfidence and War: The havoc and glory of positive illusions*》 케임브리지 매사추세츠, 하버드 대학교 출판부, 2004.

11 《진화와 인간 행동》, 존슨 D. D., 랭엄 R. W., 로젠 S. P., '군대의 무능력은 조절 가능한가?:현대 전쟁에서 위험 감수의 경험적 타당성', 2002; 23(4):245 – 64.

12 《인간 행동》, 와이트 G., 삭스 A. M., '악화되는 상황에서 행동에 대한 자기 효능감의 효과', 2007; 20(1):23 – 42.

13 《심리과학 동향》, 반 프루이젠 J.-W., 크라우웰 A. P. M., '극단적 정치 이데올로기의 심리적 특징', 2019; 28(2):159 – 63.

14 2019년 6월 10일, 《뉴욕 매거진》, 와이드만 R., '우리 속의 나:위워크의 애덤 노이만은 어떻게 사무 공간을 470억 달러의 가치가 있는 '공동체'로 발전시켰는가? 공유는 아니었다'

15 2018년 9월 17일, 《위워크 뉴스룸》, 준발라지 G., '위워크, 맨해튼에서 가장 많은 개인 사무실 임대', https://www.wework.com/ideas/ newsroom-landing-page/newsroom/posts/wework-becomes-biggest- private-office-tenant-in-manhattan

16 2019년 11월 15일, 《패스트 컴퍼니》, 브루커 K., '위페일: 마사요시 손과 애덤 노이만의 관계는 위워크를 어떻게 재앙의 길로 이끌었는가'

17 《경제학 전망 저널》, 탈러 R. H., '변칙:승자의 저주', 1988; 2(1):191 – 202.

18 2019년 9월 28일, 《가디언》, 니트 R., '높이 나는 새의 자만심:투자자들은 어떻게 위워크 설립자를 떨어뜨렸는가?', https://www.the-guardian.com/business/2019/sep/28/hubris-of-a-high-flyer-how- investors-brought-wework-founder-down-to-earth

19 2006년 2월 2일, 《SSRN》, 몬티어 J., '부적절하게 행동하기', http://dx.doi.org/10.2139/ssrn.890563

20 《금융 저널》, 길라드 D., 클리거 D., '경제적 의사결정에서 위험을 무릅쓰는 전문가들의 태도', 2008; 12(3):567 – 86.

21 《경영과 선택 경제학》, 애브닉 K., 로켄바흐 B., '학생과 전문 투자자들의 옵션 가격 결정:행동 연구', 2006; 27(6):497 – 510.

22 1999년 3월 3일, 《월 스트리트 저널》, 엠슈윌러 J. R., '점선을 따라서: 올라갔다가 내려온다', https://www.wsj.com/articles/SB920421525958599000

23 《국제 경제학 저널》, 캘보 G. A., 멘도자 E. G., '이성적 전염과 유가증권 시장의 세계화', 2000; 51(1):79 – 113.

24 《금융 저널》, 허쉬라이퍼 D., 슘웨이 T., '맑은 날의 햇빛:주식 수익률과 날씨', 2003; 58(3):1009 – 32.

25 《금융 저널》, 그린블라트 M., 클로하르주 M., '감각 추구, 지나친 자신감과 주식 거래', 2009; 64(2):549 – 78.

26 《계간 경제학 저널》, 바버 B. M., 오딘 T., '소년은 소년이다:성별, 지나친 자신감, 보통주 투자', 2001; 116(1):261 – 92.

27 《경제 심리학 저널》, 콜링어 P., 민니티 M., 샤다 C., "저는 할 수 있다고 생각합니다": 지나친 자신감과 기업 행동', 2007; 28(4): 502 – 27.

28 엘리엇 T. S.,《4개의 4중주 Four Quartets》IV, 239 – 242, 뉴욕, 하코트 브레이스, 1943.

29 2013년 1월 23일, 《쿠리어 메일》, 어바인 J., '시드니 오페라 하우스가 세계에서 가장 큰 계획 오류인 이유', https://www.couriermail.com.au/news/why-sydneys-opera-house-was-the-worlds-biggest-planning-disaster/news-story/9a596cab579a 3b96bba516f425b3f1a6

30 플리뷔아 B., 브룬젤리우스 N., 로센가터 W.,《대규모 프로젝트와 위험:야망의 해부학 Megaprojects and Risk: An anatomy of ambition》, 케임브리지, 케임브리지 대학교 출판부, 2003.

31 《조직행동과 의사결정과정》, 이네시 M. E., '권력과 손실 혐오', 2010; 112(1):58 – 69.

32 《실험 사회심리학 저널》, 로크 C. C., 앤더슨 C., '리더처럼 보이는 것의 단점:권력과 비언어적 자신감, 참여적 의사결정', 2015; 58:42 – 7.

33 《사이언스》, 울리 A. W., 챠브리스 C. F., 펜트랜드 A., 하시미 N., 말로네 T. W., '집단의 역량 발휘에서 집단 지성 요소의 증거', 2010; 330(6004):686 – 8.

34 《영국 왕립학회 생물학 저널》, 키시다 K. T., 양 D., 쾨츠 K. H., 쾨츠 R., 몬태규 P. R., '소집단 환경에서의 암묵적 신호와 그것이 인지 역량 표현과 관련 뇌 반응에 끼치는 영향', 2012; 367(1589):704 – 16.

35 2020년 3월 7일, 《워싱턴 포스트》, 나카무라 D., "어쩌면 능력을 타고났는지도 모릅니다":트럼프, 직업을 잘못 선택했는지도 모른다며 의학 전문가들과 코로나 바이러스에 대해 논의'

36 2019년 7월 11일, 《USA 투데이》, 커밍스 W., '트럼프, 자신은 '잘생겼고 똑똑하다. 그야말로 흔들리지 않는 천재다' 트위터 발언으로 2020 민주당원 공격'

37 《경제학 연구 리뷰》, 버크스 S. V., 카펜터 J. P., 괴테 L., 루스티치니 A., '지나친 자신

감과 사회적 신호', 2013; 80(3):949 – 83.

38 보일 G. J., 매튜 G., 세이크로스프케 D. H.(편집), 《현자의 손: 성격 이론과 평가*The SAGE Handbook of Personality Theory and Assessment*》 2권, 뉴욕, 세이지 출판, 2008 중 pp. 261 – 92, 텔러겐 A., 월러 N. G., '테스트 구성을 통한 성격 탐구:다차원 성격 검사 질문지 개발'

39 《유럽 경제학회 저널》, 시서리니 D., 리히텐스타인 P., 요하네슨 M., 월러스 B., '지나친 자신감의 유전 가능성', 2009; 7(2 – 3):617 – 27.

40 《성격과 사회 심리학 저널》, 앤더슨 C., 보리언 S., 무어 D. A., 케네디 J. A., '지나친 자신감의 지위 강화 해설', 2012; 103(4):718 – 35.

41 《조직행동과 의사결정과정》, 케네디 J. A., 앤더슨 C., 무어 D. A., '넘치는 자신감이 타인에게 탄로났을 때:지나친 자신감의 지위 강화 이론 실험', 2013; 122(2): 266 – 79.

42 2017년 10월 4일, 《포브스》, 리드 D., '항공사는 다시 손해를 입지 않을 것인가? 역사를 무시한 최고경영자의 허풍'

43 로버트슨 I., 《승자의 뇌》, 알에이치코리아, 2013,

44 2017년 1월 22일, 《비즈니스 인사이더》, 게이츠 B., '빌 게이츠, 심각한 전염병 경고', https://www.youtube.com/watch?v=jDxb21qIilM

10장. 자신감은 경제에 어떻게 작용하는가

1 레더러 H., '딕 위팅턴의 고양이', http://www.talk-ingstatueslondon.co.uk/statues/whittington/

2 《미국 공공과학 온라인 학술지 PLoS ONE》, 베튼코트 L. M., 로보 J., 스트럼스카이 D., 웨스트 G. B., '도심 확대와 편차:도시별 부와 혁신, 범죄 구조를 밝히다', 2010; 5(11):e13541.

3 2018년, 《데이터로 보는 세계》, 리치 H., 로저 M., '도시화', https://ourworldindata.org/urbanization

4 2014년, 런던 정치경제 대학교, 경제성장 센터, 데 라 로카 J., 오타비아노 G. I., 푸가 D., '꿈의 도시', Report No.: 2042 – 2695.

5 《이코노미카》, 맥코믹 B., 와바 J., '최저개발국의 교육받은 젊은이들이 대도시로 이동하는 이유는 무엇일까? 이동 자료를 토대로', 2005; 72(285):39 – 67.

6 2014년, 런던 정치경제 대학교, 경제성장 센터, 데 라 로카 J., 오타비아노 G. I., 푸가

D., '꿈의 도시', Report No.: 2042 - 2695.

7 《국제 경제학 금융 이슈 저널》, 데미럴 S. K., 아르탄 S., '경제적 자신감과 근본적 거시 경제 지표 사이의 인과관계:유럽연합 선별국의 경험적 증거', 2017; 7(5):417 - 24.

8 《비즈니스 벤처링 저널》, 첸 C. C., 그린 P. G., 크릭 A., '기업가적 자기 효능감이 기업 가와 매니저를 구분하는가?', 1998; 13(4):295 - 316.

9 《기업가 정신 이론과 실제》, 마크먼 G. D., 발킨 D. B., 바론 R. A., '투자자들과 새로운 벤처 형성:일반적 자기 효능감과 후회하는 사고방식의 효과', 2002; 27(2):149 - 65.

10 《인사 심리학》, 피터슨 S. J., 루단스 F., 아볼리오 B. J., 왈룸브와 F. O., 장 Z., '심리적 자본과 직원의 능력:잠재적 성장 모델 접근', 2011; 64(2): 427 - 50.

11 《미국 심리과학 학회》, 하터 J. K., 걸리 V. F., '미국의 행복 측정', 2008; 21(8):23 - 6.

12 캔트릴 H., 《인간 걱정의 패턴 The Pattern of Human Concerns》, 뉴브룬스윅, 럿거스 대학교 출판부, 1965.

13 2013년, 《데이터로 보는 세계》, 오르티즈-오스피나 E., 로저 M., '행복과 삶의 만족도', https://ourworldindata.org/happiness-and- life-satisfaction

14 2017년 10월 20일, 《갤럽》, 클리프톤 J., '당신의 나라는 변화에 준비되었는가?', https://news.gallup .com/opinion/gallup/220712/country-ready-change. aspx

15 2018년 11월, 《소셜 마켓 파운데이션》, 페처 T., 베커 S. O., 노비 D., '긴축, 이민자 혹 은 세계화:브렉시트는 예측가능했는가?', http://www.smf. co.uk/wp-content/ uploads/2018/11/SMF-paper-austerity-immigration- or-globalisation-1. pdf

16 2019년 7월 26일, 《BBC 뉴스》, 슈레어 R., '경찰관 수가 감소했나?', https://www. bbc.com/news/uk-47225797

17 2017년, 갤럽, '오늘날의 행복이 미래 세계에 대해 말해주는 것인 무엇인가?', https://news.gallup.com/reports/220601/what-happiness-today- tells- us-about-the-world-tomorrow.aspx

18 《미국 공공과학 온라인 학술지 PLoS ONE》, 헤린 J., 위터스 D., 로이 B., 라일리 C., 리우 D., 크럼홀즈 H. M., '국민의 행복과 선거의 변화' 2018; 13(3):e0193401.

19 2018년 3월 14일, 삭스 J. D., 라야드 R., 헬리웰 J. F., '세계 행복 보고서', https:// worldhappiness.report/ed/2018/

20 2018년 3월 14일, 삭스 J. D., 라야드 R., 헬리웰 J. F., '세계 행복 보고서', https:// worldhappiness.report/ed/2018/

21 2014년 10월 10일, 《가디언》, 윈투어 P., '나이젤 파라지, 국민건강보험의 에이즈 감

염 이민자 치료 차단 계획'

22 《지역 사회와 응용 사회 심리학 저널》, 반 데바이버 J., 리트 A. C., 아브람스 D., 팔머 S. B., '브렉시트 혹은 브리메인? 개인과 유럽 연합 총선거 투표 결정의 사회적 분석', 2018; 28(2):65 - 79.

23 《미국 국립과학원 회보》, 케이스 A., 디튼 A., '21세기, 미국 비히스패닉 백인 중년의 질병 발병률과 사망률 증가', 2015; 112(49): 15078 - 83.

24 《노화와 정신 건강》, 마르키네 M. J., 말도나도 Y., 자타르 Z., 무어 R. C., 마르틴 A. S., 팔머 B. W. 외, '공동체에 의지하는 히스패닉 노인과 비히스패닉 백인 노인의 삶의 만족도 차이', 2015; 19(11):978 - 88.

25 《공공경제학 저널》, 블랜치플라우어 D. G., 오스왈드 A. J., '영국과 미국의 시간 경과에 따른 행복', 2004; 88(7 - 8):1359 - 86.

26 《계간 정치학》, 굿윈 M. J., 히스 O., '2016년 국민 투표와 브렉시트, 뒤처진 사람들:결과에 대한 종합 분석', 2016; 87(3):323 - 32.

27 《영국 사회학 저널》, 바함브라 G. K., '브렉시트, 트럼프, 그리고 '방법론적 백인화':인종과 계급에 대한 오해', 2017; 68(3):S214 - S32.

28 《BMC 정신의학》, 콜링 S., 미드뢰브 P., 요한슨 S.-E., 순드퀴스트 K., 순드퀴스트 J., '자기 보고 불안의 종적 동향:25년간 출생 집단과 나이의 영향', 2017; 17(1):119, 《청소년 건강 저널》, 더피 M. E., 트웬지 J. M., 조이너 T. E., '미국 대학생들의 기분과 불안 증상 동향과 자살 관련 결과 2007 - 2018:두 가지 전국 조사를 토대로', 2019; 65(5):590 - 8.

29 《심리 과학》, 필너 R., 다미안 R. I., 나젠게스트 B., 로버츠 B. W., 트라우트바인 U., '당신이 누구인지보다 누구와 함께 있는지가 더 중요하다:고등학교 구성과 생애 주기에서 개인의 성취', 2018; 29(11):1785 - 96.

30 2011년, 전미경제연구소, 모비우스 M. M., 니어더럴 M., 니하우스 P., 로젠블라트 T. S., '자신감 관리하기:이론과 실험적 증거', Report No.: 0898-2937.

31 프라이드맨 T. L., 《늦어서 감사합니다:가속화 시대, 낙관주의자의 성공 가이드Thank You for Being Late: An optimist's guide to thriving in the age of accelerations》, 뉴욕, 피카도르, 2016.

32 《경제 행동과 조직 저널》, 데시 R., 자오 X., '지나친 자신감, 안정성과 투자', 2018; 145:474 - 94.

11장. 자신감은 정치에 어떻게 작용하는가

1 1979년 7월 15일, 카터 J., '대통령 지미 카터의 '자신감의 위기' 연설', https://www.youtube.com/watch?v=PYWqveU1Tdk

2 셜리 C., 《운명과의 조우: 로널드 레이건과 미국을 바꾼 선거 운동 *Rendezvous with Destiny: Ronald Reagan and the campaign that changed America*》, 뉴욕, ISI 북스, 2011.

3 셜리 C., 《운명과의 조우: 로널드 레이건과 미국을 바꾼 선거 운동 *Rendezvous with Destiny: Ronald Reagan and the campaign that changed America*》, 뉴욕, ISI 북스, 2011.

4 셜리 C., 《운명과의 조우: 로널드 레이건과 미국을 바꾼 선거 운동 *Rendezvous with Destiny: Ronald Reagan and the campaign that changed America*》, 뉴욕, ISI 북스, 2011.

5 2019년 3월 26일, 《히스토리》, 워커 S., '푸틴이 러시아의 영광을 되찾게 만든 굴욕', https://www.history.com/ news/vladimir-putin-russia-power

6 푸틴 V., 제보키안 N., 티마코바 N., 콜린스티코브 A., 《1인자:러시아 대통령 블라디미르 푸틴의 놀랍도록 솔직한 자화상 *First Person: An astonishingly frank self-portrait by Russia's President Vladimir Putin*》, 뉴욕, 퍼블릭어페어스, 2000.

7 2005년 4월 25일, 푸틴 V., '러시아 연방의 러시아 의회 연례 연설', http://en.kremlin.ru/events/president/transcripts/22931

8 2019년 3월 26일, 《히스토리》, 워커 S. '푸틴이 러시아의 영광을 되찾게 만든 굴욕' https://www.history.com/ news/vladimir-putin-russia-power

9 《공산주의자와 탈공산주의자 연구》, 셜라펜토흐 V., '전 세계에서 가장 낮은 러시아의 공공기관 신뢰도', 2006; 39(2):153-74.

10 2017년 3월 19일, 《포브스》, 라포자 K., '러시아의 삶의 질 척도가 중국보다 낮다'

11 2019년 3월 26일, 《히스토리》, 워커 S., '푸틴이 러시아의 영광을 되찾게 만든 굴욕', https://www.history.com/ news/vladimir-putin-russia-power

12 맥매스터 H. R., 《임무 태만:린든 존슨, 로버트 맥나마라, 합동 참모본부와 베트남으로 이어진 거짓말 *Dereliction of Duty: Lyndon Johnson, Robert McNamara, the Joint Chiefs of Staff, and the lies that led to Vietnam*》, 뉴욕, 하퍼콜린스, 2018.

13 《국제 스포츠 훈련 심리학 저널》, 브루턴 A. M., 멜라리우 S. D., 쉬라르 D. A., '스포츠 팀에서의 집단 효능감 측정을 위한 단일 항목 검증', 2016; 14(4): 383-401.

14 《스포츠 훈련 심리학》, 브루턴 A. M., 멜라리우 S. D., 쉬라르D. A., '집단 효능감 개선을 위한 방법으로서의 관찰:종합적 고찰', 2016; 24:1-8.

15 《실험 심리학 저널》, 프랜슨 K., 하슬람 S. A., 스테픈스 N. K., 반베살레이 N., 드 쿠퍼 B., 보엔 F., '우리에 대한 믿음:사회적 정체성 공유로 팀의 자신감과 역량을 개선하는

리더의 역할 탐구', 2015; 21(1):89 – 100.

16 《실험 심리학 저널》, 프랜슨 K., 하슬람 S. A., 스테픈스 N. K., 반베샬레이 N., 드 쿠퍼 B., 보엔 F., '우리에 대한 믿음:사회적 정체성 공유로 팀의 자신감과 역량을 개선하는 리더의 역할 탐구', 2015; 21(1):89 – 100.

17 《응용 심리학 저널》, 레식 C. J., 휘트먼 D. S., 와인가든 S. M., 힐러 N. J., '최고경영자 성격의 밝은 면과 어두운 면:핵심 자기 평가와 자기애, 변혁적 리더십과 전략적 영향 탐구', 2009; 94(6):1365 – 81.

18 《사이언스》, 샘슨 R. J., 라우덴부쉬 S. W., 얼스 F., '지역과 폭력적인 범죄:집단 자기 효능감의 다층적 연구', 1997; 277(5328):918 – 24.

19 《컴퓨터매개통신 저널》, 핼핀 D., 발렌주엘라 S., 카츠 J. E., '우리는 만나고 나는 트윗한다:서로 다른 소셜 미디어는 집단 내부의 효능감을 통해 정치 참여에 어떻게 영향을 끼치는가', 2017; 22(6):320 – 36.

20 《조직행동과 의사결정과정》, 크레이머 T., 블록 L. G., '마이크처럼:손길이 닿은 물건을 통한 능력 전염이 자신감을 높이고 수행 능력을 개선한다', 2014; 124(2):215 – 28.

21 《스포츠과학 저널》, 헤우즈 J.-P., 라임볼트 N., 폰테인 P., '프로 농구팀의 응집력과 집단 효능감, 실력 발휘의 관계:매개효과 탐구', 2006; 24(1):59 – 68.

22 《인지과학 동향》, 셰이 N., 볼트 A., 뱅 D., 유잉 N., 헤이스 C., 프리스 C. D., '초개인적 인지통제와 상위인지', 2014; 18(4):186 – 93.

23 2002년 5월 11일, 《아웃룩 인디아》, 고쉬 A., '자존감 폭발:찬드란 미트라와의 인터뷰', https://www.outlookindia.com/website/story/explosion- of-self-esteem/215504

24 로버트슨 I., 《승자의 뇌》, 알에이치코리아, 2013.

25 《유럽 사회심리학 저널》, 타즈펠 H., 빌링 M. G., 번디 R. P., 플라멘트 C., '사회적 분류와 내집단 행동', 1971; 1(2):149 – 78.

26 《유럽 사회 심리학 저널》, 페터슨 L. E., 블랑크 H., '단기 자존감이 높거나 낮은 세 사람의 집단이 보여주는 미니멀 그룹 내 내집단 편향 패러다임', 2003; 33(2):149 – 62.

27 《뉴로 이미지》, 릴링 J. K., 다그네 J. E., 골드스미스 D. R., 글렌 A. L., 파그노니 G., '내집단과 외집단 상호 작용 중의 사회인지 신경 네트워크', 2008; 41(4):1447 – 61.

28 《심리과학 동향》, 반 프루이젠 J.-W., 크로우웰 A. P. M., '극단주의 정치 이데올로기의 심리적 특성', 2019; 28(2):159 – 63.

29 2020년 4월 13일, 《워싱턴 포스트》, 파이필드 A., '중국 내 아프리카인, 새로운 바이러스에 대한 두려움으로 인한 인종차별이 외국인 혐오 조장한다고 주장'

30 《영국 의학 저널》, 코츠 M., '코로나19와 인종차별주의 증가', 2020; 369:m1384.

31 《심리과학》, 킴 H. S., 셔먼 D. K., 업디그레프 J. A., '에볼라 공포:제노포빅 위협 반응에 대한 집단주의의 영향', 2016; 27(7):935 – 44.

32 《성격과 사회 심리학 저널》, 그린버그 J., 솔로몬 S., 피제친스키 T., 로젠블라트 A., 벌링 J., 리온 D. 외, '왜 자존감이 필요한가? 자존감의 불안 완화 역할에 대한 통합적 증거', 1992; 63(6):913 – 22.

33 《성격과 사회 심리학 리뷰》, 버크 B. L., 마튼스 A., 포쉐 E. H., '공포 관리 이론 20년: 죽음 현저성 연구 메타 분석', 2010; 14(2):155 – 95.

34 《심리학 리뷰》, 피제친스키 T., 그린버그 J., 솔로몬 S., '죽음과 관련된 의식적, 무의식적 생각을 방어하는 이중 처리 과정 모델:공포 관리 이론의 확장', 1999; 106(4):835 – 45.

35 《성격과 사회 심리학 저널》, 쉬멜 J., 헤이스 J., 윌리엄스 T., 자리그 J., '죽음은 정말 우리 안에 또아리를 틀고 있는가? 세계관 위협이 죽음 관련 생각 접근성을 증가시킨다는 통합적 증거', 2007; 92(5):789 – 803.

36 《성격과 사회 심리학 회보》, 피제친스키 T., 앱돌라히 A., 솔로몬 S., 그린버그 J., 코헨 F., 와이즈 D., '죽음 현저성, 순교와 군사적 힘:위대한 사탄 대 악의 축', 2006; 32(4):525 – 37.

37 안토니우스 D., 브라운 A. D., 월터스 T. K., 라미레즈 J. M., 신클레어 S. J.(편집), 《테러리즘과 정치적 억압의 학제 간 분석 *Interdisciplinary Analyses of Terrorism and Political Aggression*》, 뉴캐슬어폰타인, 케임브리지 대학 교수출판사, 2011 중 pp. 49-70, 베일 K., 모틸 M., 앱돌라히 A., 피제친스키 T., '살기 위해 죽는다:테러리즘, 전쟁, 그리고 삶의 방식 수호하기'

38 스턴 J.(편집), 《신의 이름으로 자행되는 테러:종교 전사들이 살인을 하는 이유 *Terror in the Name of God: Why religious militants kill*》, 뉴욕, 에코, 2003.

39 2018년 7월 1일, 《갤럽 뉴스》, 롤 J., '인도인 삶의 만족도, 경기 호황과 함께 사라졌다', https:// news.gallup.com/opinion/gallup/236357/indians-life-satisfaction-goes-bust-economy-booms.aspx

12장. 어떻게 자신감을 연마할 것인가

1 2020년 1월 8일, 《BBC 뉴스》, '카를로스 곤:닛산의 전 수장은 어떻게 일본에서 탈출했는가?', https:// www.bbc.com/news/world-50964040

2   2019년 1월 31일,《블룸버그 비즈니스 위크》, 캠벨 M., 이노우에 K., 마 J., 누스바움 A. '카를로스 곤을 감옥에 넣은 기습 체포:그는 결코 이를 예상하지 못했다'

3   2016년 10월 25일,《뉴욕 타임스》, 바배로 M., '무엇이 도널드 트럼프를 움직이는가? 지위 상실의 두려움'

4   《영국 왕립학회 생물학 저널》, 미요비치-프렐렉 D., 프렐렉 D., '자기 신호로서의 자기 기만:모델과 실험적 증거', 2010; 365(1538): 227 – 40.

5   2018,《카일 컬린스키 쇼》, '우스운 이야기:거의 모든 것에 전문가라고 주장하는 트럼프', https://www.youtube.com/ watch?v=cEcNMir6aSs

6   《성격과 사회 심리학 저널》, 맥그레고 I., 마리골드 D. C., '방어적 열정과 불확실한 자아:무엇이 그런 확신을 만드는가?', 2003; 85(5):838 – 52.

7   《성격과 사회 심리학 저널》, 라스킨 R., 테리 H., '자기애적 성격 척도의 주요소 분석과 그 구성 타당도의 증거', 1988; 54(5):890 – 902.

8   《인사 심리학》, 그리할바 E., 함스 P. D., 뉴먼 D. A., 가디스 B. H., 프랠리 R. C., '자기애와 리더십:선형-비선형 관계 메타 분석 리뷰', 2015; 68(1):1 – 47.

9   샌들러 J., 퍼슨 E. S., 포나기 P.(편집),《프로이드의 '자기애에 대하여:서론'*Freud's 'On Narcissism: An Introduction'*》, 뉴헤이븐, 코네티컷, 예일대학교 출판부, 1991 중 pp. 123 – 4, 프로이드 S., '자기애에 대하여: 서론'

10   《계간 리더십》, 델루가 R. J., '미국 대통령의 카리스마 있는 리더십과 자기애, 역량 평가의 관계', 1997; 8(1):49 – 65.

11   《브레인》, 오웬 D., 데이비슨 J., '오만 증후군:후천적 성격 장애? 지난 백 년 동안의 미국 대통령과 영국 수상 연구', 2009; 132(5): 1396 – 406.

12   로버트슨 I.,《승자의 뇌》, 알에이치코리아, 2013.

13   《심리 과학》, 몹스 D., 하사비스 D., 시모어 B., 마찬트 J. L., 와이스코프 N., 돌란 R. J. 외, '돈의 압박:보상 기본 역량 발휘 감소는 중뇌 활동과 관계가 있다', 2009; 20(8):955 – 62.

14   《경제 심리학 저널》, 코헨-자다 D., 크루머 A., 로젠보임 M., 샤피르 O. M., '성별과 심리적 압박:프로 테니스 선수들을 통해', 2017; 61(C):176 – 90.

15   《성격과 개인차》, 헤르만 D., '재정적 손실 혐오의 결정 요인:태아기 안드로겐 노출의 영향(2D:4D)', 2017; 117:273 – 9.

16   《계간 경제학 저널》, 바버 B. M. 오딘 T., '소년은 소년이다:성별, 지나친 자신감 그리고 보통주 투자', 2001; 116(1):261 – 92.

17   2020년 3월 27일,《가디언》, '보리스 존슨, '저는 모두와 악수를 했습니다'라고 코로나 진단 일주일 전 발언'(영상), https://www.theguardian.com/world/video/

2020/mar/27/i-shook-hands-with-everybody-says-boris-johnson-weeks-
before-coronavirus-diagnosis-video

18 2020년 4월 7일,《데일리 익스프레스》, 퍼거슨 E., '집중 치료실의 보리스 존슨:코로
    나 증상 악화로 '숨 쉬기 위해' 사투를 벌이는 영국 수상'

19 2020년 6월 11일,《가디언》, 스튜어트 H., 샘플 I., '코로나 바이러스:영국 봉쇄 일주일
    빨랐다면 '이만 명의 목숨을 구할' 수 있었을 것'

20 《성격과 사회 심리학 저널》, 슐트하이스 O. C., 워스 M. M., 토저스 C. M., 팡 J. S., 빌
    라코르타 M. A., 웰시 K. M., '사회적 승리 혹은 패배 후 남성과 여성의 암묵적 학습과
    테스토스테론 변화에 관한 암묵적 권력 동기의 효과', 2005; 88(1):174-88.

21 《심리학 회보》, 이글리 A. H., 캐라우 S. J., 마키자니 M. G., '리더의 성별과 실효성:
    메타 분석', 1995; 117(1):125-45,《응용심리학 저널》, 파우스티안-언더달 S. C.,
    워커 L. S., 워 D. J., '리더십 유효성의 인식과 성별:맥락 조절요소 메타 분석', 2014;
    99(6):1129-45.

22 2020년 2월 9일,《뉴요커》, 게슨 M., '주디스 버틀러, 분노 재가공 촉구'

23 《사이언스》, 탈헬름 T., 장 X., 오이시 S., 쉬민 C., 두안 D., 란 X. 외, '쌀과 밀 경작으
    로 설명되는 중국 내 광범위한 심리적 차이', 2014; 344(6184):603-8.

24 《성격과 사회 심리학 저널》, 키타야마 S., 파크 H., 세르빈서 A. T., 카라사와 M., 우스
    쿨 A. K., '암묵적 독립의 문화 작업 분석:북아메리카, 서유럽, 동아시아 비교', 2009;
    97(2):236-55.

25 《성격과 사회 심리학 회보》, 탈헬름 T., 헤이트 J., 오이시 S., 장 X., 미아오 F. F., 첸 S.,
    '자유주의자는 보수주의자보다 더 분석적으로 사고한다', 2015; 41(2):250-67.

26 하이트 J.,《왜 좋은 사람들이 정치와 종교로 분열되는가 The Righteous Mind: Why good
    people are divided by politics and religion》, 런던, 빈티지, 2012.

27 쉘러 M., 크랜달 C. S.(편집).《문화의 심리적 토대 The Psychological Foundations of Culture》,
    뉴욕, 심리학출판사, 2004 중 pp. 305-31, 하이네 S. J., 레만 D. R., '몸을 움직여 자
    신을 바꿔라:자기 개념의 문화 적응 효과'

28 《성격과 사회 심리학 회보》, 하이네 S. J. 레만 D. R., '문화, 부조화, 그리고 자기 가치
    확인', 1997; 23(4):389-400.

29 《성격과 사회 심리학 저널》, 크루거 J., 더닝 D., '무능력과 그에 대한 인식 부족:자신
    의 무능력 인식에 대한 어려움은 어떻게 자기 평가 고양으로 이어지는가?', 1999;
    77(6):1121-34.

30 《심리학 리뷰》, 하이네 S. J., 레만 D. R., 마커스 H. R., 키타야마 S., '긍정적 자기 중시
    가 보편적으로 필요한가?', 1999; 106(4):766-94.

31 《성격과 사회 심리학 저널》, 하이네 S. J., 키타야마 S., 레만 D. R., 타카타 T., 아이데 E., 룽 C. 외, '일본과 북아메리카에서의 성공과 실패의 서로 다른 결과:자기 개선 의욕과 가변성 있는 자아 탐구', 2001; 81(4): 599 – 615.

32 2018년 11월 22일, 《블룸버그》, 후루카와 Y., '곤, 닛산의 돈으로 도쿄와 뉴욕 등에서 주택 여섯 채 구입', https://www.bloomberg.com/news/articles/ 2018-11-22/ghosn-got-six-houses-from-nissan-including-in-tokyo- new-york

33 2018년 11월 26일, 《재팬 타임스》, 미야케 K., '프로테스탄트 윤리와 카르로스 곤'

34 2020년 1월 8일, 《BBC 뉴스》, '탈출 결정은 내 생애 가장 어려운 결정이었다', https://www.bbc.co.uk/news/business-51035206

35 2020년, '더 피메일 리드', 테리 앱터, 《더 피메일 리드》, '우리의 2019 연구:피드 중단 시키기', https://www.thefemalelead.com/research

36 2020년, '더 피메일 리드', 테리 앱터, 《더 피메일 리드》, '우리의 2019 연구:피드 중단 시키기', https://www.thefemalelead.com/research

37 2014년, 옥스퍼드 대학교 아프리카 경제연구 센터, 조사 보고서 시리즈 2014-16, 버나드 T., 데콘 S., 오르킨 K., 태퍼시 A., '마음속 미래:에티오피아 지역민들의 열망과 진취적 행동'

38 《실험 사회 심리학 저널》, 스미스 P. K., 위그볼더스 D. H. J., 딕스터하이스 A., '추상적 사고가 권력에 대한 감각을 증가시킨다', 2008; 44(2):378 – 85.

39 《실험 사회 심리학 저널》, 스미스 P. K., 위그볼더스 D. H. J., 딕스터하이스 A., '추상적 사고가 권력에 대한 감각을 증가시킨다', 2008; 44(2):378 – 85.

40 《계간 리더십》, 드 호흐 A. H., 덴 하르토그 D. N., '윤리적, 독재적 리더십, 리더의 사회적 책임과의 관계, 최고경영팀의 효율성과 피지배자의 낙관주의:다중방법 연구', 2008; 19(3):297 – 311.

41 《성격과 사회 심리학 회보》, '부와 비대한 자아:계급, 권리, 자기애', 2014; 40(1): 34 – 43.

42 《심리 과학》, 오이시 S., 디너 E., '가난한 국가 국민은 부유한 나라 국민보다 삶의 의미를 더 느낀다', 2014; 25(2):422 – 30.

43 《심리 과학》, 힐 P. L., 투리아노 N. A., '성인기 내내 사망률에 대한 지표로 작용하는 삶의 의미', 2014; 25(7): 1482 – 6.

뉴 컨피던스

1판 1쇄 인쇄 2022년 2월 25일
1판 1쇄 발행 2022년 3월 10일

지은이 이안 로버트슨
옮긴이 임현경

발행인 양원석 **편집장** 정효진
디자인 남미현, 김미선 **영업마케팅** 양정길, 윤송, 김지현, 김보미

펴낸 곳 ㈜알에이치코리아
주소 서울시 금천구 가산디지털2로 53, 20층 (가산동, 한라시그마밸리)
편집문의 02-6443-8847 **도서문의** 02-6443-8800
홈페이지 http://rhk.co.kr
등록 2004년 1월 15일 제2-3726호

ISBN 978-89-255-7858-3 (03190)